中国绿色经济增长研究

——基于多维地方政府竞争视角

苏旭峰　蒋志辉　著

中国财富出版社有限公司

图书在版编目（CIP）数据

中国绿色经济增长研究：基于多维地方政府竞争视角 / 苏旭峰，蒋志辉著．—北京：中国财富出版社有限公司，2024.5

ISBN 978－7－5047－8068－3

Ⅰ．①中…　Ⅱ．①苏…　②蒋…　Ⅲ．①中国经济—绿色经济—经济增长—研究　Ⅳ．①F124.5

中国国家版本馆 CIP 数据核字（2024）第 026472 号

策划编辑	张　婷	**责任编辑**	敬　东　张　婷	**版权编辑**	李　洋
责任印制	尚立业	**责任校对**	孙丽丽	**责任发行**	董　倩

出版发行	中国财富出版社有限公司		
社　　址	北京市丰台区南四环西路 188 号 5 区 20 楼	**邮政编码**	100070
电　　话	010－52227588 转 2098（发行部）		010－52227588 转 321（总编室）
	010－52227566（24 小时读者服务）		010－52227588 转 305（质检部）
网　　址	http：//www. cfpress. com. cn	**排　　版**	宝蕾元
经　　销	新华书店	**印　　刷**	北京九州迅驰传媒文化有限公司
书　　号	ISBN 978－7－5047－8068－3/F·3685		
开　　本	710mm×1000mm　1/16	**版　　次**	2024 年 7 月第 1 版
印　　张	13.75	**印　　次**	2024 年 7 月第 1 次印刷
字　　数	225 千字	**定　　价**	68.00 元

前　言

中国经济长期高速增长，为社会发展奠定了重要经济基础，但也带来了生态破坏和环境污染等一系列问题。由此引发的经济增长和生态环境质量之间的矛盾成为影响经济社会持续发展的瓶颈。实现绿色经济增长成为化解经济长期稳定增长和生态环境质量之间矛盾的有效路径。因而，如何通过环境污染的有效治理来促进绿色经济增长水平提升，已经成为当前亟须解决的重点问题，这不仅与人民美好生活需要高度相关，而且也关系到未来经济转型的方向和经济高质量发展的布局，具有重要的理论意义和现实意义。政府作为经济社会的主导，“有为政府”的竞争性是中国地方政府参与社会建设的典型特征。由此引发了本书研究的重点：为实现职能目标，地方政府在参与市场经济建设中不断加强竞争，不同维度下地方政府竞争对绿色经济增长是否有重要影响？如果有，又是如何产生这一重要影响的？多维地方政府竞争对绿色经济增长的影响机理是什么？此外，多维地方政府竞争对绿色经济增长的影响是否存在异质性效应、非线性效应、动态协调效应以及空间效应？

本书围绕“多维地方政府竞争对绿色经济增长的影响机理”这一主旨进行展开。首先，对多维地方政府竞争影响绿色经济增长的相关文献进行归纳总结，对二者的概念进行界定，系统梳理了经济增长、制度变迁、地方政府竞争和市场失灵等理论，并对地方政府竞争影响绿色经济增长的理论模型和影响机理进行了探讨。其次，基于多维地方政府竞争对绿色经济增长的影响逻辑，本研究梳理了中国2004—2019年272个地级市的相关数据（受疫情影响，没有分析2020年之后数据），利用全排列多边形图示指标法测度了多维地方政府竞争水平，并运用SBM-GML模型测算了各地绿色经济增长水平。

再次，采用系统广义矩估计（SYS-GMM）模型、动态门槛模型、面板向量自回归模型（PVAR）和空间相关分析技术等实证检验了多维地方政府竞争对绿色经济增长的直接影响，从规模效应、结构效应和技术效应的视角分析了多维地方政府竞争对绿色经济增长的影响机理，并对多维地方政府竞争影响绿色经济增长的异质性效应、非线性效应、动态协调效应以及空间效应进行了检验。最后，根据研究结论，提出相应的政策建议，为优化中国地方政府行为体系，提升绿色经济增长水平，进而推动经济高质量发展提供依据。

本书的主要研究结论如下。

（1）地方政府竞争呈现多维竞争态势。除东部地区经济竞争呈下降趋势，其他地区经济竞争和其他维度地方政府竞争都呈上升趋势。绿色经济增长总体上呈现先降后升的时间变化趋势。从区域来看，东部地区的绿色经济增长整体上小幅领先，中部、西部绿色经济增长此起彼伏，相差不大。

（2）从多维视角探析了地方政府竞争对绿色经济增长的基本影响。研究表明经济竞争对绿色经济增长有显著抑制作用，而综合竞争、生态竞争和服务竞争都显著促进了绿色经济增长。并且，多维地方政府竞争对绿色经济增长的影响呈现显著的时间异质性和区域异质性。

（3）经济集聚、技术创新和产业升级是多维地方政府竞争影响绿色经济增长的重要机制。其一，地方政府综合竞争、生态竞争和服务竞争通过抑制经济集聚增强对绿色经济增长的促进作用；地方政府经济竞争通过促进经济集聚增强对绿色经济增长的抑制作用。其二，地方政府综合竞争、生态竞争和服务竞争通过促进技术创新增强对绿色经济增长的促进作用；地方政府经济竞争通过促进技术创新减弱对绿色经济增长的抑制作用。其三，地方政府综合竞争、生态竞争和服务竞争通过促进产业升级增强对绿色经济增长的促进作用；地方政府经济竞争通过抑制产业升级增强对绿色经济增长的抑制作用。

（4）动态门槛模型表明，地方政府竞争影响绿色经济增长呈现显著的非线性特征。地方政府的综合竞争超过门槛值-1.052 后，综合竞争对绿色经济增长的促进作用变大；经济竞争超过门槛值-1.779 后，经济竞争对绿色经济增长的抑制性加强；生态竞争超过门槛值-2.01 后，生态竞争对绿色经济增长的促进作用未发生显著变化；服务竞争超过门槛值-1.29后，服务竞争对绿色经济增长的促进作用变大。动态效应分析结果表明不同维度的地方政府竞争对绿色经济增长的影响呈现动态协调性。

（5）空间相关分析表明，绿色经济增长水平接近的地区具有显著的空间集聚现象，不同维度的地方政府竞争对不同时空位置上的绿色经济增长存在明显的异质性影响。绿色经济增长重心总体上呈现由西北向东南变化的趋势。地方政府的综合竞争对绿色经济增长具有正向的促进作用，且促进作用明显自北向南逐渐递增；绝大多数地区的地方政府的经济竞争对绿色经济增长具有显著抑制作用；地方政府的生态竞争显著促进绿色经济增长，且促进作用明显自西北向东南逐渐递增；地方政府的服务竞争对绿色经济增长具有正向的促进作用，且促进作用明显自东北向西南逐渐递增。

在研究结论基础上，本书进一步探讨了多维地方政府竞争视角下实现绿色经济增长可行路径以及政策建议：第一，优化地方政府竞争体系，推进绿色经济转型升级；第二，利用地方经济集聚优势，促进绿色经济增长；第三，积极鼓励技术创新，促进绿色经济增长；第四，地方政府应加速推进产业升级，促进绿色经济增长；第五，因地制宜，鼓励地方政府采取差异化和动态调整的竞争策略；第六，强化空间联动效应，推动绿色经济增长。

本书的创新点主要有三个：一是锁定绿色经济增长的研究方向，完善了绿色经济增长理论的中国经验，丰富了绿色经济增长理论研究；二是丰富了地方政府竞争的研究内容，从经济、社会、生态角度把地方政府竞争划分为经济竞争、服务竞争和生态竞争等多个维度，并且通过全排列多边形图示指标法测度了多维地方政府竞争水平，深化了地方政府竞争理论研究；三是拓宽了研究视角，从多维地方政府竞争视角对地方政府竞争影响绿色经济增长的理论机理进行分析，深化了地方政府竞争对绿色经济增长的影响研究。

苏旭峰

2024 年 3 月 1 日

目　录

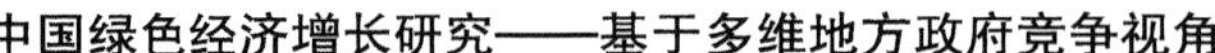

1 导 论

1.1 研究背景与研究意义

1.1.1 研究背景

1. 绿色经济增长逐渐成为共识

改革开放为中国经济社会发展带来巨大政策红利，经过长期发展，中国取得了举世瞩目的历史性成就。作为世界第二大经济体，中国 GDP 连续增长的态势促进经济社会快速发展。从增长速度来看，2007—2009 年，受美国次贷危机冲击，中国经济增速整体下滑，但仍然保持 5%以上的增长速度（见图 1-1），

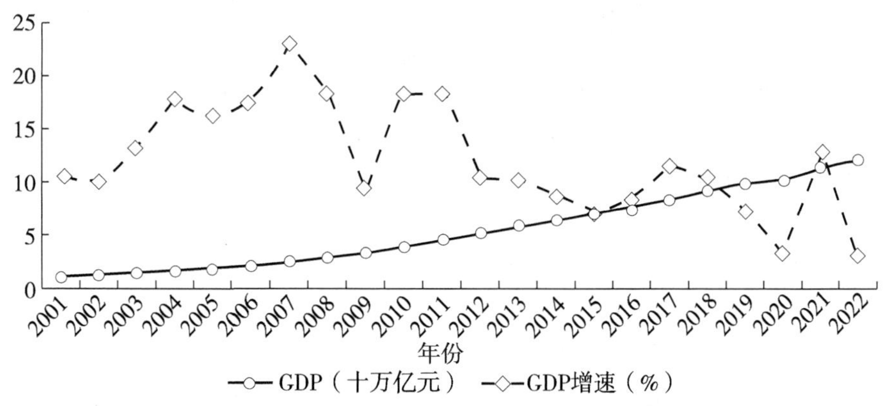

图 1-1 中国经济总体变化趋势

资料来源：国家统计局。

中国成为拉动世界经济复苏的重要引擎。而作为发展中国家，中国经济保持长期稳定增长是不断推进工业化，实现经济社会持续发展的基础。

工业化的快速推进为经济社会发展奠定了物质基础，提高了人们的物质生活水平，带来大量就业机会，进一步提高了人均收入，也促进了科教文卫等方面的进步，但随之产生的环境污染和生态破坏等问题逐渐成为威胁生态环境稳定的直接因素。首先是经济快速增长对能源表现出巨大需求，伴随经济增长能源消费逐渐上升，2021 年中国能源消费的总量达到 52.4 亿吨标准煤。而巨大能源消费是中国环境污染的重要原因，这主要源于中国多煤少气的能源结构（见图 1-2）。尽管国家大力发展风能、太阳能等新能源，但是新能源消费比重较小，煤炭消费仍然是中国能源消费的主力，2021 年中国煤炭消费占能源消费总量的 56%。因此，能源结构禀赋成为制约生态环境改善的重要因素。

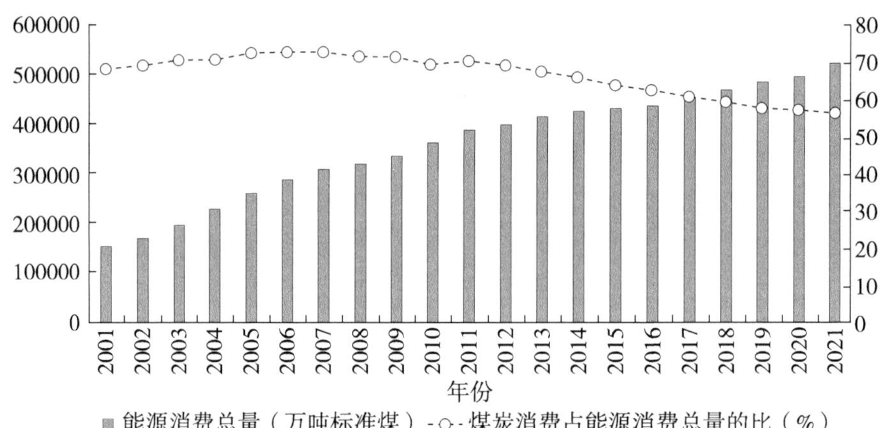

图 1-2　中国能源消费的总体变化趋势

资料来源：《中国统计年鉴—2022》。

中国的能源消费结构以煤炭消费为主，加之工业化快速推进，使废水和废气成为环境污染的主要来源。尽管中国采取一些政策，降低污染排放，使二氧化硫污染物的排放量呈下降趋势，但是环境质量仍然不容乐观。中国二氧化硫和化学需氧量排放量变化趋势如图 1-3 所示。2021 年，中国化学需氧量排放 2530.98 万吨，二氧化硫排放 274.78 万吨。而环境污染是影响人民健康、导致预期寿命下降和个人幸福感降低的重要因素（Zeng et al.，2019）。经济增长与污染排放之间的矛盾成为影响经济社会发展关键节点，经济增长为社会发展带来增长红利的同时也带来严重的环境污染，如何协调经济增长与污染排放之间的关系，关键着力点在于经济增长方式的转变。而政府行为及其决策与生态环境之间存在密切关系（Ma et al.，2021；Guo et al.，2021），为应对严重的污染和公众日益关注的问题，中国政府采取了一系列措施减少环境污染（Geng et al.，2012）。

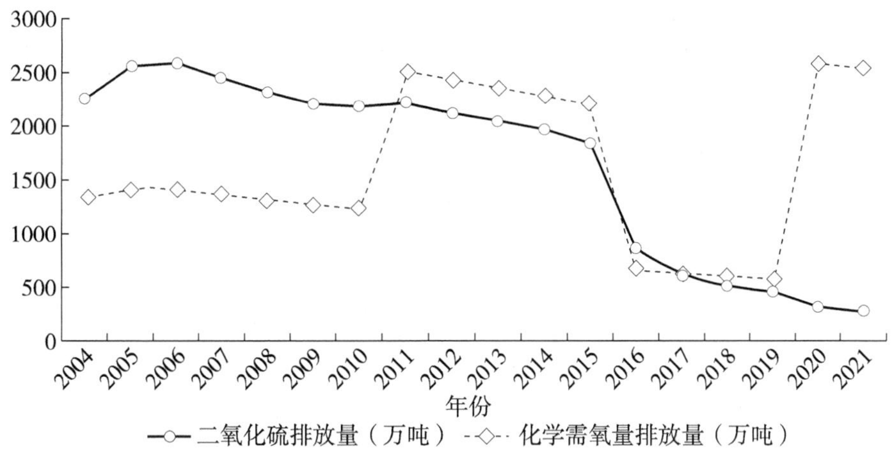

图 1-3　中国二氧化硫和化学需氧量排放量变化趋势

资料来源：国家统计局。

为降低环境污染水平，推行生态文明建设，中国采取多项政策推进经济增长方式转型。进入新时代，国家更加重视环境保护和生态安全，生态文明建设日益加强。党的十八大描绘了生态文明建设的宏伟蓝图。为了加快这一目标的实现，党的十八大报告分别对生态文明建设的重要地位、目标、意义进行了深刻的阐述，论述了生态文明建设的内涵。2013 年，党的十八届三中全会强调生态文明制度是建设生态文明的制度保障，通过建立健全资源产权制度，划定生态保护红线，不断深化改革生态环境保护体制，形成用制度保护生态环境的长效机理。《中共中央 国务院关于加快推进生态文明建设的意见》（2015）指出要快速转变经济发展方式，实现更高质量、更有效率的发展，加快中国生态文明建设，积极应对全球气候问题。2015 年，党的十八届五中全会将生态文明建设列入国家五年规划，这是历史上第一次把生态文明建设写进国家五年规划，进一步凸显了国家重视生态文明的建设。2017 年，党的十九大提出三大攻坚任务。其中污染防治是生态文明领域重要的攻坚任务。2020 年，中国提出“双碳”目标，即 2030 年前实现“碳达峰”，2060 年前实现“碳中和”，节能、降碳、减污是未来经济增长的必然要求。同年，党的十九届五中全会强调要实现生态文明新进步，显著提升生产生活的绿色转型成效，持续降低主要污染物排放，并不断持续改善生态环境，不断强化生态安全屏障。为实现这一新目标，同时还提出了“促进绿色发展、人与自然和谐共处”的具体措施。2021 年，“十四五”规划纲要进一步强调“推动绿色发展，促进人与自然和谐共生”。同年，党的十九届六中全会通过了《中共中央关于党的百年奋斗重大成就和历史经验的决议》，对新时代以来党在加强生态文明建设中积累的宝贵经验进行了系统的梳理和深刻的总结。各省份的 2021 年政府工作报告和“十四五”规划纲要也纷纷提出符合本地实际的“双碳”目标路线图。2022 年党的二十大报告指出，必须牢固树立和践行绿水青山就是金山银山的理念，站在人与自然和谐共生的高度谋划发展。因此，在新发展阶段，推动经济增长方式转型，实现绿色经济增长是政府的重要责任。

事实上，在全球范围内，各国在绿色发展方面存在很大差异。发达国家虽然实现了高速经济增长，但往往以牺牲生态环境质量为代价（Sharma et al.，2021）。尽管发展中国家造成的环境污染相对较小，但人民生活质量和经济发展水平有待提高（Zhao et al.，2022）。近年来，中国一直在实施与绿色经济增长相关的强有力的环境保护措施，强调人类需求、资源消耗与自然的和谐统一。随着绿色理念深入人心，人们普遍认为，经济增长不能以牺牲环境为代价，绿色发展已成为整个社会的共识（Zhang et al.，2021；Mahmood et al.，2021）。绿色经济增长是一种环境友好的“低碳经济”和“循环经济”增长模式，通过保护生态、加强环境治理和提高资源的利用率来实现可持续的经济增长（Jänicke，2012）。显然，实现绿色经济增长已经成为破解中国环境资源约束、促进产业结构升级、实现经济增长转型的时代要求，绿色经济增长亦是中国现阶段生态文明建设的重要体现。如何发挥地方政府职能、转变经济增长模式、应对气候变化、实现绿色经济增长是亟待解决的关键问题。

2. 地方政府竞争是影响绿色经济增长的重要因素

从发达国家的经济增长历程来看，地方政府在经济增长中的作用毋庸置疑，不论是直接的地方政府宏观经济政策，还是相对间接的地方政府环境规制，甚至地方政府财政支出、税收调节、能源价格调控等都对经济的绿色转型产生了重要影响。

改革开放以来，中国原有的以统收统支为特征的财政制度无法适应市场经济快速发展的需要，财政体制逐步改革，尤以 1994 年分税制改革对经济社会的影响最为明显。分税制改革影响了央地之间关系，财权上移与事权下移的现实促进了地方政府加速推进经济改革的力度。财政分权制度以及对地方官员政绩的评价，构成了激烈竞争中地方政府的基本力量（刘强，2009）。中国政府在推动经济增长中发挥了主导作用，尤其是在地方政府竞争的激励下，各地经济增长迅速，带动社会快速进步。然而，受限于各地区的实际情况和发展需求，以往的政府绩效考核主要侧重于经济增长速度或财税规模等容易量化的经济指标，没有充分重视公共服务、环境方面的因素，客观上造成了经济扭曲的一系列发展问题。但是，随着经济社会发展，中国社会的主要矛盾发生了变化，经济增长不再是唯一追求的目标。地方政府逐渐增加“为生态竞争”的力度，不断强化“为创新竞争”，追求“为高质量发展竞争”。因此，地方政府竞争已经从追求经济竞争的单一维度，转变为经济、服务、生态等多维视角下的综合竞争。

地方政府竞争是“有为政府”参与“有效市场”的重要体现，对推动绿色经济增长具有重要影响。2020 年，中国提出构建新发展格局，加快形成中国经济新发展格局，重塑中国经济发展新动能成为影响中国发展全局的新时代方向（罗重谱和李晓华，2021）。新发展格局和新增长动能之根本在于重塑政府与市场的关系，建立中国特色的“政府与市场经济学”，加快绿色经济增长转型，为构建新发展格局提供强大动力，健全绿色低碳、高效可持续的经济体系。构建经济发展新格局需要不断运用法治化手段适时进行体制调整，不断适应国家治理现代化和构建现代化经济体系的需要而进行自我革新，增强政府服务经济的大局意识（王曙光，2021）。2021 年，《建设高标准市场体系行动方案》出台，进一步明确了有效市场和有为政府的互动协调发展关系。

政府为国家发展提供了重要的制度保障。经济社会发展离不开“有为政府”

在培育市场环境、实施产业政策、促进微观市场主体发展、推动科技创新以及完善宏观治理等层面的引导。经济粗放式、扩张式发展对生态环境产生显著影响，国家战略以及政府政策关系着经济发展方向与方式，政府政策的制定对环境质量存在显著的影响，即政府政策直接影响着经济增长模式，进而对生态文明建设产生影响。经济增长的副产品是环境污染物排放，对环境质量改善产生了影响，并且一国经济与国家制度以及国家政策是统一的系统，经济增长对环境质量的影响程度将受到政府制度和政策的影响。当前，面对越来越趋紧的资源约束和越来越严峻的环境污染与生态退化，政府的导向意识对绿色经济增长的作用不言而喻。在现代化建设进程中，把生态文明建设融入社会经济大发展的环境中，才能形成经济增长与生态文明建设共同推进的新格局。显然，生态文明建设是政府职能的客观要求，需要充分发挥政府的政策导向作用，构建以绿色产业为导向、绿色技术和绿色金融为支撑的市场体系，大力发展节能环保产业和清洁能源产业，快速推进绿色经济增长转型。在新发展理念的引领下，地方政府竞争如何影响绿色经济增长成为一项重要课题。

本书正是基于“新发展阶段”和“经济高质量发展”的大背景下，探讨多维地方政府竞争对绿色经济增长的影响机理。探讨生态竞争、经济竞争、服务竞争以及综合竞争维度下地方政府竞争的变化趋势如何？绿色经济增长对经济的影响有多大？它背后的机理是什么？在实践中，我们是否可以发现一些规律性变化？这些问题是值得我们深入探讨的。通过理论和事实相结合，我们可以提出一些有针对性的政策建议，如调节地方政府间的竞争、推动绿色经济增长等。这些建议不仅能够弥补我国地方政府在竞争方面的研究成果缺失，而且为制定绿色发展战略、决策提供了重要参考和实证依据，同时也有助于调节地方政府的竞争行为。

1.1.2 研究意义

当前和今后一段时间，中国经济发展的阶段性特征为“三期叠加”，即经济增速换挡期、结构调整阵痛期和前期刺激政策消化期叠加，由追求速度转为追求质量。本书从经济竞争、生态竞争、服务竞争和综合竞争等视角出发，从多维度视角对地方政府竞争与经济绿色增长的关系进行验证，以及将规模效应、技术效应、结构效应作为地方政府竞争促进实现绿色经济增长的相关影响机理进行内容补充，对于丰富地方政府竞争与绿色经济增长的相关内容具有重要的理论意义和现实意义。

1. 理论意义

本书系统整合了研究多维地方政府竞争和绿色经济增长领域的理论、方法和工具，以期为后续相关研究提供丰富而全面的分析方法和视角。本书系统梳理了经济增长理论、制度变迁理论、市场失灵理论和地方政府竞争理论，构建了多维地方政府竞争和绿色经济增长的理论框架，有效运用了定性分析与定量分析结合的研究方法，从动态、非线性、空间关联以及地区和时间异质性的视角量化了多维地方政府竞争对绿色经济增长的影响效果，进一步从规模效应、技术效应、结构效应挖掘了多维地方政府竞争对绿色经济增长的影响机理，有助于从理论层面和实践层面探讨多维地方政府竞争如何对绿色经济增长的提升产生影响，具有一定的理论价值和理论指导意义。

本书通过系统研究，进一步充实了制度经济学、环境经济学等相关学科的理论基础。虽然绿色经济增长与多维地方政府竞争是学术界较为热门的话题之一，但是两者之间的影响机理与内在逻辑并未得到充分研究，已有的研究也并未形成成熟的分析框架。随着国家对生态环境保护和公共服务的重视，将生态环境和公共服务指标纳入地方政府考核要求，已经成为相关研究的重要组成部分。因此，有必要在环境经济学和制度经济学现有理论和方法的基础上，从动态、非线性、空间关联以及地区和时间异质性等视角深入分析多维地方政府竞争对绿色经济增长的影响机理，力求对多维地方政府竞争与绿色经济增长这一领域的相关研究内容进行补充，进而促进相关理论研究的发展与进步。

2. 现实意义

本书从多维地方政府竞争角度研究实现中国经济绿色增长的影响机理，对中国经济的健康发展有着重要意义。

改革开放以来，中国经济的高速发展为社会发展奠定了重要的经济基础，但是 2008 年的美国次贷危机导致了世界经济复苏乏力，影响了中国经济增长，中国经济增速出现下滑，步入了中高速增长的常态化。同时在中国经济增长过程中出现了生态环境破坏、温室气体大量排放等问题，威胁到中国经济的可持续发展。在党的二十大报告中，明确了要毫不动摇地把民生放在发展进程的首位，并且始终为实现人们对美好生活的持续渴望而努力。这既是对改革开放以来中国取得巨大成就进行总结后得出的基本结论，也是当前中国面临严峻挑战所作出的重要判断。要深刻领会“绿水青山就是金山银山”理念，并以促进人与自然和谐共生为出发点，对今后发展进行谋划。因此，作为全球最大的发展中国家，如何在保障经济长期稳健增长的同时促进生态环境质量改善，促进生态文明建设，即实现绿色经济增长，是中国当前面对的重要挑战。

中国政府在推动经济增长中发挥了主导作用，尤其是在地方政府竞争的激励下，各地经济增长迅速，带动社会快速进步。但是单纯以经济总量增长为导向的竞争可能会使许多地区以生态环境破坏为代价来促进经济增长。以推进生态环境高水平保护和经济高质量发展为竞争导向，则可以促进环境保护，转变发展方式，促进经济绿色增长。本书从经济竞争、生态竞争、服务竞争和综合竞争等视角出发，不仅深入分析了多维地方政府竞争对绿色经济增长直接效应、非线性效应、异质性效应、动态协调效应以及空间效应，从而为地方政府合理调控地区竞争行为提供更加细化、明确的决策参考；而且从经济集聚、技术创新、产业升级等方面出发，深入挖掘多维地方政府竞争对绿色经济增长的间接影响机理，这对我国地方政府为推动经济增长方式的转变，实现经济可持续发展，制定理性的竞争政策有着现实的意义。因而，本研究不仅对为转变中国地方政府竞争方式提供政策建议，而且还能引导地方政府从以经济总量和增长速度为导向的竞争转变为以绿色经济增长为导向的竞争方式。

1.2 文献综述

1.2.1 地方政府竞争的研究综述

1. 地方政府竞争的提出与内涵

地方政府竞争是地方通过对法律制度、投资环境和公共基础等多个方面的竞争，以获得更多资本、技术和人才的方式。亚当·斯密（Adam Smith）

是最早对政府竞争展开研究的经济学家，资本家根据课税程度决定资本流动（庞明礼，2006）。亚当·斯密之后，自由竞争的古典学派成为经济学的主流，这个时期关于政府竞争相关内容的研究较少。直到 20 世纪 50 年代，地方政府竞争相关研究逐渐增多，蒂布特（Tiebout）首先提出“用脚投票”理论，其理论的核心观点在于公共物品分布的非均质性会引发人口的按需迁徙。地方政府将不断提高本区公共物品供给，以吸引人口流入，因此，地区间公共物品供给竞争加剧。哈耶克认为地方政府竞争有自由发展所具备的优势，能够提供对各种替代方法进行实验的机会，或者说地方政府的竞争行为具有企业的许多优点，较少存在中央强制性行动风险。竞争性地方政府对公共物品的供给效率可以与市场的配置效率媲美（Tiebout，1956）。Breton（1998）对“地方政府竞争”进行全面概括，由于人口、资源、资本、技术的有限性，政府为了吸引更多的生产资源，将通过各种措施进行竞争。随着对地方政府竞争研究内容的深化，学者逐渐将其进行了细分，其中按照竞争的方向，分为横向和纵向政府竞争（Grassmueck，2011）。纵向竞争是上下级政府之间的竞争，也称为“父子竞争”（Flowers，1988；Johnson，1988、1991；Keen & Kotsogiannis，2002；Dahlby B & Wilson，2003；王美今等，2010；汪冲，2012；杨宝剑和杨宝利，2013；胡洪曙和郭传义，2014）。而横向竞争表示各个地方政府之间的竞争，也称为“兄弟竞争”（樊纲和张曙光，1990；王美今等，2010），对单一制国家来说，地方政府竞争主要是兄弟政府间的横向竞争。

不同于其他国家，中国形成了中央政府通过政治和经济双重约束激励地方政府的机制，即“中国式分权”体制（张华等，2017）。在“中国式分权”体制下，地方政府竞争具有政治和经济的双重特征，政治上的集权会影响地方政府的选择与偏好，地方政府会作出有利于自己晋升的策略选择，而忽略不利于自身晋升的约束，经济上的分权带来地方自主权提高的同时会加剧地方竞争（李光龙和周云蕾，2019）。有的学者从实证的角度对这一观点进行验证，如林毅夫和刘志强（2000）采用省级数据验证了财政分权所带来的地方政府竞争问题，同时他们认为财政分权可以带来资源配置效率的提升。冯兴元（2001）分析了 Breton 等的研究，在此基础上提出了地方政府竞争的研究范式，并总结得出政府竞争以财政分权为表现形式，可将政府竞争行为分为间接和直接、横向与纵向等几种相对的竞争方式。此外，地方政府竞争更多围绕基础设施建设和公共品供给而加强资源争夺。周业安（2003）研究认为地方政府竞争是为了区域经济发展，并争取到更多经济资源和政治利益，存在明显的横向和纵向政府竞争。刘汉屏和刘锡田（2003）则研究发现地方政府竞争主要以吸引更多外部要素为目的，从而帮助地区更好地发展。萧鸣政和宫经理（2011）通过概括归纳当前阶段中国地方政府竞争行为，认为地方政府竞争的本质是对现有资源和能力的争夺，原因在于地方政府受到国家经济增长目标的压力，作为相对独立市场经济参与主体，为拉动经济增长而不断吸引各类经济资源，进而促进本地区经济增长，从而与兄弟单位因争夺经济资源而产生激烈竞争。

2. 地方政府竞争的类型

地方政府为了赶超其他地方政府，围绕着经济发展，在公共物品提供方面制定差异化、有竞争力的发展策略，以吸引优质生产要素向地方聚集，占据优先发展的战略地位，依据不错的竞争策略而形成的竞争意识形态不是单一的，地方政府竞争存在多维度竞争（Overton，2017）。通过分析现有文献，按照竞争形态进行划分，地方政府竞争除了经济领域竞争，还包括生态领域竞争和公共服务领域竞争。

地方政府经济竞争的本质是提高本地区经济发展水平，实现对发达区域经济体的追赶和同质经济体的超越（贯君和苏蕾，2021）。地方政府的经济增长目标来源于国家经济增长目标的设定，地方政府会层层加码，提高经济增长目标（Xu & Gao，2015；Su et al.，2021）。经济竞争是表现最为突出的竞争形式，迫使地方政府产生 GDP 增长偏好，选择 GDP 增长率作为经济竞争维度的衡量指标是研究者的经常做法（侯林岐和张杰，2020）。地方政府经济竞争既有经济增长目标和经济增速的压力，也有投资和税收竞争的动力。因此，财政竞争成为地方政府最直接把控的竞争工具，例如，凯恩斯学派（Keynesian School）强调了公共支出对增长管理的重要性，政府通过公共支出和税收来影响经济增长（Gnangoin et al.，2021）。其中，在财政竞争中，税收竞争属于一种最基本的竞争。由于不同地区经济发展水平和税制结构的差异，税收竞争对区域内各主体产生了一定程度的影响。Chirinko 和 Wilson

(2008) 认为地方政府间在资本税上不仅具有互补效应，而且具有策略博弈，还有替代效应。Hong 等 (2020) 构建不同地区企业的相对资本税率来描述税收竞争程度。中国在 1994 年分税制改革后，地方政府拥有部分税收优惠减免权，省际宏观税负存在策略替代性，不同省份的税率存在差异性特征（沈坤荣和付文林，2006；吴俊培和王宝顺，2012）。其中，增值税和企业所得税具有较大的优惠减免空间，可以显著地影响企业投资，为了吸引资金和企业投资，因此各省际之间在增值税以及企业所得税中开展税收竞争（龙小宁等，2014），并且税收竞争具有空间的策略替代特征（郭杰和李涛，2009）。为了获得更多的税收竞争优势，地方政府加大了全社会固定资产投资（侯林岐和张杰，2020），增加投资不仅可以直接拉动本地经济增长，而且能够发挥“筑巢引凤”的作用，吸引更多的企业落户本地，增加本地税收。

地方政府生态竞争主要体现在政府对环境治理投资和污染物处理率上。为了促进生态环境质量改善，建设宜居环境，地方政府在环境治理方面加大投资（于向宇等，2019），不断提高污染物处理率（Yang et al.，2018），出于“搭便车”心理和改善环境质量的现实需要，地方政府在财政环境保护支出上表现出不同形式的竞争（Keyu，2021），这方面的研究主要集中在环境规制角度。Porter 和 Linde (1995) 认为环境规制对技术创新起到了促进作用，因为企业为了降低环境规制带来的运行成本，不得不倒逼自己进行技术创新，满足政府的环境规制要求，从而提升了企业的生产能力，降低企业成本。Yang 等 (2018) 选取了 COD（化学需氧量）减排任务、废水排放达标率和废水个人减排成本三个具有代表性的指标表征环境规制，考察江苏省环境规制对企业的影响假说——“污染天堂”假说。Wang 等 (2017)、Zhou 等 (2019) 利用熵值法对工业污染处理指标赋予不同权重，构建正式环境规制的综合指标反映环境规制程度。也有学者将工资水平、人力资本和人口密度作为非正式环境规制的基本指标（Wang et al.，2017；Pargal & Wheeler，1996）。而根据 Hicks 的诱导性创新理论，更严格的管制会导致投入要素价格的变化和环境成本的增加，迫使企业采取绿色技术创新来应对问题（Cai et al.，2020）。因此，在恰当的环境规制作用下可以提升本地企业的盈利能力和竞争能力，促进企业在国内市场上更具有竞争优势。

地方政府服务竞争主要体现在政府为企业和居民提供基础服务的水平和能力上。由于公共支出存在显著的外溢特点，使相邻辖区受益或者承担额外成本，所以公共支出策略呈现出替代的特点而非空间策略互补的特点。（Brueckner，2003；卢洪友和龚锋，2007）。Fréret（2005）从空间相互作用的视角对不同维度的因素进行分析。中国地方政府的决策者主要对上级负责的事权模式导致地方政府追求尽可能高的经济增长率，导致地方政府的财政决策大多偏向生产性支出（Heng & Hong，2012）。地区间总支出表现出显著的策略互补特点（李永友和沈坤荣，2008；李涛和周业安，2009；柯善咨和尹靖华，2016）。Wu 等（2017）把财政支出分为政府行政服务支出、投资开发支出、保障治理支出，其研究发现地方政府提高行政服务支出占比会促进全要素生产率的进步。而对人才的吸引是地方政府服务竞争的目的，并且人口的流动更趋向于提高舒适程度，而不是单纯追求高收入（张伟丽等，2021），经济发展与社会保障是影响人口流出的主要因素（高德胜和季岩，2021），提高服务竞争水平是吸引人才资源的重要支撑。考虑到基本公共服务在吸引人才流动和促进社会的繁荣稳定等方面发挥的重要作用（王有兴和杨晓妹，2018），地方政府也会适当增加基本公共服务支出规模，以增强在同级政府中的竞争力。Petrusha 等（2019）基于微观和中观层面的变化，提出了面向可持续低碳经济转型的吸引和留住人力资源以及知识资本的框架，研究发现俄罗斯需要吸引更多的人力和知识资本资源以改善技术水平，并且考虑国际科学界在绿色经济领域的努力，知识创新和研发等能够对知识产生正向的溢出效应（Zhao et al.，2019）。周黎安（2007）的研究认为中国的“标尺”竞争属于“自上而下”的约束，重点考核区域 GDP 的增长率，激励了晋升竞争。在中国，随着生态文明建设的提出和逐步加强，政府竞争的内涵不断深化，地方政府的“标尺”竞争逐步从经济绩效扩大到可持续发展和生态文明建设等方面，围绕着生态文明来优化政府财政支出。绿色技术创新、产业转型升级成为当前阶段地方政府竞争的“新标尺”，地方政府竞争也开始表现出从“诸侯经济”的竞争向高质量发展的竞争转变（刘志彪，2018），也从单一维度竞争向综合竞争转变。

3. 地方政府竞争的测度

准确、客观、科学、全面地度量地方政府竞争水平是深入研究地方政府竞争对绿色经济增长影响关系的基础，通过梳理总结地方政府相关研究文献，可以看出国内外相关学者分别从不同视角对地方政府竞争测量问题进行了多渠道的分析描述，对地方政府竞争的研究方法和侧重点有所不同，进一步丰富了地方政府竞争研究的内涵与指标体系的建设。

部分学者认为经济建设成果是地方政府竞争力度的最直接的体现，从这一视角出发，现有研究以经济建设成果测算地方政府竞争的方法有两类：一类是直接以经济发展水平作为地方政府竞争指标，如吴振球等（2016）直接用 GDP 的增长率表征地方政府竞争水平，考察了地方政府竞争与经济增长方式转型的关系；另一类是以经济赶超程度作为地方政府竞争程度，如 Liu 等（2022）认为经济赶超是地方政府与其他政府竞争的重要表现，因此用经济赶超衡量地方政府的竞争水平。类似的，汪克亮等（2021）、李治国等（2022）以及刘儒和卫离东（2022）以经济赶超作为地方政府竞争的测度指标并进行了相关研究。

部分学者认为地方政府财政发展程度能够作为衡量地方政府竞争水平的指标。Arze 等（2008）探讨了发展中国家地方政府财政竞争的作用和意义，并从支出外部性、税收竞争和标准竞争的形式等角度特别研究了印度尼西亚是否存在管辖权竞争问题。Hauptmeier 等（2012）发现政府经常通过降低税收和增加公共财政投入来提升竞争力。马青（2016）选用地方财政的收支比作为竞争程度的衡量，而王鹏等（2020）也采用了相似的方法来刻画财政竞争，并分析了财政竞争与地方政府土地供给的互动策略。这种方法只反映了不同经济发展水平下政府经济活动规模的大小，无法反映出财政分权的多维信息。罗富政（2019）则从地方政府财政支出的角度把地方政府的财政支出分为生产性和保障性两类财政支出，根据这两类财政支出测算地方政府竞争。万伦来等（2020）通过计算熵值，以财政支出的竞争指数来衡量财政竞争，分析了财政竞争对生态效率的空间影响问题。

部分学者认为税收是地方政府财政收入的主要来源，其发展水平能直接影响到地方政府实施财政政策的能力，可以作为地方政府竞争的指标。Edmiston 和 Turnbull（2003）利用财产税税率衡量了地方政府竞争。孙正等（2019）采用 1998—2015 年省级面板数据，考察地方竞争、产能过剩与财政可持续性之间的内在经济逻辑时，分别测算出全国和各个省份的资本有效税率，用全国与地方的资本税率差来度量地方政府的竞争程度，这一指标可以很好地度量出地方资本有效税率之间的关系，是地方政府竞争水平的客观表征。肖叶等（2019）基于地方税收视角测算地方政府竞争水平，其指标体系包含税收竞争和财政支出竞争，其中税收竞争用地区税负与全国税收之比衡量，而财政支出竞争用地区财政支出强度与全国财政支出强度之比衡量。傅勇和张晏（2007）则用各地区外资企业的税率表征地方政府的税收竞争水平。刘江会和王功宇（2017）用各地的实际税率计算熵值作为税收竞争指数表征地方政府税收竞争。

部分学者将视角放在外商直接投资上，指出外商直接投资具有显著的经济效益和流动性特征，体现了对地方政府的“投票权”特征（Zhang et al.，2021），因此用外商直接投资（FDI）可以用来衡量地方政府竞争，通过 FDI 数值大小刻画地方政府在吸引资金方面的实力和能力（Zhang et al.，2021；薄文广等，2018；Fan 和 Zhou，2019；Wu et al.，2020）。在具体的指标构建上，Deng 等（2019）认为外商直接投资体现了地方政府吸引外资的能力，因此用人均外商直接投资度量地方政府竞争，Zhang 等（2021）利用人均外商直接投资衡量了地方政府竞争，而 Tang 和 Qin（2022）利用外商直接投资与 GDP 的比率对地方政府竞争进行表征。王鹏等（2020）采用外商直接投资额刻画引资竞争，并分析了引资竞争、财政竞争与地方政府土地供给的互动策略。张梁梁等（2016）、贺宝成和熊永超（2022）以及段世霞和靳杨柳（2022）则采用了外商投资来衡量，而徐鲲（2016）用各地与全国实际利用的外商直接投资额之比表示地方政府竞争。

部分学者认为在人类越来越注重生态和谐的情形下，地方政府对环境的保护的重视程度一方面源于上级政府的考核要求，另一方面也是实现可持续发展的现实需要，因此关于生态环境领域的竞争成为地方政府的重要竞争形式，而为了从环境保护视角衡量地方政府竞争，学者们通常以环境规制为衡量指标。赵霄伟（2014）利用环境规制合成指数代表环境规制竞争程度，并对环境规制竞争与地区经济增长的关系进行了研究；马文超和唐勇军（2018）则利用环境打分排名表征环境规制竞争，从省级环境竞争角度分析了环境竞争对环保投资的影响问题；沈忻昕（2022）根据已有的研究基础，构建了环境规制指数；翟宛东（2023）则认为环境规制与经济增长之间的关系不是线性的，随着规制强度的变化，产生的效果差异很大。余升国等（2022）从博弈论视角对环境规制竞争进行分析，认为地方政府在博弈的同时容易产生策略互补型的竞争，进而导致“逐底竞争”；而对地方政府的序贯博弈来说，当环境规制竞争达到阈值后，先动政府由于刚性政策而弱化竞争，此时环境规制竞争兼具互补与替代特征，促进政府间良性竞争。

部分学者则认为地方政府竞争不仅表现为单一形式，还是一种综合竞争的体现，用单一维度的指标无法全面衡量地方政府竞争。上级政府的多维绩效考核促进了地方政府的多维竞争（许敬轩等，2019）。邓晓兰等（2019）则开辟了新路径，从空间分析视角，利用地区经济的增长率和空间权重矩阵的乘积测度地方政府竞争，这一度量指标越大，说明地方政府竞争越大，这一测算方法进一步丰富了地方政府竞争的内涵。而王雅莉和朱金鹤（2020）从财政、规制、引资和增速等多维视角刻画了地方政府竞争对城市污染的影响。冉启英等（2020）则利用经济增长竞争、财政竞争和官员更替表征官员竞争、用外商直接投资表征经济竞争研究了复杂地方政府竞争对环境污染的影响；邓慧慧等（2021）构建了地方政府的公共服务评价体系衡量地方政府的公共服务竞争，拓宽了地方政府竞争的研究视角。Jiang 等（2022）从税收竞争和外商直接投资竞争两个角度分析了地方政府竞争视角下环境污染和经济增长的关系，其中税收竞争用税收收入与地区 GDP 之比表示，外商直接投资竞争以人均外商直接投资表示。Su 等（2022）构建了多维度地方政府竞争指标，分析了多维地方政府竞争与绿色经济增长的关系。

4. 地方政府竞争影响的研究梳理

通过梳理现有文献发现，较多的研究聚焦于地方政府竞争对经济聚集、技术创新、产业结构升级等几个方面产生的影响。

地方政府竞争对经济集聚也具有重大影响，当前学者主要围绕地方政府对产业集聚、投资集聚和人才集聚三个方面的影响展开研究。地方政府为实现本地经济增长目标，通过提升公共服务水平来吸引产业投资，从而促进产业集聚（刘彦军，2016）。财政分权体制会导致自上而下的政治管理模式，地方政府加强基础设施的建设，有利于改善营商环境，促进“招商引资”（张军等，2007），地方政府财政支出竞争有利于地方政府提供优质的基础设施和服务，进而对工业集聚有显著促进作用（黄阳平，2011）。经济技术开发区的设立，有利于加速推进基础设施集中化，促进产业集聚。但是，环境治理的公共品属性带来“搭便车”效应，地方政府的经济干预可能带来扭曲效应，因此，在政策利好的推动下，企业集聚实际上是表面的空间扎堆，这种产业集聚失去了经济集聚的功能，不能产生规模经济的技术外溢效应（师博和沈坤荣，2013）。Brakman 等（2002）提出新的地方政府竞争模型，指出地方政府竞争形成的地方保护主义更容易吸引资本要素。周均旭等（2009）通过定量的方法研究人才和高科技产业集群特点，研究发现地方政府行为对人才集聚有显著的影响。进一步地研究发现，地方政府可以通过教育投资、人才吸引等手段提升人才集聚状况（Alonso-Villar，2002）。

地方政府竞争关于技术创新的影响研究梳理如下。地方政府经济竞争可能不利于技术创新水平的提高，因为地方政府的生产性投资存在着周期短、见效快、风险低等特点，地方政府的创新性投资存在周期长、见效慢、风险高等特点（吴延兵，2017）。地方政府经济竞争会导致财政科技支出规模下降，可能抑制技术创新（纪祥裕和唐荣，2021）。地方官员为了尽快获得晋升机会，将围绕经济增长展开激烈晋升锦标赛，导致创新性投资降低，从而形成重生产投资、轻创新投资的投资偏好（吴延兵，2017）。因而，大量研究认为“为增长竞争”会阻碍技术创新水平的提升（程广斌和侯林岐，2021）。但是，为提高经济竞争能力，政府往往会采取积极的财政政策，不断加大财政支出，并积极吸引外资，而政府财政科技支出增加以及政府增加对企业技术创新的补贴都可以促进技术创新水平的提升（He et al.，2018；肖叶等，2019；李恩极和李群，2021）。FDI 能够提高生产技术，带来现代化的运营模式，推动产业结构升级、提高生产效率、深化能源消费结构（Barrios et al.，2005；Asghari，2013；徐昱东，2016），而且还会加速专业化分工，缩小区域间产出效率，从而有利于技术创新（郭炳南等，2013；冉启英和任思雨，2019）。以环境规制为主要特征的生态竞争，主要通过环境规制的波特效应产生作用，推动技术创新（Acemoglu et al.，2012；Peng，2020）。服务竞争最终体现在人才的争夺上，人力资本作为知识吸收能力的重要载体，在很大程度上决定了区域吸收与转化新知识能力的高低，人力资本水平提升是落后地区得以弥补差距，实现“弯道超车”的关键（刘晔等，2021）。“苟日新，日日新，又日新”，中国把创新作为重要的发展理念，在创新驱动发展的背景下，生态文明建设的指导下，经济增长已不再是政府考核的重要标尺，技术创新已经成为地方政府考核的重点标尺，部分地方已经将财政科技投入水平纳入政府晋升的关键考核因素（辛冲冲和陈志勇，2019）。地方政府对科技、教育、医学等方面的财政投入，一方面可以促进企业生产力创新和经济发展；另一方面可以提高服务水平，吸引人才集聚，加速产业集聚，产生技术溢出效应，有利于创新发展。并且，研发投资还可以促进社会采用更清洁的技术，可以在生产过程中提高资源效率（Sandberg et al.，2019），这一过程被称为技术效应（Lin 和 Zhu，2019）。与科技经费投入相关的统计公报显示，2020 年企业研发经费支出 18673.8 亿元，占全国研发经费的比重达 76.6%，2021 年 R&D 经费超过了 21000 亿元。由此看来，企业研发经费对全社会研发经费投入增长的贡献进一步增强。同时，地方政府为了实现经济转型，实施创新竞争策略，推动区域技术创新水平为经济发展提供内生动力（薛婧等，2018）。

地方政府竞争对产业结构升级的影响研究。地区产业结构升级依赖于关键生产要素的投入，政府竞争是影响产业结构调整的重要因素（张国庆和李卉，2020）。地方政府竞争更加关注有“明星效应”的工业部门的发展，在一定程度上抑制了经济结构的“服务型”变迁（邓金钱和李雪娇，2018）。以经济增长为主的竞争必然带来重生产、轻服务的财政支出模式，导致地方政府竞争阻碍产业升级。但是，环境规制显著倒逼了污染密集型产业的转型升级，提高了单位劳动或资本的增加值，减少了污染物排放（刘和旺等，2019）。并且，郑飞鸿和李静（2021）研究认为科技环境规制可以倒逼资源型城市的产业升级，因此，应合理设置科技环境规制强度，突出发展绿色产业以及新兴产业，才能促进产业升级。进入新发展阶段，生态文明建设增强背景下，地方政府通过提高环境规制水平，调整产业政策等行为推动产业升级（余泳泽等，2020）。环境规制并不是通过资本深化渠道和外资溢出效应渠道，而是通过技术创新渠道倒逼了地区产业转型升级。政府对教育的支出可能会加速产业从物质资本依赖型向人力资本依赖型转变，这将引发结构效应，这可能会缓解环境污染，培育新的经济增长点（Lin 和 Zhu，2019；Dissou et al.，2016）。地方政府投资的偏好性行为，为高税收、高经济产出的行业提供政策支持，导致不同产业之间发展失衡，进而对产业升级造成不利影响，尤其是政府的财政政策偏向对产业升级存在负面效应（甘行琼等，2020；储德银和建克成，2014）。地方政府的财政支出中关于科技投入支出对于促进技术进步具有重要影响，并且地方政府的科技支出具有重要的社会引导作用，将推动全要素生产率的提升，有利于产业升级。在财政分权体制下，为了拉动经济增长，可能产生环境规制的"逐底竞争"，传统产业得以快速发展，一定程度上抑制了新兴产业和绿色产业发展，从而会影响地方产业结构的转型升级。石奇和孔群喜（2012）发现生产性公共品供给起到了促进特定产业发展以及优化资源配置的作用。地方政府财政科技的投入能够显著促进第三产业发展，投资性支出可以促进产业结构升级（刘兰娟等，2013；杨志安和李梦涵，2019），税收竞争对产业结构升级有显著的抑制作用（张国庆和李卉，2019）。刘广亮等（2023）从异质性地方政府竞争视角分析了不同政府竞争对产业升级的影响。

1.2.2 绿色经济增长的研究综述

1. 绿色经济增长的提出和内涵

绿色经济增长的概念源于对经济增长和生态环境的关系研究，围绕可持续发展框架而提出的经济增长方式，与其相近的概念有"绿色经济""绿色增长"和"低碳经济"等（Khoshnava et al.，2020）。关于绿色经济增长理论的研究可以追溯到梅多斯等（1972）的《增长的极限》，该书首次提到了"持续增长"和"平衡发展"这两个术语，该书还提出了一种观点，即由于资源枯竭和生态环境破坏，人类如果不限制经济增长速度，最终将导致人类社会的崩溃，这种无节制地追求经济增长会导致危机的意识是绿色经济增长的思想基础（Olu-Owolabi et al.，2021）。自绿色增长概念被提出以后，该理念迅速得到全球学者的关注。OECD（2009）认为绿色经济增长是在充分利用自然资源时应防止破坏环境和丧失生物多样性，并应该在各种可持续方式下使用资源，获得最大的社会经济效益，是实现社会经济可持续发展的关键手段。联合国环境规划署（UNEP）则把提高人类福祉以及社会的公平，同时又减少环境破坏可能和生态环境稀缺度作为绿色经济增长的重要约束。世界银行认为绿色增长不是减缓了经济增长速度，而是实现了节约资源、清洁高效和富有弹性的经济增长过程。

从学术视角而言，绿色增长理念不同于传统的经济增长，绿色增长是指维护生态稳定和平衡、最大限度降低对环境的损害的一种经济增长模式，包括了经济高效、规模有度、社会包容的可持续与高质量增长。绿色经济增长是环境可持续的经济增长，更加重视生态环境保护与社会发展动态平衡，是实现可持续发展的重要战略。可以通过供应链和清洁生产方面的创新以及绿色技术来实现绿色经济增长（Wiebe & Yamano，2016）。绿色经济增长需要GDP与资源利用和环境影响的绝对脱钩（Hickel & Kallis，2020）。应对气候变化，实现国家自主贡献，以及为实现与资源利用和减缓气候变化有关的可持续发展目标而作出努力。Bishal等（2021）分析了1985—2016年尼泊尔和孟加拉国经济增长绿色化的经验证据，并使用六个绿色增长指标，发现增加可再生能源在能源结构中的份额，以及未来绝对减少能源和材料消耗，不仅对实现绿色增长非常重要，而且对于执行《巴黎协定》和履行联合国可持续发展目标（SDGs）的承诺也很重要。绿色增长是一种寻求实现环境可持续和社会包容的经济增长的发展方法，它寻求低碳，适应气候变化，防治污染，维持健康和生产性生态系统，创造绿色就业机会，减少贫困和增强社会包容性的经济增长机会，全球绿色增长研究所（GGGI）基于其对绿色增长的定义在2019年首次发布绿色增长指数，包括四个方面：有效和可持续的资源利用，绿色经济机会，自然资本保护和社会包容（Acosta et al.，2020）。

为实现现代化，中国迫切需要实现经济绿色增长转型，在保持经济增长的同时，尽可能节约资源和改善环境（Li & Lin，2017）。在全球资源管理和环境问题日益突出的背景下，大量学者对绿色经济增长问题展开研究，如Sun等（2020）提出了一种综合的方向距离函数和基于松弛的测度模型，以评估中国285个城市2003年至2015年的包容性绿色增长水平。马勇和黄智洵(2017)认为绿色经济增长不同于传统粗放式的经济增长模式，更加关注资源承载力以及生态环境容量，在保护生态环境的约束条件下，实现社会经济与环境资源协调发展的新型发展模式。为了解决工业化快速发展带来的资源和环境相关问题，政策制定者和学者广泛探索、尝试了多种发展模式，不断探索出循环经济、可持续发展经济、清洁能源经济、低碳经济，以及环境友好型经济等经济增长模式（Jabbour et al.，2019）。中国现在的绿色发展具有资源节约、环境友好、生态保护和人与自然和谐相处的特点（黄跃和李琳，2017）。孙玉阳（2020）认为绿色经济增长是指资源承载力以及生态环境容量约束条件下，通过提高资源利用率和经济产出率，减少污染物的排放量，促进社会经济与生态环境的有效协调，这一过程实现的根本途径在于绿色全要素生产率的提高。2012年党的十八大报告明确指出，中国未来发展的重点是推动绿色、循环、低碳发展，为了实现绿色发展这一国家战略，中国多地政府通过低碳城市试点等方式探索绿色发展模式（Guo，2017）。

2. 绿色经济增长测度的研究梳理

国内外关于绿色经济增长测度的研究比较完善，研究出发点囊括了经济增长和环境保护，但是对于如何精确地测量绿色经济增长存在较大的差异，按照测度方法，目前关于绿色经济增长的测度主要有绿色全要素生产率、绿色经济增长指标体系构建和绿色GDP三种方法。

当前，多数学者使用绿色全要素生产率表征法、绿色经济增长指数法等方法来测度。作为一般规则，Jiang等（2021）认为绿色全要素生产率是表示研究区域的总产出与总投入的比率。吴磊等（2020）基于中国2005—2014年省市级面板数据，构建借助DEA-GML指数对全要素生产率进行测度分析，研究表明产业结构等指标对绿色全要素生产率有显著促进作用。孟望生等(2020)基于省级的面板数据采用非径向的方向距离函数测算并研究了绿色全要素生产率和能源环境效率指数。诸多学者分别运用Malmquist-Luenberger指数、DEA-BCC模型和Malmquist指数分解方法、超越对数随机前沿模型对不同区域的绿色全要素效率进行测算研究，并取得显著成果（Kumar，2006；Oh et al.，2010；焦琳琳等，2018）。基于此，王喜平和刘哲（2017）以及原毅军和谢荣辉（2016）采用超越对数随机前沿模型、SBM 模型等测算省级的工业绿色增长效率，同时对工业绿色增长效率的区域差异及其空间相关性进行了研究。李杨和邓紫怡（2023）利用全局视域下 SBM-Malmquist 指数法测算了绿色全要素生产率，当指数>1 时，表示研究区域的绿色全要素生产率在当期上升；当指数<1 时，表示研究区域的绿色全要素生产率在当期下降；当指数=1 时，表示研究区域的绿色全要素生产率没有发生变化；并且在规模报酬不变的条件下，绿色全要素生产率可以进一步分解为技术效率和技术进步。

关于绿色经济增长指标体系衡量方法的研究也较多。随着研究的深入，有学者分别从绿色状态与政策、生产、消费、环境生活质量等方面对绿色指数评价体系进行丰富扩展（Satbyul et al.，2014）。Lin 和 Zhu（2019）、Gnangoin 等（2021）采用主成分分析法构建了中国绿色增长指数。Yi 和 Liu（2015）采用分析方法测度了中国城市层面的绿色经济增长情况，并利用人口、教育水平等社会经济因素的变化来解释绿色经济的变化。廖筠和黄灵霞（2018）利用中国的省级面板数据和主成分分析与聚类分析测算了中国的绿色发展水平。周小亮等（2018）基于 2001—2014 年中国大陆省级面板数据，构建了包容性绿色增长指标体系，结合熵权法测算了包容性绿色增长指数。随着研究的不断深入，社会经济、资源环境、生活质量等指标被纳入绿色增长指数考察体系中，包括 NDDF 模型、灰色关联模型等都成为测算绿色增长能力的重要方法。赵奥等（2020）以中国省域作为研究对象，分析了经济、环境、居民和社会等多个方面。高素英等（2020）也采取了相应的测度方法，重新界定共享式绿色增长的内涵，研究了京津冀地区共享式绿色增长问题。

部分学者直接用绿色 GDP 作为绿色经济增长的指标。孙瑾等（2014）利用绿色 GDP 表征绿色经济增长进行研究分析，并取得较好的研究结果。姜琪和王越（2020）基于中国 2004—2017 年省市级面板数据，扩展了包含政府质量和科技创新的经济增长模型，借助经验数据探索了政府质量和科技创新对绿色经济增长发展的影响关系，结果表明政府效率、公平程度对经济发展水平较高区域的绿色经济增长有显著的正向影响，但对经济发展相对滞后的区域的绿色经济增长有抑制作用；科技创新水平、市场化水平的提高可以显著促进大多数区域绿色经济增长，腐败对绿色经济增长有显著的抑制作用。李书敏（2020）对流通产业集聚以及绿色 GDP 指数进行了测度，研究发现产业集聚可以显著促进绿色经济增长，这种促进作用的地区异质性明显。但是，通过对已有文献梳理可知，由于资源成本和生态成本核算较复杂，涉及范围广，目前学者对绿色 GDP 研究较少，主要在于生态价值、资源价值核算尚未有统一标准，核算难度较大，因此，目前用绿色 GDP 表征绿色经济增长的研究相对较少。

3. 绿色经济增长影响因素的研究梳理

以上内容梳理了绿色经济增长的测度研究，绿色经济增长作为经济增长范畴的概念，其驱动因素既有制度性因素，也有经济性因素。

从制度性因素这一视角出发，大量学者将绿色经济看成实现可持续发展的有效途径，为了实现这一目标，地方政府通过制度性政策干涉绿色经济增长，制度性手段包括环境监管、绿色税收、碳减排等。于成学和葛仁东（2015）认为有效的环境政策与投资可以减缓资源过度开发对绿色经济增长的阻碍作用。汪克亮等（2017）基于 2005—2014 年长江经济带 11 省市的面板数据，运用 EBM 和 Tobit 模型测算了工业绿色水资源效率，结果表明政府能够积极推动城市绿色经济增长，政府加大环境监督力度，可以达到减少污染物排放的效果。Lin 和 Zhu（2019）基于 2005—2016 年 282 个地级市的面板数据，使用非径向方向距离函数构建绿色经济增长指数，发现“政治竞赛”是绿色经济增长指数波动的重要原因；财政研发支出可以通过技术活动和技术创新间接促进绿色经济增长，教育支出则是通过人力资本密集型活动对绿色经济增长产生促进作用。周彩云和葛星（2020）基于中国 2003—2016 年地市级数据，研究国家高新区对绿色经济增长的影响。最后，也有学者发现低碳试点政策有利于促进试点城市的绿色增长（王巧和佘硕，2020）。

经济性因素包括经济增长、技术创新、产业结构升级等。曹鹏和白永平（2018）基于中国不同时间省际面板数据，运用 Super-SBM 模型对绿色发展效率进行测算研究，通过构建 Tobit 模型对经济增长与绿色发展效率的关系进行了验证，结果发现经济增长显著促进了绿色发展效率。Sohag 等（2019）研究评估了清洁能源、技术创新等对土耳其绿色经济增长的影响，发现清洁能源和技术创新都促进了土耳其的绿色经济增长。原毅军等（2015）基于中国省际面板数据，对产业结构和可持续发展的关系进行了实证研究，结果发现产业结构调整是促进区域经济可持续发展和实现环境保护的重要因素。李爽等（2018）构建 Tobit 面板模型对长江经济带地级市的绿色增长进行研究，考察绿色增长的影响因素，结果表明第二产业占 GDP 比重对长江经济带有着显著的抑制作用。孟望生等（2020）利用黄河流域的地级市数据，通过固定效用方法分析环境规制和产业高级化与绿色经济增长的关系，研究发现环境规制以及产业结构高级化是促进绿色经济增长的重要因素。周杰琦等（2020）从 FDI 视角，构建了绿色经济增长的分析框架，结果表明 FDI 在受到要素市场扭曲约束条件下，能够通过绿色技术效用显著促进绿色经济增长，并通过产业结构效用抑制了绿色经济增长。在各维度的要素扭曲中，发现提升要素市场的一体化水平是提高全球化视角下绿色经济增长水平的重要渠道。

1.2.3 地方政府竞争对绿色经济增长影响的研究综述

1. 地方政府竞争对生态环境影响的研究梳理

政府是绿色经济增长的主导力量，其决策行为的一个重要方向是使用环境监管政策工具来鼓励和刺激相关公司的绿色技术创新，调整产业结构，推进低碳经济和绿色发展，不断提高绿色全要素生产率。研究表明，当中央政府开始转变发展目标，并注重人与自然和谐发展，不断推进经济社会可持续发展时，地方政府在晋升目标变化下会自主选择“为环境竞争”（高青山和雷平，2016）和“为和谐竞争”（刘玉海和赵鹏，2018）。

生态环境是公共物品，而政府又肩负着保护环境的责任，据此部分学者认为地方政府竞争加剧了环境污染程度，不利于改善环境质量。从综合环境质量来看，徐鲲等（2016）基于中国省际的动态面板数据针对地方政府竞争对环境污染的影响关系进行分析，通过熵值法测算省级环境污染的综合指数，研究表明地方政府竞争显著提高了环境污染指数，显著降低了环境质量。而罗能生等（2017）利用中国地级市数据对地方政府财政竞争、对外开放与环境污染的关系进行了详细研究，分析表明地方政府竞争同样加剧了环境污染，恶化了环境质量。陆凤芝等（2019）从环境分权的角度通过研究得到了同样的结论，即地方政府竞争显著促进了环境污染，是影响环境质量的重要因素。无独有偶，冉启英等（2020）也发现地方政府竞争显著抑制了环境质量。Zhang 等（2020）通过研究发现地方政府的竞争不仅直接加剧了雾霾污染，而且通过地方政府竞争增强了要素市场的扭曲效应，从而间接加剧了雾霾污染。龚梦琪等（2020）用外商直接投资表征地方政府的竞争水平，研究发现目前中国的双向 FDI 的协调发展对生态环境有利，其显著抑制了环境污染。汪克亮等（2021）基于 2000—2017 年中国 30 个省份的面板数据，研究经济赶超、FDI 和污染排放效率的关系，实证发现经济赶超存在“逐底竞争”和“逐顶竞争”的双重影响机制，而 FDI 的“污染光环”假说成立；经济赶超和 FDI 的交互作用促进了本区域污染排放效率，但存在阻碍相邻区域污染排放效率提升的“以邻为壑”效应。刘燕和李录堂（2021）研究发现环境规制对污染性产业转移产生直接的负面影响，很好地解释了环境规制政策对污染性产业的驱逐现象。冉启英等（2021）研究发现在地方政府竞争的调节作用下，环境分权对环境污染的影响表现出“先促进后抑制”的倒“U”型特征；并且从空间角度来看，地方政府竞争与环境分权的共同作用对环境污染的影响从东到西表现出从抑制到促进的特征。

相反，部分学者认为环境质量问题成为环境保护的重点后，地方政府会越来越重视环境治理和保护。谢申祥等（2012）研究发现 FDI 可以整体上抑制二氧化硫排放。李根生和韩民春（2015）利用中国 29 个大中城市的雾霾污染数据，研究发现在财政分权的激励作用下，地方政府将不断增加环境污染治理，对治理雾霾污染具有重要积极作用，然而，地方政府竞争的调节作用降低了财政分权对环境治理的积极影响。而吴勋和白蕾（2019）利用地市级面板数据，运用 SYS-GMM 模型研究发现地方政府竞争显著抑制了雾霾污染。刘奕麟（2019）研究发现 FDI 的流入加剧了中国水体环境污染，实证检验还表明中国的确存在“污染避难所”假说。

2. 地方政府竞争对经济增长影响的研究梳理

关于地方政府和经济增长关系的研究历来是学术界关注的焦点，著名学者 Bowman（1988）从经济增长过程中政府竞争行为的普遍性和政府竞争对经济增长的影响性两个方面进行了全面深刻的论述，对二者之间的关系进行了梳理并取得显著的成果。张军等（2007）的研究将政府竞争比作竞争锦标赛，研究表明地方政府竞争通过建立良好的环境来激发地区活力。黄兴孪和沈维涛（2009）通过研究公司并购过程中地方政府干预行为，认为过度的地方政府干预导致国有控股上市公司的绩效相对较低，即过度的地方政府干预不仅不会促进经济发展，反而会对地区发展产生负向的阻碍作用（傅强等，2013）。中国经济发展进入新时代，生态文明建设逐步增强，中国经济高速发展已转化为高质量发展，通过不断完善地方政府竞争机制，规范地方政府竞争行为，未来一段时间内地方政府竞争依然是中国经济增长的重要推动力（刘志彪，2018）。

地方政府竞争对社会经济发展存在两个方面的作用，一方面，地方政府为获取更多可流动的生产要素而产生的竞争行为可以显著地提高公共部门的效率（Rausche，1998）；另一方面，为了更好地吸引人口和劳动要素，政府竞争通过增加公共物品和公共服务供给，为当地居民提供更好的服务便利（Oates，1972）。由于城乡发展的差距性，存在着城乡基础设施和服务的差异性，地方政府竞争下的城市发展政策将扩大城乡发展差距（张建武等，2014），影响了社会发展的公平性，对社会整体福利水平的提升产生不利影响。另外，地方政府的竞争性在一定程度上会影响法律的秩序性（Daniel，2004），地方政府过度竞争还会导致政府税收收入下降、公共物品供给不足等问题（Breuss & Eller，2003）。

地方政府竞争是动态变化的。伴随上级政府对地区考核目标和考核方式的改变，地方官员会改变地方发展和竞争策略，如在环境考核比重提高的当下，选择展开良性的“逐顶竞争”是政府的理性选择（刘帅等，2020）。改革开放以来，为了实现经济的快速增长，中央政府通过经济和政治的“争权夺利”设计激励地方政府在经济和政治利益上竞争，不断寻求区域 GDP 的最大化。随着中国发展进入新阶段，国家关系不断变化，宏观政策不断调整，地方政府的考核口径不断变化，地方政府的竞争格局发生了巨大变化。为了获得相对竞争优势，地方政府开始争夺“社会创新”。“社会创新”竞争的选择是由于结构变化、制度压力和绩效评价指标的变化。围绕“创新”竞争或许能够推动地方政府转向基于公共利益的竞争，进入良性治理和竞争轨道（何艳玲和李妮，2017）。

3. 地方政府竞争对绿色经济增长影响相关的研究梳理

按照对绿色经济增长测度方式，地方政府竞争对绿色经济增长影响的相关研究主要围绕绿色发展效率、生态效率、绿色全要素生产率以及绿色 GDP 等方面展开。

地方政府竞争与绿色发展效率的关系研究。何爱平和安梦天（2019）通过研究发现地方政府竞争显著降低了绿色发展效率，在经济赶超以及晋升激励的压力下，地方政府不断降低生态环境规制标准，为发展经济而牺牲生态环境；并且，地方政府在经济增长和生态保护之间不断权衡（郭建斌和陈富良，2021），地方政府经济发展政策变化较大，导致多地政策持续时间短，使绿色发展效率在低水平持续徘徊。Wu 等（2020）发现地方政府竞争与环境分权的共同作用产生了“逐底竞争”效应，抑制了绿色发展效率；而且伴随地方政府竞争不断加强，环境分权促进绿色发展效率的作用逐渐减弱。刘儒和卫离东（2022）基于中国地级市数据，利用空间计量模型同样发现地方政府竞争对绿色发展效率具有显著抑制作用。李胜兰等（2014）研究了地方政府竞争存在模仿效应，并且环境规制会抑制生态效率的提高。孙国峰等（2017）和郑文富（2020）都证实了地方政府竞争不利于地区生态效率的提升，影响着地区环境质量的提高。万伦来等（2020）考察了地方政府财政竞争对生态效率的影响，研究发现总量财政竞争在空间上存在显著的负向溢出效应，抑制了生态效率。

大多学者研究发现地方政府竞争对绿色全要素生产率的影响复杂，一般来说存在抑制与促进的双重影响。申慧玲（2021）发现地方政府竞争对绿色全要素生产率具有显著抑制作用，并且分析认为环境规制弱化和财政支出偏向是抑制绿色全要素生产率的关键因素，但地方政府竞争存在显著的技术积累效应，能够提高绿色全要素生产率，但是作用有限，综合来看，地方政府竞争抑制了绿色全要素生产率。刘祎等（2020）研究证实了环境规制强度与绿色全要素生产率会产生正向的相关关系。汪克亮等（2021）

研究发现以经济绩效为主要考核目标时，经济赶超显著抑制了绿色全要素生产率；绩效考核目标多元化条件下，经济赶超对绿色全要素生产率具有显著促进作用。而赵任洁（2019）研究发现外商直接投资显著促进了绿色全要素生产率。Tang 和 Qin（2022）运用三阶段 DEA 模型对绿色全要素生产率进行测度，从空间计量视角研究了地方政府竞争对绿色经济效率的影响问题。

关于地方政府竞争与绿色 GDP 的研究。一些研究将绿色 GDP 作为绿色经济的衡量指标（Talberth & Bohara，2006；王燕等，2021），因为它从传统 GDP 中扣除了资源与环境成本，反映了生态系统与经济系统之间的权衡。Zheng 和 Chen（2020）研究发现地方政府官员的竞争行为对绿色 GDP 增长具有重要促进作用，但是存在“连任诅咒”，即官员连任对绿色经济增长的效果会减弱。陈然（2019）通过教育扶贫绩效评估分析了地方政府对教育重视程度越高，越有利于推动绿色 GDP。余焕等（2022）基于能值分析法测算了 2000—2019 年陕西省绿色 GDP，发现绿色 GDP 增长速度远不及 GDP，绿色 GDP 指数持续下降，研究指出地方政府在经济发展过度依赖传统产业，发展模式单一低效，从而促使生态环境压力加大。但是专门研究地方政府竞争与绿色 GDP 关系的文献较少。

1.2.4 文献述评

现有文献对绿色经济增长和地方政府竞争都进行了深入的研究，有关绿色经济增长方面的研究逐步由理念变为实践，关于绿色经济增长的测度主要采用绿色增长指数体系和绿色全要素生产率两种方法衡量，对于绿色经济增长指标体系的构建主观性较强，对绿色经济增长的客观衡量存在偏差；而绿色全要素生产率大多用 DEA 方法和 SFA 方法测算，SFA 方法的难点在于模型构建和函数选择，DEA 方法则在投入产出变量选取中存在一定主观性，如何规避变量选取主观性是一大难点，如何科学测度绿色经济增长亟待突破。绿色经济增长主要受制度、技术、产业结构和人力资本等因素的影响。而从地方政府的行为来说，不论是受到“晋升锦标赛”压力的影响还是受到 GDP 增速的激励，地方政府之间逐渐表现出竞争行为。地方政府作为市场经济的参与主体，其竞争行为的存在是市场经济发展的结果，并且地方政府竞争也是多维度的，既有地方政府兄弟间的税收竞争、公共服务支出竞争和标尺竞争等横向竞争，也有纵向的中央与地方政府间的竞争。有关地方政府竞争的测度，大量文献采用经济增速、经济赶超、税率和外商直接投资等衡量，主要关注地方政府的单维度竞争，具有一定片面性。地方政府竞争对经济增长产生不确定影响，在不同的分析框架下，影响出现偏差。目前对地方政府竞争影响绿色经济增长的文献较少，和主题相关的文献主要从地方政府竞争对经济增长、环境污染的影响角度分析，也有部分学者研究了地方政府竞争对绿色环境效率、生态效率和绿色全要素生产率的影响。

以上相关研究为本书开展地方政府竞争影响绿色经济增长研究提供了理论基础，但是目前的研究仍有不足：第一，就研究视角来看，现有文献就地方政府竞争和绿色经济增长的作用机理进行深入探究，地方政府竞争对绿色经济增长是否具有关键影响值得探讨；第二，地方政府竞争对绿色经济增长相关的研究重点是单维度竞争对生态环境某一领域的实证研究，忽略了多维地方政府竞争对绿色经济增长影响的研究，也忽视了地方政府竞争促进绿色经济增长机理分析；第三，很少有学者深入探讨地方政府竞争对绿色经济增长的影响机理，在绿色经济的成长过程中，地方政府的竞争可能有两种渠道：一种是直接效应，另一种是间接效应。

鉴于此，本书对地方政府竞争影响绿色经济增长问题进行拓展与深化：首先，从经济竞争、生态竞争、服务竞争和综合竞争对多维地方政府竞争对绿色经济成长的作用机理展开分析。运用逻辑推理的方法，梳理地方政府竞争在推动绿色经济成长中的作用，本书还从理论角度对地方政府竞争的可能途径进行了讨论。同时也对多维地方政府竞争与绿色经济增长之间的度量作了进一步扩展与分析。其次，从竞争目的角度界定地方政府竞争的类型，从经济、社会、生态角度把地方政府竞争划分为经济竞争、服务竞争和生态竞争，测度多维地方政府竞争。探索绿色经济增长的测度方法，选取不同方法进行稳健检验。最后，从基准回归和传导机理两个层面分析和实证检验地方政府竞争影响绿色经济增长的机理。从经济集聚、技术创新、产业升级等角度探索地方政府竞争影响绿色经济增长的传导机理。并通过动态门槛模型检验多维地方政府竞争对绿色经济增长是否存在非线性影响。

1.3 研究思路与研究内容

1.3.1 研究思路

助推绿色经济增长，是经济高质量发展时期中国经济动能发生结构性变革的重要方式。释放绿色经济增长潜能也意味着传统的发展模式开始从“量”到“质”的过渡。由于绩效的外部性突出，依靠市场机制无法有效提升绿色经济增长水平。因此，由政府主导的地方政府竞争行为在绿色经济增长体系中扮演重要角色。本研究紧扣多维地方政府竞争与绿色经济增长主题进行研究，按照“提出问题→分析问题→解决问题”这一思路，通过综合运用经济增长理论、制度变迁理论、市场失灵理论和地方政府竞争理论、系统广义矩估计（SYS-GMM）模型、动态门槛模型、面板向量自回归（PVAR）模型、空间相关分析技术（空间自相关、重心迁移模型和时空地理加权回归）等基本理论和模型，从理论与实证角度诠释了多维地方政府竞争对绿色经济增长的影响机理和效应。

首先，对国内外关于地方政府竞争和绿色经济增长的文献进行梳理、概括、总结，归纳出地方政府竞争对绿色经济增长的理论基础，给出多维地方政府竞争和绿色经济增长定义和测算方法。其次，通过对多维地方政府竞争影响绿色经济增长的基本逻辑和影响机理进行分析，梳理地方政府竞争对绿色经济增长的影响机理。结合实际情况从地级市尺度对地方政府竞争和绿色经济增长水平进行测度，并对其发展历程进行阐述。再次，从基准影响、影响机理、时空和绿色经济增长水平异质性效应、非线性效应、动态协调效应以及空间效应等角度全面剖析多维地方政府竞争对绿色经济增长的实证依据。最后，根据研究结论提出如何优化地方政府政绩考核以及竞争目标政策的顶层设计，科学地构建实现绿色经济增长的长效机制。

1.3.2 研究内容

转变经济增长方式，实现绿色经济增长是缓解中国经济稳定增长与严峻的环境污染、生态破坏之间矛盾的有效途径。在生态文明建设的时代背景下，运用经济增长理论、制度变迁理论、市场失灵理论、地方政府竞争理论，从现实角度分析地方政府竞争行为对绿色经济增长的影响。本书的研究内容包括以下几个方面。

第一，本书在已有文献和相关理论总结的基础上，对地方政府竞争影响绿色经济增长的机理进行理论阐释。一方面，从经济竞争、生态竞争和服务竞争的不同视角探寻地方政府竞争对绿色经济增长的基本逻辑；另一方面，通过梳理地方政府竞争对绿色经济增长的规模效应、技术效应和结构效应，分别选取经济集聚、技术创新和产业升级作为机理变量，探索多维地方政府竞争对绿色经济增长的影响机理。

第二，对本研究的关键变量进行测度，并对其特征进行分析。首先，利用全排列多边形图示指标法对多维地方政府竞争进行测度，从时间趋势和空间演变对多维地方政府竞争的特征进行总结归纳。其次，利用投入产出分析，测度各地绿色经济增长水平，并从时间变化和空间对比分析绿色经济增长的变化特征。

第三，利用 SYS-GMM 模型实证检验多维地方政府竞争对绿色经济增长的影响机理。首先，设定基准模型，选取回归变量，并对实证数据进行说明。其次，基于中国 272 个地级市面板数据，构建 SYS-GMM 模型实证分析多维地方政府竞争对绿色经济增长的影响，并对研究结果进行解释和说明。再次，对多维地方政府竞争影响绿色经济增长的基准回归结果从时间维度、区域维度以及因变量不同水平下进行异质性分析。为考察实证结果的可靠性，利用更换被解释变量测度方法、剔除特殊样本以及分位数回归模型等方式对地方政府竞争影响绿色经济增长的基准回归结果进行稳健性检验。最后，对机理变量基本模型进行设定，并对机理变量及其特征进行说明。从经济集聚、技术创新和产业升级三个机理变量的视角分别分析地方政府的经济竞争、生态竞争、服务竞争和综合竞争对绿色经济增长的影响机理。

第四，地方政府竞争对绿色经济增长影响的非线性分析以及动态效应分析。一方面，本研究以地方政府的经济竞争、生态竞争、服务竞争和综合竞争为依据，利用动态门槛模型挖掘多维地方政府竞争在不同水平下，其与绿色经济增长之间是否存在非线性关系；另一方面，利用面板向量自回归（PVAR）模型从动态效应的视角分析不同时期以及不同冲击强度背景下，经济竞争、生态竞争、服务竞争和综合竞争对其本省及绿色经济增长的冲击效应。

第五，利用空间分析打破了传统计量模型关于样本相互独立的基本假设，通过加入添加数据的空间关系来描绘地方政府竞争与绿色经济增长之间的关系。首先利用全局和局部莫兰指数检验中国经济绿色增长的空间集聚性质。其次利用标准差椭圆（SDE）方法反映地区空间分布特征，解释空间经济关系和研究对象的整体分布特征。标准差椭圆（SDE）方法可以充分利用研究对象的空间要素，从多个方面来研究分析地区的空间特征，包括中心性、展布性、方向性、空间形态等。最后使用时空地理加权回归（GTWR）模型，对空间数据建立地理加权回归模型来探索空间数据的非平稳性，探讨地方政府竞争与绿色经济增长之间的空间异质性，并对背后原因进行深入分析。

第六，总结现有结果并给出结论与政策建议。本研究通过对前文相关理论的阐述和实证检验的结果进行归纳总结，针对各角度的实证结论，给出优化地方政府政绩考核以及竞争目标政策的顶层设计，科学地构建实现绿色经济增长的长效机制以及促进绿色经济增长的政策建议，以期为国家绿色以及经济发展质量提供有效参考。

1.4 研究方法、技术路线与研究创新

1.4.1 研究方法

1. 全排列多边形图示指标法

全排列多边形图示指标法是多指标体系评价的重要方法，在理论分析合理化的原则上对多个评级指标进行选取，通过双曲线标准化对选取的多个指

标进行量化处理，然后对标准化值进行了全排列多边形综合指数测算，综合指数的结果是多指标评价水平的客观反映，综合指数越大表明评价结果越好。本研究采用全排列多边形图示指标法对多维地方政府竞争进行测度。

2. SBM-GML 指数模型

SBM 模型把投入和产出变量放入目标函数中利用投入产出原理求解效率，弥补了径向模型没有包括松弛变量的问题。GML 指数可以处理多输入、多输出和循环累加问题。基于方向距离函数构建方向性 SBM-GML 指数模型对绿色经济增长进行测度，既可将非期望产出纳入研究框架，又克服了方向距离函数未考虑松弛效应及传统 ML 指数参考技术非同期性的不足，因此，本书选取 SBM-GML 指数模型测度绿色经济增长，表征绿色经济增长水平。

3. SYS-GMM 模型

为了解决传统面板数据内生性问题以及绿色经济增长可能存在惯性特征的问题，故选取动态面板模型作为实证检验的主要计量模型。动态 GMM 模型分为差分 GMM 和系统 GMM 两类：在差分 GMM 估计中可能存在内生性问题；而系统 GMM 是在差分 GMM 方法基础上发展而来，有效地克服了模型的内生性问题。因此，本研究将选择系统 GMM 估计方法。

4. 面板向量自回归模型

面板向量自回归（PVAR）模型是以多方程联立形式建立起来的经济学模型。PVAR 模型中的各个方程，利用内生变量回归所有内生自变量滞后项，用它去估计所有内生变量间的动态关系。与传统联立方程组相比较，PVAR 模型降低了主观判断造成的不确定性。由于其能够检测时间序列系统之间的相互联系以及分析随机扰动对变量系统的动态冲击，所以 PVAR 模型是经济学领域中应用非常广泛的模型。因此，本研究从地级市尺度刻画地方政府的经济竞争、生态竞争、服务竞争和综合竞争对绿色经济增长的时间和动态冲击表现，从而为形成差异化的政策提供启示。

5. 动态门槛模型

回归分析中为检验回归函数的差异性，经常采用门槛回归。本研究数据是地级市面板数据，并且考察了被解释变量的滞后一期的回归效果。同时考虑到面板模型因系统分组对样本产生差异性分割导致的内生性问题。

因此，选用动态门槛回归模型考察地方政府竞争对绿色经济增长影响的非线性。

6. 空间相关分析

首先利用全局莫兰指数（Global Moran's I）和安瑟伦局部莫兰指数（Anselin Local Moran's I）检验中国经济绿色增长效率的空间集聚性质。莫兰指数是一种有效工具，用于表达研究地区内样本数据可能存在的空间依赖性。其中，全局莫兰指数主要用于描述某一现象的总体分布情况，判断该现象是否具有空间上的聚集特征，但无法准确指明聚集发生在哪些区域。因而学者通常使用局部莫兰指数对具体存在集聚的位置进行检验。经过方差归一化后，其值将被标准化在 0~1，其值越大则表明空间相关性越显著。采用标准差椭圆（SDE）方法对绿色经济增长地理要素的空间特征进行聚合，包括中心趋势、离散程度和方向趋势等信息，可以充分利用研究对象的空间要素，并使用工具进行可视化。Tobler 提出了经典的地理学第一定律，即万物在空间上都有联系，且距离越近关联越强，因此本书最后使用时空地理加权回归（GTWR）模型，探究空间数据的非平稳性，并研究地方政府竞争和绿色经济增长之间的空间异质性。

1.4.2 技术路线

遵循“提出问题→分析问题→解决问题”的研究思路，深入分析地方政府竞争对绿色经济增长的影响机理，技术路线如图 1-4 所示。

1.4.3 研究创新

为实现中国经济长期稳定增长，缓解环境污染和生态恶化压力，绿色经济增长是协调生态环境保护和经济发展的有效途径，本书通过文献梳理，在总结国内外相关研究内容的基础上，基于中国地级市面板数据探索多维政府竞争对绿色经济增长的影响，考察了地方政府竞争对绿色经济增长的作用。对于探究中国绿色经济增长具有重要意义，也对未来中国切实有效地制定改

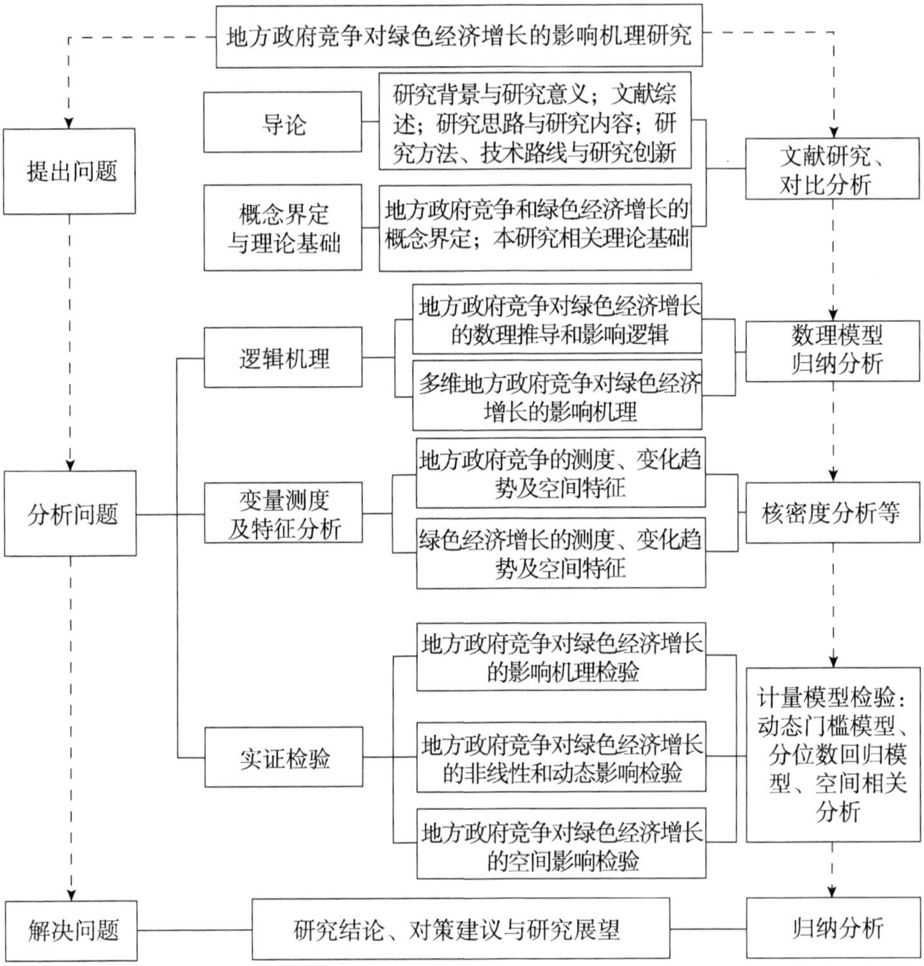

图 1-4　技术路线

善政府行为提升绿色全要素能源效率的政策提供实证依据和现实参考。本研究的创新点主要有以下几点。

第一，锁定绿色经济增长的研究方向，丰富了绿色经济增长的理论研究。

目前对于绿色经济增长的定义主观性较强，对绿色经济增长的客观衡量存在偏差。首先，本书以地方政府竞争的视角对绿色经济增长的理论进行了深入探讨。一方面，构建了 SBM-GML 指数模型对绿色经济增长进行测度，并对测度的结果进行了稳健性的检验。另一方面，通过核密度曲线对绿色经济增长的变化进行分析，对绿色经济增长的时序变化和空间差异进行深入分析，探究其发生变化的特征及原因。完善了绿色经济增长理论的中国经验，丰富了绿色经济增长理论研究。

第二，丰富了地方政府竞争的研究内容，深化了地方政府竞争理论研究。

地方政府作为中央政府的代理人，如何不断提升治理能力是促进中国经济绿色增长的关键环节。针对目前地方政府竞争对绿色经济增长相关的研究重点关注在单维度竞争对生态环境某一领域的实证研究，本书从经济、社会、生态角度把地方政府竞争划分为经济竞争、服务竞争和生态竞争等多个维度，并且通过全排列多边形图示指标法测度了多维地方政府竞争。对多维地方政府竞争的动态性和多维性展开分析。地方政府多维竞争的研究为优化地方政府竞争行为提供决策参考，对地方政府进行科学社会治理，为提升地方政府治理能力提供了参考依据。

第三，拓展了研究视角，深化了地方政府竞争对绿色经济增长的影响。

从多维地方政府竞争视角对地方政府竞争影响绿色经济增长的理论机理进行分析，在理论上梳理了二者的内在关系。通过梳理地方政府竞争影响绿色经济增长的基本逻辑，构建机理分析模型从经济集聚、技术创新、产业升级三个方面梳理地方政府竞争对绿色经济增长的影响，并且分析二者之间可能存在的影响路径。考虑到多维地方政府竞争对绿色经济增长影响的差异性以及政府选择竞争政策的系统性和复杂性问题，本研究的机理分析为地方政府合理调控地区经济规模、科学支持创新活动、适度促进产业升级等提供决策的理论依据。并且利用空间分析、动态门槛模型和面板向量自回归（PVAR）模型，探讨了不同维度下地方政府竞争对绿色经济增长的动态因果、非线性以及时空异质性效应，也为开展地方政府竞争影响绿色经济增长的研究提供了重要的理论支撑和实证分析经验。

2 概念界定与理论基础

概念是研究起点，理论是实践先导。为科学研究地方政府竞争与绿色经济增长的逻辑关系，必须首先梳理地方政府竞争与绿色经济增长的理论内涵，在理论分析的基础上对其概念进行归纳总结。鉴于此，本章先对地方政府竞争和绿色经济增长进行概念界定；然后对理论基础进行归纳总结。

2.1 概念界定

2.1.1 地方政府竞争

1. 竞争与地方政府竞争

市场竞争是市场主体为增强自我实力，提升自身效益，产生的排斥同类行为主体的现象。在市场经济环境中，竞争是提升效率的关键机制。不论是作为市场主体的个人（家庭）、企业，还是政府，都存在基本的竞争行为。市场体系包含横向和纵向两个维度，其中横向市场体系中存在企业和政府双重竞争主体，多区间的市场竞争是现代市场经济的内涵。中国改革开放四十多年的实践表明，竞争是中国市场经济稳步发展的主要推动力之一，不仅体现在企业层面上，也存在于不同区域政府之间。虽然竞争的本质都是优化资源配置，但企业竞争和区域政府竞争存在一些差异。在资源稀缺情况下，企业竞争是为了在资源有限的情况下实现最优的资源配置；而在资源禀赋下，区域政府竞争则是通过资源的优化配置来提高区域内的整体经济效益。区域政府竞争对市场经济的发展具有非常重要的作用，它可以促进各地区经济的协调发展，并且还可以优化资源配置、提高效率，从而推动全国经济的健康发展。此外，区域政府竞争还可以促进政府之间的合作与交流，增强信息共享，营造良好的投资环境，推动产业升级和技术创新，助力国家经济的可持续发展。本研究的地方政府竞争是以行政区域为单位的为实现地方政府既定目标而开展的涵盖经济、生态和服务在内的综合竞争。

2. 地方政府竞争的内涵

中国的经济增长带有明显的政府影响特征，自改革开放以来，中国逐渐确立市场经济地位，企业竞争和区域政府竞争成为促进中国经济增长的双重竞争力量。经济快速增长所带来的发展红利，对于地方政府的竞争优势起到了重要作用。然而，随着经济发展进入高质量阶段，地方政府的竞争方式也必然会发生变化。在经济高质量发展的新阶段中，地方政府需要注重提高经济发展的质量和效益，而不是简单地追求 GDP 的数量增长。这意味着地方政府需要更加关注企业的创新能力、技术水平和人才引进等方面，为经济可持续发展打下坚实基础。部分关于绿色经济增长的研究没有对中国地方政府的竞争问题给予足够的重视，也有部分研究把中央政府与地方政府之间的高度一致性作为研究地方政府竞争对高质量经济发展影响的前提，这与现实不符(谢晓波，2006)。事实上，在中国政治体制中，政治集权和经济分权是两个相互矛盾的方面。政治集权使中央政府可以更好地控制整个国家的政治形势，但同时也会让地方政府之间的竞争更加激烈。经济分权则意味着地方政府可以自主决定本地区的经济发展路径，但也可能导致资源争夺和对政治利益最大化的追求，从而加剧地方政府之间的竞争（周业安，2001）。此外，从要素配置视角来看，地方政府通过增加公共物品供给、提高经济水平不断加大对资本、技术和人才等生产要素吸引，导致必然存在地方政府竞争。在中国特殊的“财权”“事权”模式和晋升激励下，中国地方政府竞争特征更加明显。本研究借鉴何孝祥（2018）的方法，从以下五个方面界定中国地方政府竞争的内涵。

一是地方政府竞争的主体。本书所讨论的地方政府竞争是同级政府之间的竞争，即横向“兄弟”竞争。地方政府既是中央政府的代理人，又是地方群众利益的代表。考虑到地方政府在地方经济发展战略中具有更强的主导地位和影响力，同时考虑到数据的可获得性，本书选择地级市地方政府作为地方政府竞争的分析主体。

二是地方政府竞争的目标。对于联邦制国家来说，地方政府竞争就是通过优化资源配置，提供更好的公共资源和公共服务，为本地区吸引更多丰富、优质的生产要素，因此竞争取决于来自公众和市场主体的外部压力。而在“政治集权、经济分权”体制下，中国地方政府竞争的目标功能和行为取向是积极响应中央政府的政策引导，同时扩大地方利益。在政治推进的激励下，竞争动力更多地来自中央政府，形成自上而下的晋升激励，而晋升激励又取决于自下而上的宏观绩效。事实上，中国地方政府竞争是一种类似于中央政府通过政治集权和经济分权模拟的市场竞争机制。经济增长是经济社会发展的基础，并且经济增长的规模和速度容易衡量，因此经济增长成为衡量地方政府宏观绩效的关键指标，所以经济增长往往成为地方政府竞争的首要目标。中国政府坚持以人民为中心的发展思想，地方政府不断提升基本公共服务水平满足人民群众对基本公共服务的需求，因此提升公共服务水平是地方政府的重要竞争目标。党的二十大报告指出，促进人与自然和谐共生，是中国式现代化的本质要求之一。保护环境，维护生态安全是地方政府义不容辞的责任。传统的经济增长模式下，地方政府容易忽略环境问题，产生环境“逐底竞争”；当中央政府强调经济增长方式转变，突出环境绩效考核后，地方政府逐步加强生态竞争，不断提升环境绩效。比如，环保督察作为中国特色的环境规制有效推动了地区生态环境保护的改善。综上分析，地方政府竞争的目标是在经济增长基础上，不断提升公共服务水平，逐步加强生态安全。

三是地方政府竞争的方式。地方政府竞争作为一种具体的政府行为，取决于它所面临的激励和约束机制。在宏观绩效考核的激励和压力之下，地方政府竞争表现出多维竞争方式。在“经济分权”的激励下，经济竞争是表现突出的竞争维度，经济建设作为国家建设的中心任务，以经济建设为中心才能满足人民对美好生活的热切向往，因此，增长竞争成为经济竞争最主要的方式。以增长竞争为核心延伸出投资竞争、税收竞争和引资竞争。在乘数作用和加速原理作用下，投资是拉动经济增长的重要工具。地方政府积极引导企业投资，促进经济建设。除积极引导本地企业投资，地方政府吸引外部企业投资也是拉动经济增长的重要力量，因此地方政府不断加强引资竞争。财政政策是地方政府竞争战略的最直接选择。已有研究普遍认为地方政府在财政支出问题上存在支出偏好（Hatfield，2015）。财政支出是调节经济的重要政策工具，地方政府采取积极的财政政策，加大财政支出，促进经济增长。在财政支出偏好的基础上，地方政府经常通过税收优惠等方式，改善本地营商环境。税收竞争实际是通过降低企业的运营成本，吸引企业投资的竞争方式。税收竞争促进产业结构升级和产业转移，优化区域经济结构，促进区域经济增长。

随着经济增长和工业化水平的不断提高，环境问题和生态问题逐渐进入政府视野，环境和生态的公共品属性要求政府加强环境治理和生态建设。从生态维度来看，地方政府不断加强环境问题治理和生态绿化建设，不断提升区域生态化水平。具体来看，地方政府主要通过环境规制竞争、污染处理竞争、整体绿化竞争和人均绿化竞争来促进生态建设。尤其是党的十八大以来，地方政府不断加强生态文明建设，生态竞争能力逐渐提升。

提供优质的公共服务是地方政府的基本职责。以人民为中心的执政理念要求地方政府不断提升公共服务能力，因此地方政府在服务维度的竞争不断加强。公共服务方面的竞争主要体现在基础条件竞争、医疗服务竞争、通勤竞争和收入竞争。

地方政府的竞争方式逐渐从单一的经济竞争转向多维的复合竞争（王雅莉和朱金鹤，2020），本研究结合地方政府的职能，从地方政府竞争行为的缘由视角构建地方政府多维竞争体系，如表 2-1 所示。

表 2-1　　地方政府的多维竞争体系

总指标	竞争维度	竞争方式
多维地方政府竞争	经济竞争	增长竞争
		引资竞争
		税收竞争
		投资竞争

续表

总指标	竞争维度	竞争方式
多维地方政府竞争	生态竞争	整体绿化竞争
		人均绿化竞争
		环境规制竞争
		污水处理竞争
	服务竞争	基础条件竞争
		医疗服务竞争
		通勤竞争
		收入竞争

四是地方政府竞争的驱动与约束。在宏观绩效目标和综合效用驱动下，地方政府为争夺适宜的、优质的生产要素展开竞争。地方政府的竞争和企业的竞争不同，企业竞争是追逐利润最大化，而地方政府竞争是追逐宏观绩效和综合效用最优化。上级政府通过优化宏观绩效指标，引导地方政府优化资源配置，打造有竞争力的硬实力和软实力。因此，地方政府的驱动力不是来自内部经济利润，而是来自上级政府宏观绩效考核和人民群众的综合效用。与企业竞争受到法律和政府规制的约束不同，地方政府竞争没有严格的约束机制，主要依赖上级政府的宏观绩效考核和人民群众的综合效用，因此，地方政府竞争的驱动机制也是其约束机制。这种较宽松的约束机制使地方政府竞争容易导致区域条块分割的恶性竞争，但这种机制也为地方政府发挥主观能动性、采取差异化发展策略提供了宽松环境。

五是地方政府竞争的动态性与溢出性。首先，地方政府竞争具有动态变化特征。与企业竞争不同，企业竞争会根据市场环境变化迅速作出调整，以满足企业对利润最大化的追求，而地方政府竞争行为具有阶段性变化特征。在上级政府的宏观绩效考核和人民群众的综合效用影响下，以及政府工作规划目标的约束下，地方政府竞争呈现阶段性动态调整特征。自改革开放以来，经济增长是第一要务，因此地方政府竞争主要聚焦于经济竞争；进入新时代，地方政府在经济竞争的基础上逐渐增强生态竞争和服务竞争。地方政府竞争也呈现出为增长而竞争向为高质量发展而竞争的转变。其次，地方政府竞争具有溢出性特征。已有研究表明地方政府竞争具有较强的溢出效应（Brueckner，2003）。地方政府“兄弟”间的竞争会产生相互影响，一个地区采取强有力的竞争策略，可能把周围邻近区域的劳动、资本等资源吸引过来，形成产业集聚，对周围区域形成强大的虹吸效应，产生区域发展中的增长极效应。

3. 地方政府竞争的概念界定

针对“中国式分权”的实际情况，有必要充分考虑“政治集权”对地方政府竞争的影响。财政分权为地方政府竞争提供了“事权”和“财权”两个要素，政治集权下的官员绩效考核为地方政府竞争设定了目标尺度。地方政府在保持政治稳定和实现经济增长的前提下，在中央政府的默许下，可以根据自己的喜好实施政策。本研究中的地方政府竞争主要是地方政府“兄弟”间的横向竞争。

在经济绩效为考核目标的晋升激励下，经济竞争成为中国地方政府的最基本竞争形式。经济竞争是指为促进经济增长，地方政府通过财税政策吸引外资以及固定资产投资等工具促进区域经济增长，形成地方政府在经济增长领域领先于其他地方政府的突出表现。除追求经济增长外，提供公共物品也是地方政府应尽的责任和义务，伴随生态文明建设的深入和对人才资源的渴求，地方政府竞争包括生态竞争和服务竞争等多种维度。生态竞争是指为提升辖区生态环境质量，地方政府通过强化环境规制、提升绿化水平、改进污染处理等方式不断改善生态环境，使得本辖区生态环境质量优于其他地方政府的表现。服务竞争是指为提升辖区居民的基本公共服务水平，地方政府通过改善交通、医疗、教育等基本公共服务水平，提升地方政府的公共服务供给能力，实现辖区居民收入稳步增长，居民幸福指数稳步提升，进而促进辖区经济社会进步的现象。中国从改革开放时期进入新时代，地方政府的竞争形式逐渐多元化、复合化，“十四五”规划也明确了不再追求经济总量高增长，更加关注经济质量（邓慧慧等，2021），导致地方政府的竞争形式逐渐转变。

基于已有研究，本书认为地方政府竞争是包含经济竞争、生态竞争和服务竞争在内的多维的、动态的竞争，也是同级政府之间为争夺经济资源、优化生态环境、提高服务质量而进行的多维综合性与动态性竞争。

2.1.2 绿色经济增长

1. 绿色经济增长的概念界定

"绿色经济增长"的概念源于可持续发展理论，强调的是在生产过程中消除环境污染问题。有关"绿色经济"的正式讨论出现在 2012 年的"里约+20"峰会，在此次峰会上，多个国家对"绿色经济"进行了概念界定，以及对国家如何促进绿色发展作了相应讨论。Bagheri 等（2018）将绿色经济作为可持续发展的重要方式之一，其重点是经济增长、资源节约和环境友好，绿色经济增长被认为是缓解环境恶化、节约资源甚至促进经济增长的有效途径。从直观意义上来看，绿色经济增长的同时强调绿色和增长两个目标，所以绿色经济增长是结合了可持续发展和经济增长。大多数学者对绿色经济增长的界定主要基于在资源和环境约束下的经济、社会的协调发展，孙玉阳（2020）认为经济发展只有考虑生态保护和环境承载能力才称得上是绿色发展，并且在发展过程中要不断提高资源利用率，帮助经济又好又快发展，实现经济发展和环境保护相统一，在本质上就是提高经济的投入产出比，也是经济实现高质量发展的重要途径。如今绿色发展已经成为地区政府发展过程中必须考虑的目标和政策制定的基础。

当前，中国处于全面建成社会主义现代化强国阶段，加强生态文明建设、建设美丽中国，是实现中国经济社会全面协调发展的保障。在中国古代思想体系中，"天人合一"的基本内涵就是人与自然的和谐共生。进入新时代，中国经济增长方式逐步转变，绿色经济增长成为中国未来经济发展的必然选择。党的二十大报告指出，人与自然和谐共生的现代化是中国式现代化的基本特征和本质要求。一方面，经济亟须增长，做大做强经济总量仍是现阶段的重要目标，经济增长关系到就业民生等方方面面，只有不断发展，才能解决中国当下面临的很多问题。另一方面，在"双碳"目标约束下，地方政府对环境保护意识不断提高，不断深化改革环境保护体制，实现经济向绿色可持续发展。包括世界经济合作组织在内的多个国际性组织都在强调绿色经济增长应该囊括多个方面，除了经济增长外，对资源和环境也必须非常重视。正如孙玉阳（2020）研究的成果一样，Reilly（2012）认为创造就业、环境保护以及经济发展都是绿色经济增长的目标。郑开放（2022）界定的绿色经济增长是以可持续发展为目标的经济与生态协调发展的高质量经济增长形态。现阶段，绿色经济增长的内涵不仅是经济、社会与环境的协调发展，更应突出经济增长、生态改善和资源利用效率的提高，因而绿色经济增长应是与高质量发展相一致的经济增长。

借鉴已有研究，本研究认为绿色经济增长是指以人与自然和谐共生的经济高质量发展为目标，在资源、环境约束的条件下，提高节能减排能力，改善生态环境，提高资源利用效率，进而实现经济、社会与生态协调共进的增长方式，其核心在于绿色经济效率的提升。

2. 绿色经济增长的特征

首先，绿色经济增长是生态可持续发展的增长模式。绿色经济增长是伴随可持续发展的理论框架提出的，满足可持续发展理念。绿色经济增长是在最少的资源消耗和最小的环境污染条件下追求最大的经济产出，符合可持续发展理念。

其次，绿色经济增长是高质量发展的经济表现。随着新发展理念的贯彻，高质量发展深入人心。绿色经济增长是经济高质量发展的具体表现，是在资源节约和环境友好社会发展的基础上，既保持经济增长数量的稳定，又不断提升经济增长质量的增长模式。

最后，绿色经济增长是人与自然和谐共生的增长模式。绿色经济增长的核心是效率提升，从经济增长的投入产出来看，在投入的资源和环境稳定的条件下，经济产出效率是推动经济社会进步的重要因素。绿色经济增长提升是实现绿色经济增长的关键，人与自然和谐共生要求实现更高质量、更有效率、更加公平、更可持续、更为安全的发展，因此，绿色经济增长也是实现人与自然和谐共生的增长模式。

2.2 理论基础

2.2.1 经济增长理论

回顾经济发展史，站在长期经济增长的角度，经济增长理论学派主要分为新自由主义学派和凯恩斯学派，在诸多学者的不断努力下，传统经济增长理论和绿色经济增长理论不断地发展和深化，为本研究提供了理论支撑。

1. 传统经济增长理论

传统经济增长理论主要包括古典经济增长理论、新古典经济增长理论和内生增长理论。

古典经济增长理论主要研究劳动、资本与产出之间的关系。古典经济增长理论以“劳动价值论”为核心，将资本、生产效率、人口增速、收入分配、对外贸易等因素纳入经济增长分析，在不考虑自然资源有限的约束下，这些因素是影响经济增长的主要因素。古典经济增长理论认为经济增长来源于两个关键动力：资本存量和生产效率（Smith，1776）。李嘉图等还发现了环境资源的有限性，提出“报酬递减规律”。古典经济增长理论主要采用静态观点研究经济增长，这种观点的最大不足就在于没有能够充分考虑到技术进步，而技术进步恰恰又是经济发展的最重要的因素之一。此外，古典经济增长理论中的资本积累在当前拉动经济增长的贡献中占比不断下降，更多转向创新的推动作用，这些因素也导致了古典经济增长理论的悲观结论。

随着经济学在现实经济社会发展中作用增大，以马歇尔为首的一批新古典经济学家登上了历史舞台，研究经济增长的规律，提出并利用“效用价值论”分析经济增长问题。不同于古典经济学家对技术的忽视，新古典经济学家认为技术创新在一定程度上超过了劳动、资本等生产要素对经济增长的作用。但是他们的理论也有局限，没有对技术以及创新要素作出更进一步的分析和解释，并且认为经济增长的有限性也受制于资源的稀缺，未能完全摆脱古典经济增长理论的影响。作为新古典经济增长模型的代表，索洛增长模型在技术要素加入条件下，通过构建柯布-道格拉斯生产函数，分析了经济长期增长的决定性因素，强调了人口和技术才是主要的因素，而资本生产要素对经济的长期增长情况不产生影响。虽然索洛增长模型提出了技术进步是外生的，突破了古典经济增长理论的不足，对经济增长的原因进行了进一步的说明和探讨，但未能进一步探求技术进步的具体来源。

罗默和卢卡斯等一批经济学家基于前人的研究，对经济增长的来源进行深入剖析，形成新经济增长理论，学术界又称其为内生增长理论。该理论全面地指出了古典经济增长理论和新古典经济增长理论在解释现实经济问题中存在的缺陷和不足，指出技术进步才是经济增长的原动力。Jones（1995）对内生增长理论进行了丰富与深化，并提出了人力资本模型和知识溢出模型。该理论认为经济的发展，特别是要实现长期增长，不仅要依靠技术进步，更重要的是要将其内生为经济系统的组成部分。内生增长理论认为技术进步会促进经济增长率的提高，并且经济规模越大，经济增速越快，而非古典理论中认为的经济增长具有收敛性。内生增长理论认为地方政府应该不断投资教育和研发，加强对劳动力的培训，进而提高人力资本。只有着眼于高新技术的发展，才能够提高全要素生产率，并持续促进经济增长，最终实现经济快速、持续的发展和进步。但由于技术和知识具有外部性，市场机制对技术和知识等资源不能进行优化配置，所以要发挥政府宏观调控的作用，努力改善投资方向，完善各种体制机制，鼓励民间资本加大研发投入。

经济增长理论主要应用于本书中的地方政府竞争影响绿色经济增长的理论逻辑，运用经济增长理论中规模经济和技术进步的相关内容，引入规模效应和技术效应分别分析地方政府竞争影响绿色经济增长的传导机理。

2. 绿色经济增长理论

1987 年可持续发展概念被正式提出，可持续发展是指能够满足当代人生活需要，同时不会对后代人满足其需要的能力构成危害。可持续发展是一个包括社会、经济、生态三个层面的理论，只有满足这三个方面的协调发展，才能称为可持续发展。可持续发展理论是绿色经济增长理论的基础，尽管可持续发展中没有提及绿色增长，但绿色增长和可持续发展大约在同一时期被提及（Bowen & Hepburn，2014）。绿色经济发展的相关研究可以追溯到 20 世纪中期，“绿色经济”概念最早可以追溯到1989年出版的《绿色经济蓝皮书》，该书指出绿色经济是一种可以实现经济可持续增长的一种形式。以绿色经济发展而言，实现环境友好、效率改善、结构优化和供需匹配才是实现了绿色发展，但以上改变均是以经济体系内部的技术进步为原动力。尤其是气候变化引起的一系列问题的出现，使人类进一步反思经济增长模式。致力于研究实现经济增长与环境协调的绿色经济增长问题，Jacobs（2012）提到绿色增长两个版本的概念，在此基础上，Bowen（2012）以及Bowen和Hepburn（2014）打破GDP增长论，把资源投入和环境影响纳入经济增长理论分析框架，构建了绿色经济增长理论。

绿色经济增长理论认为，持续的经济扩张与地球的生态环境是相容的，因为技术变革将使人类能够将GDP增长与资源使用和碳排放完全脱钩（Hickel & Kallis，2020）。绿色经济发展的着力点是实现以效率为评价指标的技术进步，任何以促进绿色增长为目的的政策都应将提高技术创新作为突破点，绿色技术创新是绿色经济增长的核心动力。绿色增长理论下，为保护自然资本，绿色经济发展需要实现产业结构向清洁化和高级化转型，形成一种兼顾环境与发展的新型增长模式。从直观意义上来看，绿色经济增长理论同时强调绿色和增长两个目标，可以说绿色经济增长理论是对可持续发展理论和经济增长理论的融合发展。

本书遵循绿色经济增长理论的指导对中国的绿色经济增长问题进行研究。绿色经济增长的核心在于效率提高，因此用绿色经济增长表征绿色经济增长水平。绿色经济增长与传统经济增长的差异是经济结构的优化和污染排放的核算，一方面，本书在测度绿色经济增长的过程中把环境污染排放量作为非期望产出计入投入产出模型，测度绿色经济增长水平；另一方面，本书将产业结构升级纳入地方政府竞争对绿色经济增长影响的传导机理分析中。

2.2.2 制度变迁理论

制度变迁理论是新制度经济学的重要理论之一。North认为，制度是经济增长的关键因素。只有当人们有进行制度变革的内在动力时，才能促进一系列制度的发展和进步。Bush（1987）对制度变迁理论进行进一步研究，Tina等（2002）专门组织研讨了制度理论和制度变迁，制度变迁理论逐步完善。因此，制度对于人类发展是至关重要的，缺少了制度设计，人类社会难以持续健康和有效发展。随着经济社会的变化和个人理性程度的提高，为增加预期收益，人们对新的制度需求不断增加。当制度不能满足人们需求时，就会发生制度变迁。制度变迁节约了交易费用，提高了经济效率。从国家层面来说，解决好发展中的路径依赖问题很重要。

随着中国经济社会的变化，中国的经济制度也在不断改革。其中，中国财政分权及分税制的改革，为中国经济发展和制度变迁提供了内生的原动力。伴随经济社会变化，地方政府的绩效考核制度发生变化，随之而来的地方政府竞争发生变化，从单维竞争向多维竞争转变。本书对地方政府竞争的动态变化分析应用了制度变迁理论，随着中国式现代化的不断推进，打破发展中的路径依赖，促进地方政府竞争的有序开展。

2.2.3 市场失灵理论

市场失灵是指通过市场配置资源不能实现资源最优配置的现象，绿色经济具有外部性和公共品属性，市场在绿色经济增长中不能实现资源最优配置，需要加强政府的宏观调控。

1. 公共产品理论

现代经济对公共产品理论的研究始于萨缪尔森，他指出了公共产品和一般产品之间的区别，认为公共产品的特点是非排他性和非竞争性。非竞争性与非排他性的特征导致公共品的产权无法有效界定，易导致“搭便车”和“公地悲剧”现象。因此，对于具有公共品属性的物品，无法通过市场机制实现公共品的最优配置，从而人们对公共品的需求与公共品的供给之间形成巨大鸿沟，市场机制不能实现公共品的最优配置，因而呈现市场失灵。因此，对公共品的供给需要由政府进行配置。

为改善营商环境和提升人们的综合效应，地方政府不断提升公共品的供给能力。除了基本的公共服务之外，良好的生态环境也是最公平的公共产品。

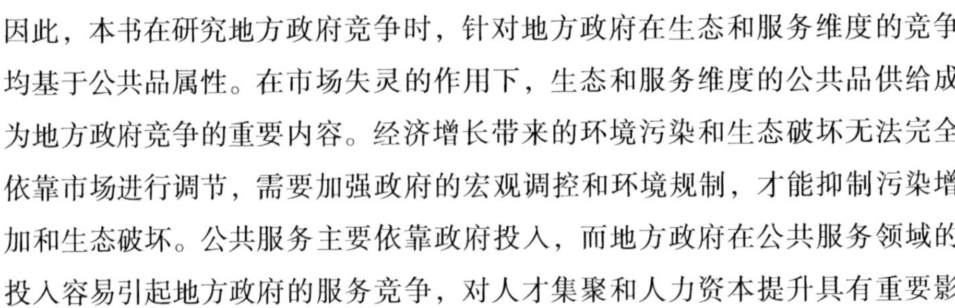

因此，本书在研究地方政府竞争时，针对地方政府在生态和服务维度的竞争均基于公共品属性。在市场失灵的作用下，生态和服务维度的公共品供给成为地方政府竞争的重要内容。经济增长带来的环境污染和生态破坏无法完全依靠市场进行调节，需要加强政府的宏观调控和环境规制，才能抑制污染增加和生态破坏。公共服务主要依靠政府投入，而地方政府在公共服务领域的投入容易引起地方政府的服务竞争，对人才集聚和人力资本提升具有重要影响，最终影响绿色经济增长。

2. 外部性理论

外部性亦称外部成本，最早由马歇尔在1890年出版的《经济学原理》一书中提出。外部性是指市场主体的经济活动对其他市场主体造成影响，但该影响又未被计入市场交易的成本或价格之中的现象。根据市场主体的经济活动对其他市场主体带来“好的”或者“坏的”影响，外部性分为正外部性和负外部性。正外部性是指市场主体的经济行为给其他市场主体带来利益，但未获得补偿的现象。在正外部性情况下，该市场主体的经济活动所产生的边际私人收益小于边际社会收益。为实现社会福利最大化，应鼓励正外部性经济活动，以实现帕累托最优。但是，在没有外部补偿的条件下，理性的市场主体不会无休止参加正外部性活动，导致在市场均衡条件下，正外部性经济活动供给小于帕累托最优状态下的产品供给，仅依靠市场配置资源无法实现资源的最优配置，即单纯依靠市场机制的调节作用无法实现社会福利的最大化，出现市场失灵。同理，负外部性是指市场主体的经济行为给其他市场主体带来损失，但未支付抵偿损失的成本的现象。在负外部性情况下，该市场主体的经济活动所产生的边际私人成本小于边际社会成本。为实现社会福利最大化，应抑制负外部性经济活动，以实现帕累托最优。但是，在没有外部惩罚的条件下，理性的市场主体会不断增加负外部性活动，导致在市场均衡条件下，负外部性经济活动供给大于帕累托最优状态下的产品供给，仅依靠市场配置资源无法实现资源的最优配置，即单纯依靠市场机制的调节作用无法实现社会福利的最大化，同样导致市场失灵，如图 2-1 所示。

外部性作为经济学的重要内容，一直是学者关注的热点，尤其是关于经济集聚的外部性分析中，按照外部性作用机理的差异，把外部性分为马歇尔

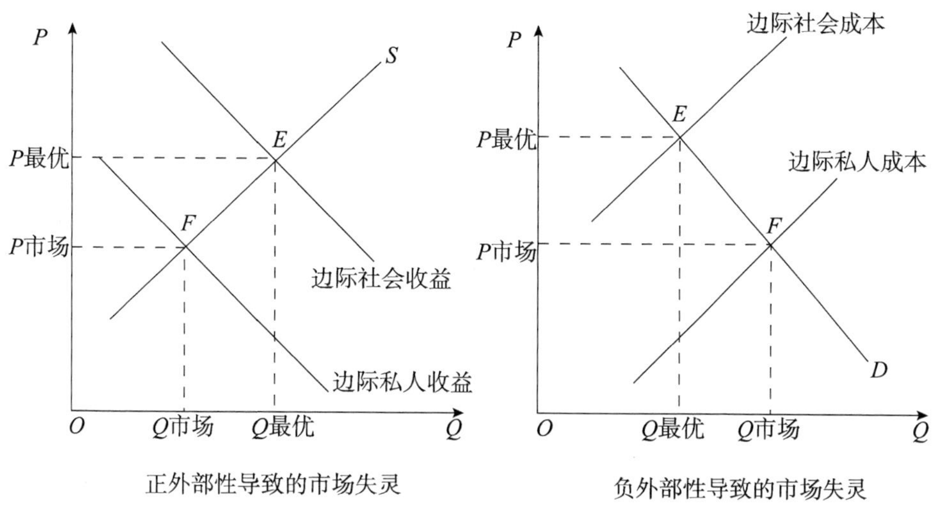

图 2-1 外部性与市场失灵

外部性、雅各布斯外部性和波特外部性。马歇尔外部性主要研究内部规模经济的外部影响，重点分析区域内部经济集聚或同一产业的集聚在技术扩散和创新中的作用，强调专业化技术外溢影响。雅各布斯外部性主要针对外部规模经济的外部影响，是指不同行业之间具有差异化的企业间互补性技术的溢出问题（Jacobs，1969）。由于行业经济集聚，企业外部环境改善，带来技术扩散，形成雅各布斯外部性。当技术溢出源于市场竞争时，就促生了波特外部性。波特外部性同时具有马歇尔外部性和雅各布斯外部性的内涵，主要是指企业面对外部竞争压力时，为降低企业成本，提高企业利益而倒逼自己不断追求技术创新，进而促进技术进步的现象。

本书关于外部性的应用，一方面是地方政府竞争作为市场竞争的重要形式，其对绿色经济增长的影响可能存在外部影响；另一方面本书还利用经济集聚的外部性探讨经济集聚对绿色经济的影响问题。

2.2.4 地方政府竞争理论

地方政府竞争的研究始于亚当·斯密，主要论述了资本税差异对经济增长的影响。随着经济发展，政府在经济社会中的作用越来越重要，20 世纪 90

年代，各种有关政府竞争的研究逐渐兴起。

学界根据竞争主体通常将政府竞争分为横向竞争和纵向竞争两种，其中将同级政府之间的竞争归类为横向竞争，将上下级的政府竞争归类为纵向竞争。从竞争方式来看，地方政府竞争多体现在财税竞争和制度竞争等方面。地方政府的权力边界约束了地方政府的竞争方式，通过政府的财税体制和政府规制调节竞争强度。地方政府在上级政府的宏观绩效和人民群众的综合效用影响下，通过竞争不断提升宏观绩效水平和人民群众的满意度。财税竞争源于财政分权，制度竞争取决于政府职能。财税竞争是在“用脚投票”机制作用下为吸引经济资源流入在财税分权方面上展开的竞争，主要涉及财政收入、财政支出、财政分权以及支出偏好等问题。财政分权是指中央政府给予地方政府一定的税收权利和支出责任范围，并允许地方政府自主决定其预算支出规模和结构。改革开放之后，为促进财税体制与市场经济相适应，中国推行财税体制改革，逐渐实现了财政分权。“财权上移”和“事权下移”的财政特征推动地方政府积极开展竞争。因此，在财政收支和税制变化影响下，中国地方政府之间产生了激烈的竞争。制度竞争是在“用脚投票”机制作用下为吸引经济资源流入在制度规则制定上展开的竞争，主要涉及辖区地方性法规制定、区域产业政策以及文化制度等。财税竞争是政府直接行为，通过财政收支规模和结构变化直接引起经济资源流动，影响区域经济社会发展；制度竞争更多从区域政策环境视角通过营商环境改善，提升辖区竞争软实力，激励经济社会发展。

在制度竞争中，环境规制是影响力最为突出的制度。环境规制是政府对产生环境污染和生态破坏的经济行为进行干预的一系列政策和制度。关于环境规制经典的假设主要有环境库兹涅茨曲线和“污染天堂”假说。其中环境库兹涅茨曲线已经被广泛应用到环境经济研究之中，而“污染天堂”假说则表明了污染转移与经济结构之间的关系。经济学家波特于 1995 年提出著名的“波特假说”，该理论认为适当的环境管制将刺激技术革新，环境规制可以倒逼着企业实施技术创新活动，技术创新可以提高企业的生产效率，生产效率的提高可以抵消环境治理的生产成本，进而提高企业利润。波特假说认为环境规制的影响具有短期效应和长期效应，环境规制短期内会增加企业生产成本，但是这种成本的增加不是一直持续的，长期的投入能够促进企业技术创新、引进新设备、采用创新技术生产，进而提高了企业生产效率，最终增强了企业竞争力，实现环境治理与经济增长良性发展。波特假说证明政府在经济发展和环境改善中发挥了重要作用，主要体现在两个方面：其一，政府能够积极引进技术，帮助企业提升技术创新水平，弥补企业的发展劣势；其二，政府的政策设计能够有力地帮助企业实现环境保护和利益最大化。

本书运用了地方政府竞争理论，并且在地方政府竞争指标体系的构建中，使用了经济竞争、生态竞争和服务竞争等多维竞争体系。伴随政府考核变化，加大了生态文明建设维度的考核力度，地方政府竞争的内涵不断丰富，但GDP依然是地方政府经济发展水平的重要体现，不唯GDP并非不要GDP（马青，2016），地方政府的经济竞争仍然是重要的竞争维度。本书深化分析地方政府竞争内容，把生态竞争和服务竞争纳入分析框架，构建了包含经济竞争、生态竞争和服务竞争在内的多维地方政府竞争体系框架。波特假说作为政府环境规制竞争解释技术创新的重要理论，也是本书地方政府竞争影响绿色经济增长的理论机理分析的重要依据。

2.3 本章小结

本章在梳理相关文献基础上，对地方政府竞争和绿色经济增长的概念进行了界定。基于此，对地方政府竞争影响绿色经济增长研究的理论基础进行梳理，从经济增长理论、制度变迁理论、市场失灵理论和地方政府竞争理论视角分析了本研究的理论基础。

3 地方政府竞争对绿色经济增长的影响逻辑分析

竞争作为“有为政府”参与市场经济的重要特征，绿色经济增长无可避免地受到其重要影响。通过梳理多维地方政府竞争与绿色经济增长之间相关性的内在逻辑，进而识别多维地方政府竞争影响绿色经济增长的传导机理是本书研究的关键内容。鉴于此，本章首先从地方政府的经济竞争、生态竞争和服务竞争等维度分析地方政府竞争对绿色经济增长的影响逻辑；其次从规模效应、技术效应和结构效应等角度梳理地方政府竞争对绿色经济增长的传导机理；最后分析地方政府竞争与绿色经济增长之间可能存在复杂的非线性关系以及空间溢出关系。

3.1 地方政府竞争对绿色经济增长影响的理论模型分析

地方政府竞争是影响绿色经济增长的一个关键因素，为了厘清这二者之间的关系，从经济增长、生态环境、公共服务等角度，甄选经济竞争、生态竞争、服务竞争等维度探讨地方政府竞争对绿色经济增长的影响。地方政府作为市场的重要主体，以区域治理者角色积极参与市场经济，并为了完成促进地区经济社会发展的职责，与其他地方政府展开了激烈的竞争，该种竞争是地方政府参与地方治理，发挥地方政府职能的重要体现。为此，构建一个理论模型来分析地方政府综合竞争对绿色经济增长的影响。

3.1.1 地方政府竞争对绿色经济增长影响的理论模型

理论模型上，考察一个由地方组成的政治上集权、经济上分权的竞争性经济体。政治上集权表现为，经济体中存在一个中性社会领导者即中央政府，任命管辖地方经济发展事务的地方政府，地方政府执行中央政府下达至地方的政策措施。地方政府按照中央政府规定的税率对辖区进行征税，取得财政收入，用于生产不同种类的社会基础设施，包括科学技术研究设施、产品开发设施、交通通信水电设施、污染排放处理技术设施、绿化城市建设等，以吸引地方间技术、资本转移。地方上经济发展的主体是企业，为刻画地方上企业的生产行为及其产生的环境效应，以考察在地方政府之间存在竞争下对绿色经济发展的影响，本书借鉴 Melitz（2003）和吴茵茵等（2021）所构建的模型。假定地方 i 的消费者对连续性商品 w 的偏好为 CES 效用函数形式：

$$U_i = \int_{w \in \Omega} q(w)^{\frac{\sigma-1}{\sigma}} \mathrm{dw} \tag{3-1}$$

其中，Ω 代表可消费的所有连续性商品的集合，$q(w)$ 代表商品 w 的需求量，σ 代表商品之间的替代弹性且 $\sigma>1$。给定代表性消费者对所有商品的总支付 R，则

$$R = \int_{w \in \Omega} p(w)\, q(w)\, \mathrm{dw} \tag{3-2}$$

其中，$p(w)$ 为商品 w 的价格。由此可得单个商品的市场需求曲线满足：

$$q(w) = \frac{p(w)^{-\sigma}}{\int_{w \in \Omega} p(w)^{1-\sigma} \mathrm{dw}} R \tag{3-3}$$

令价格总指数 $P = \left(\int_{w \in \Omega} p(w)^{1-\sigma} \mathrm{dw}\right)^{\frac{1}{1-\sigma}}$ (3-4)

则单个商品的市场需求曲线可表示为：

$$q(w) = p(w)^{-\sigma} P^{\sigma-1} R \tag{3-5}$$

有关异质性企业的生产行为假设如下：

企业的异质性由服从外生分布的初始生产率 $\varphi(w)$ 刻画，$\varphi(w) > 0$；企业

生产活动所需要支付的固定成本为f_e。企业决定是否进行节能减排技术创新，投资为$\gamma(w)$，$\gamma(w)\geqslant 1$，技术创新效果与投资$\gamma(w)$成正比，因此节能减排技术创新使企业的生产率提升至$\gamma(w)\varphi(w)$，节能减排技术创新投资的单位成本为$\frac{\varepsilon}{\varphi(w)}$。

产量$q(w)$是原材料投入e及生产率$\gamma(w)\varphi(w)$的线性函数，可以表示为：

$$q(w)=e\gamma(w)\varphi(w) \tag{3-6}$$

原材料投入的价格和污染排放系数分别为p_e和β，因而单位产量的生产成本和单位产量的污染排放分别表示为：

$$c=\frac{p_e}{\gamma(w)\varphi(w)},\ ce=\frac{\beta}{\gamma(w)\varphi(w)} \tag{3-7}$$

在环境规制影响下，企业被限制污染排放为$T(w)$，污染排放发生超标的成本为p_c，由地方的污染排放处理技术所决定。由于受污染排放处理技术的限制，地方无法将生产活动产生的所有污染排放进行转化，只能按μ比例进行污染排放的转化，因此，企业由于污染排放产生的成本应为：

$$M(w)=p_c\left[\frac{\mu\beta q(w)}{\gamma(w)\varphi(w)}-T(w)\right] \tag{3-8}$$

若企业的剩余未转化的污染排放超过限额，则企业将面临超额的罚金，使企业不希望存在无法转化的超额污染排放，即

$$\frac{(1-\mu)\beta q(w)}{\gamma(w)\varphi(w)}\leqslant T(w) \tag{3-9}$$

基于上述假设，地方i的经济收益为：

$$Q(w)=\left[p(w)-\frac{p_e}{\gamma(w)\varphi(w)}\right]q(w) \tag{3-10}$$

而净经济收益则为：

$$\begin{aligned}\pi(w)&=Q(w)-\frac{\varepsilon}{\varphi(w)}\gamma(w)-M(w)-f_e\\&=\left[p(w)-\frac{p_e}{\gamma(w)\varphi(w)}\right]q(w)-\frac{\varepsilon}{\varphi(w)}\gamma(w)-\end{aligned}$$

$$p_c\left[\frac{\mu\beta q(w)}{\gamma(w)\ \varphi(w)} - T(w)\right] - f_e \tag{3-11}$$

但作为地方经济增长的度量，地方 i 的经济增长目标可以归纳为如下的优化问题：

$$\max\pi(w) = Q(w) - \frac{\varepsilon}{\varphi(w)}\gamma(w) - M(w) - f_e \tag{3-12}$$

受污染排放约束条件：

$$\frac{(1-\mu)\ \beta q(w)}{\gamma(w)\ \varphi(w)} - T(w) \leqslant 0 \tag{3-13}$$

各地方企业根据上述优化目标执行生产行为，即在污染排放约束下选择最优的节能减排技术创新投资策略，并对产品进行定价，使地方经济在绿色发展的约束下实现收益最大化效果，即用上述模型的结果衡量地方的绿色经济增长效果。下面对上述优化问题进行求解，即获得模型的均衡解，在此基础上考虑地方政府之间的竞争行为对模型结果的影响用以分析地方政府竞争对绿色经济增长的影响。当约束条件为紧约束时，引入拉格朗日乘子 $\lambda(w)$ ，条件极值问题转化为全局极值问题。

$$\begin{aligned}\max L(w) = &\left[p(w) - \frac{p_e}{\gamma(w)\ \varphi(w)}\right] q(w) - \frac{\varepsilon}{\varphi(w)}\gamma(w) - \\ &f_e - p_c\left[\frac{\mu\beta q(w)}{\gamma(w)\ \varphi(w)} - T(w)\right] - \\ &\lambda(w)\left[\frac{(1-\mu)\ \beta q(w)}{\gamma(w)\ \varphi(w)} - T(w)\right]\end{aligned} \tag{3-14}$$

联立商品需求曲线函数，上述问题转化为：

$$\begin{aligned}\max L(w) = &p(w)^{1-\sigma} P^{\sigma-1} R - \frac{p(w)^{-\sigma} p_e P^{\sigma-1} R}{\gamma(w)\ \varphi(w)} - \frac{\varepsilon}{\varphi(w)}\gamma(w) - \\ &f_e - p_c\left[\frac{\mu\beta p(w)^{-\sigma} P^{\sigma-1} R}{\gamma(w)\ \varphi(w)} - T(w)\right] - \\ &\lambda(w)\left[\frac{(1-\mu)\ \beta p(w)^{-\sigma} P^{\sigma-1} R}{\gamma(w)\ \varphi(w)} - T(w)\right]\end{aligned} \tag{3-15}$$

根据一阶条件：

$$\frac{\partial\ L(w)}{\partial\ p(w)}=0,\ \frac{\partial\ L(w)}{\partial\ \gamma(w)}=0 \tag{3-16}$$

可得：

$$p(w)\ \gamma(w)\ \varphi(w)\ (\sigma-1)=p_e\sigma+\sigma p_c\mu\beta+\lambda(w)\ (1-\mu)\ \beta\sigma \tag{3-17}$$

$$\varepsilon\gamma(w)^2=p(w)^{-\sigma}P^{\sigma-1}R[p_e+\mu\beta p_c+\lambda(w)\ \beta(1-\mu)\ ] \tag{3-18}$$

解上述方程组可得商品定价、产量、技术创新投资、污染排放满足的条件。

$$p^*(w)=\frac{\sigma}{\sigma-1}\left\{\frac{\varepsilon[p_e+\mu\beta p_c+\lambda(w)\ \beta(1-\mu)\ ]}{A\varphi(w)^2}\right\}^{\frac{1}{2-\sigma}} \tag{3-19}$$

$$q^*(w)=\left\{\frac{A^2\varphi(w)^{2\sigma}}{\varepsilon^{\sigma}[p_e+\mu\beta p_c+\lambda(w)\ \beta(1-\mu)\ ]^{\sigma}}\right\}^{\frac{1}{2-\sigma}} \tag{3-20}$$

$$\gamma^*(w)=\left\{\frac{A\varphi(w)^{\sigma}}{\varepsilon[p_e+\mu\beta p_c+\lambda(w)\ \beta(1-\mu)\ ]^{\sigma-1}}\right\}^{\frac{1}{2-\sigma}} \tag{3-21}$$

$$Emission=\frac{q^*(w)}{\gamma^*(w)\ \varphi(w)}$$

$$=\left\{\frac{A\varphi(w)^2}{\varepsilon^{\sigma-1}[p_e+\mu\beta p_c+\lambda(w)\ \beta(1-\mu)\ ]}\right\}^{\frac{1}{2-\sigma}} \tag{3-22}$$

其中，$A=\left(\frac{\sigma}{\sigma-1}\right)^{-\sigma}RP^{\sigma-1}$。若关系

$$\left[\frac{A\varphi(w)^2}{\varepsilon^{\sigma-1}(p_e+\mu\beta p_c)}\right]^{\frac{1}{2-\sigma}}\leqslant\frac{T(w)}{(1-\mu)\ \beta} \tag{3-23}$$

成立，则约束条件为软约束，此时 $\lambda(w)=0$，商品定价、产量、技术创新投资、污染排放满足：

$$p^*(w)=\frac{\sigma}{\sigma-1}\left[\frac{\varepsilon(p_e+\mu\beta p_c)}{A\varphi(w)^2}\right]^{\frac{1}{2-\sigma}} \tag{3-24}$$

$$q^*(w)=\left[\frac{A^2\varphi(w)^{2\sigma}}{\varepsilon^{\sigma}(p_e+\mu\beta p_c)^{\sigma}}\right]^{\frac{1}{2-\sigma}} \tag{3-25}$$

$$\gamma^*(w)=\left[\frac{A\varphi(w)^{\sigma}}{\varepsilon(p_e+\mu\beta p_c)^{\sigma-1}}\right]^{\frac{1}{2-\sigma}} \tag{3-26}$$

$$Emission = \frac{q^*(w)}{\gamma^*(w)\varphi(w)} = \left[\frac{A\varphi(w)^2}{\varepsilon^{\sigma-1}(p_e + \mu\beta p_c)}\right]^{\frac{1}{2-\sigma}} \tag{3-27}$$

若上述不等式（3-23）关系不成立，则此时 $\lambda(w)$ 需满足：

$$\lambda(w) = \frac{1}{\beta(1-\mu)}\left[\frac{A\varphi(w)^2(1-\mu)^{2-\sigma}\beta^{2-\sigma}}{T(w)^{2-\sigma}\varepsilon^{\sigma-1}} - p_e - \mu\beta p_c\right] \tag{3-28}$$

使得下式成立。

$$(1-\mu)\beta P^{\sigma-1}Rp^*(w)^{-\sigma} = T(w)\varphi(w)\gamma^*(w) \tag{3-29}$$

可得：

$$p^*(w)\gamma^*(w)\varphi(w)(\sigma-1) = p_e\sigma + \sigma p_c\mu\beta + \lambda(w)(1-\mu)\beta\sigma \tag{3-30}$$

$$\varepsilon\gamma^*(w)^2 = p^*(w)^{-\sigma}P^{\sigma-1}R[p_e + \mu\beta p_c + \lambda(w)\beta(1-\mu)] \tag{3-31}$$

可以得到商品定价、产量、技术创新投资、污染排放满足的条件。

$$p^*(w) = \frac{\beta(1-\mu)\varepsilon}{T(w)\varphi(w)^2(\sigma-1)} \tag{3-32}$$

$$q^*(w) = \frac{P^{\sigma-1}RT(w)^{\sigma}\varphi(w)^{2\sigma}(\sigma-1)^{\sigma}}{(1-\mu)^{\sigma}\beta^{\sigma}\varepsilon^{\sigma}} \tag{3-33}$$

$$\gamma^*(w) = \frac{T(w)^{\sigma-1}\varphi(w)^{2\sigma-1}P^{\sigma-1}R(\sigma-1)^{\sigma}}{(1-\mu)^{\sigma-1}\beta^{\sigma-1}\varepsilon^{\sigma}} \tag{3-34}$$

$$Emission = \frac{q^*(w)}{\gamma^*(w)\varphi(w)} = \frac{T(w)}{(1-\mu)\beta} \tag{3-35}$$

因此，在地方政府不断竞争博弈过程中，地方政府竞争行为对该模型结果产生重要影响。

3.1.2　模型阐释及其基本假设

下面我们考虑地方政府之间存在竞争行为对模型结果产生的影响。

1. 地方政府经济竞争与绿色经济增长

政府之间存在经济竞争行为。地方政府将所得税收用于补贴企业的生产活动，同时吸引资本，使得企业的单位生产成本大幅降低，在模型上表现为参数 p_e 和 ε 数值变小。那么此时，若企业的污染排放小于限额 T（w）时，但由于政府间经济竞争所带来的生产成本冲击使企业将加大生产力度，导致污染排放（*Emission*）增加，逐渐接近污染排放的限额 $T(w)$。因此，地方政府间的经济竞争虽然可以带来经济增长［$T(w)$ 变大］，但同时也使得污染排放增加（*Emission* 变大），因此不利于绿色经济的增长。

具体而言，本书将从以下几个角度具体阐释地方政府竞争对绿色经济增长的影响。

首先，增长竞争对绿色经济增长的影响。作为保民生、促就业的重要支撑，拉动经济增长是地方政府重要的目标之一。第一，经济增长目标管理客观上抑制了绿色经济增长。为提升经济增长水平，地方政府对经济增长的目标通常层层加码，可能导致经济增长的盲目扩张，而盲目扩张的经济规模会对地区生态环境产生极大的不利影响。尽管经济增长不会必然导致地区环境污染程度的增加，但是大多数情况下会对环境污染产生正向影响（冯慧，2019），从而抑制了绿色经济增长。第二，在经济增长压力下，地方政府的经济竞争容易产生地方保护主义。地方政府通常对本地企业进行补贴，加剧生产要素错配，导致各地区的产业同构和产能过剩，同时带来严重环境污染，进而导致地区增长效率降低，抑制绿色经济增长（侯林岐和张杰，2018）。第三，为拉动经济增长，地方政府可能采取环境逐底竞争策略，放松环境规制，大力吸引高耗能、高污染企业，实现经济赶超，但同时势必带来严重环境污染，从而抑制绿色经济增长。第四，经济发展滞后地区为实现经济上追赶，承接发达区域“淘汰”的低端产业，提升本地区的经济集聚，进而带动本地经济增长。但是，低水平的经济集聚必然不能带来规模经济的技术外溢效应，反而易产生规模经济的拥堵效应。所以，低端产业的集聚抑制绿色经济增长。综上分析，追求 GDP 的增长竞争忽略了生态保护和环境治理，不利于绿色经济增长。

其次，引资竞争对绿色经济增长的影响。自改革开放以来，中国经济快速发展，对于资本、技术等生产要素需求较高，大量外资涌入中国，为经济发展注入了新生力量。据统计 2021 年中国实际使用外资超 1.1 万亿元，2022 年再创历史新高，中国实际使用外资超 1.2 万亿元，同比增长 6.3%。外资注入对中国绿色经济增长是一把“双刃剑”。一方面，外资通过竞争与示范效应促进中国绿色经济增长。外资企业往往具有绿色技术优势，在生态文明建设背景下，外资企业进行生产经常享受中国政府的政策补贴；同时，外资企业利用资金优势、绿色技术优势生产更多优质产品，形成竞争优势，抢占中国市场份额。国内企业受到竞争压力，不断提升绿色技术水平，外资的示范效应逐渐显现。因而，外资通过竞争与示范效应将有效促进中国绿色经济增长。另一方面，外资注入可能抑制中国绿色经济增长。地方政府为了吸引外商投资，更加倾向于实施宽松的环境政策，放松环境规制约束，地方政府之间展开“逐底竞争”。为了招商引资，地方政府大都倾向于宽松的环境政策，甚至不惜触犯生态环境底线。地方政府偏向放松工业污染管制，从而引发工业企业排污增加，地方政府间的恶性竞争引起“竞次”现象，加重环境污染，致使区域环境质量一再降低。外资注入产生经济增长的规模效应，加大污染物排放，造成环境恶化，抑制绿色经济增长。吸引外资对绿色经济增长产生“污染避难所效应”和“污染光环效应”。若仅注重 GDP，地方政府的引资行为势必产生“污染避难所效应”，不利于绿色经济增长。因此，吸引外资应从注重规模向质量和规模并举转变，引导外资进入绿色行业，发挥外资进入的“污染光环效应”，推进绿色经济增长。

再次，税收竞争对绿色经济增长的影响。税收竞争是地方政府为促进本区域经济增长采用税收优惠、放松征管力度等形式降低企业税收负担，对各种生产要素进行争夺的行为。地方政府通过税收竞争，营造优惠的政策环境，吸引企业投资。地方政府在营造优惠政策环境的同时，会减轻环境污染企业的处罚力度，导致工业废水、废气的排放量增加，加剧环境污染。“逐底竞争”理论认为地方政府为了实现区域的经济发展，往往会放松对地区环境的管制，着重引进和发展经济带动能力强的工业企业和资源型产业，易加剧地区的污染。同时，由于地区较为宽松的管制，以及污染产业的集聚，会导致大量高污染企业的加入，从而形成“污染天堂”。地方政府降低税收，放松税收征管等形式一方面吸引了高新技术产业，另一方面也为传统高耗能、高污染企业提供了宽松的环境政策，因此，税收竞争实质上变相降低了环境规制，增加了污染物排放，不利于绿色经济增长。

最后，投资竞争对绿色经济增长的影响。投资竞争是地方政府之间重要的竞争形式，其对绿色经济增长产生深远的影响。投资竞争是指地方政府通过对固定资产投资的增加，以吸引经济资源集聚，通过固定资产投资产生“筑巢引凤”效应，进而带动地区经济增长（侯林岐和张杰，2020）。凯恩斯主义认为总需求是引起经济周期的主要原因，投资是影响总需求的关键因素，投资为生产活动提供物质基础，是进行生产活动的前提，在“乘数-加速数”作用下，投资是引起经济增长的初始动力。在短期经济增长目标约束下，往往产生过度投资和重复建设，导致地区资源错配、资源利用率下降和环境污染加剧等问题。这种以投资拉动经济增长的方式导致对绿色投资支出比例相对较少，抑制绿色经济增长。因此，如果不抑制资本的过度扩张，会导致资源的浪费。综上分析，若地方政府为拉动经济增长进行无节制投资竞争，带来大量固定资产投资，在短期内能够带动就业和经济增长，但长期来看，忽略资源利用效率，造成产能过剩和资源浪费，不利于经济效率提升，抑制绿色经济增长。依据经济竞争各维度的分析得知，以 GDP 为主要目标的经济竞争总体上忽视生态环境的保护和污染治理，不利于提升资源利用效率，最终抑制绿色经济增长。因此，提出本书的第一个假设：

假设 H1：地方政府的经济竞争抑制绿色经济增长。

2. 地方政府生态竞争与绿色经济增长

地方政府之间存在生态竞争行为。地方政府致力于改善地方的绿化水平，大量植被的种植有助于二氧化碳等温室气体的吸收，使得生产活动的单位产品实际污染排放有所降低（模型上表现为参数 β 变小），从模型的结果可以看出，与服务竞争的结果类似，企业受污染排放的约束将有所减弱，在相同约束程度下，企业有更大的排放空间，可以投入更多的生产要素以获得更多的收益，即企业在维持相同的污染排放约束程度下实现经济的增长，表明地方政府生态竞争有助于绿色经济增长。

此外，地方政府的生态竞争还包含地区的整体绿化竞争、人均绿化竞争、环境规制竞争和污染处理竞争，集中体现在绿化水平提升和环境规制方面。首先，绿化水平提升对绿色经济增长的影响。各地区绿化水平的提升改善了城市的环境宜居水平。一方面，环境宜居对产业结构调整和升级提出了新要求，在绿化水平不断提升的背景下，各地产业结构不断优化（刘兴政，2008），污染型企业逐步退出市场或者企业生产设备更新换代，污染水平逐渐下降。同时，绿色无污染企业逐渐集聚，传统资源密集型产业向高新技术产业看齐，形成绿色经济增长新产业。另一方面，环境宜居也是实现人才集聚的重要条件。城市绿化为吸引人才提供了良好的环境基础，地方绿色品质是驱动人才集聚的根本（杨开忠，2019）。而人才的集聚又加速推进了区域技术创新，提高生产效率，进而促进绿色经济增长。

其次，环境规制对绿色经济增长的影响。环境规制对绿色经济增长的影响产生短期成本效应和长期波特效应。在短期内，遵循成本效应，地方政府提高环境规制水平，会增加企业的生产成本，进而降低企业利润，迫使企业减少创新投资，抑制了创新水平，导致资源利用效率下降和环境保护不足，从而抑制绿色经济增长。从长期看，环境规制会刺激企业加强技术创新。一方面，在环境规制约束下，企业可根据环境政策主动调整生产经营决策，企业投入更多研发经费，改进生产技术，带动企业生产效率和盈利能力的提高，并在全社会范围内提升自然资源的利用率；另一方面，环境规制倒逼企业进行绿色技术创新，降低生产污染，增强环境保护，并倒逼不符合环境政策的高污染、高能耗企业逐步退出市场，达到提高整体环境质量的效果。同时，地方政府也会加强对企业的政策支持，例如，为鼓励企业绿色技术创新，地方政府通过绿色投融资渠道为企业提供资金支持，帮助企业提高竞争实力，提高绿色发展的能力。环境规制与绿色经济增长之间可能存在正“U”型非线性关系，在经济发展水平较低阶段，随着环境规制水平提高，绿色经济增长会不断下降，当环境规制水平不断提高，达到门槛值以后，环境规制对绿色经济增长具有显著促进作用。

环境规制还通过影响产业结构和资源配置效率，进而影响绿色经济增长。一方面，以环境规制为主要特征的生态竞争提高了市场准入门槛，在环境标准的筛选下，符合环境规制的企业市场竞争力提升。产业结构偏向符合高标准环境规制的行业，促进产业结构的调整和产业结构升级。因此，环境规制能够通过产业结构调节而促进绿色经济增长（孟望生和邵芳琴，2020）。另一方面，面对地方政府生态竞争下的高标准环境要求，企业将提升管理创新水平，优化生产结构，主动选择“环境友好型”和“资源节约型”发展模式。为契合这一发展模式，企业不得不减少污染排放。因此，企业必须进行资源配置改革，降低要素配置扭曲，提升资源利用效率。因此，在配置效率提升的影响下，环境规制对绿色经济增长具有显著的促进作用。

近年来，中国环境污染问题逐步加剧，中央政府加快生态文明建设步伐，并将环境治理绩效纳入地方政府官员的考核指标体系中。党的十八大以来，生态文明理念深入人心，可持续发展已经成为新时代经济发展的内在要求，国家相继出台了《生态文明建设目标评价考核办法》《绿色发展指标体系》和《生态文明建设考核目标体系》等文件，这说明了生态文明建设已经成为国家和社会的共识，同时也促使了地方政府开始对绿色和环境保护有了更强的认识（卞元超，2018），以往单纯追求经济增长的模式不可持续，地方政府从经济的规模增长向质量提高转变，经济发展效率得到提高（侯林岐和张杰，2020）。《关于构建现代环境治理体系的指导意见》于 2020 年 3 月由中共中央办公厅和国务院办公厅印发，其中明确要求 2025 年应完成良性互动的环境治理体系的建立工作。综上分析，在地方政府不断加强生态竞争的现实背景下，绿化水平的提升和环境规制标准的提升将倒逼绿色技术进步和产业升级，加速人才集聚，进而正向促进绿色经济增长。因此，提出本书的第二个假设：

假设 H2：地方政府生态竞争对绿色经济增长具有正向促进作用。

3. 地方政府服务竞争与绿色经济增长

地方政府之间存在服务竞争行为。地方政府致力于改善地方基础设施等情况，将税收用于基础设施建设，可以降低企业生产的固定成本 f_e；地方政府积极改进、完善污染排放处理技术，提高污染排放的转化效率（μ 变大），从模型结果可以看出，企业受污染排放的约束将有所减弱（即污染排放约束条件中大于号右边的数值将更大），在相同约束程度下（即污染排放约束条件中大于号右边与左边之差），企业有更大的污染排放空间，可以投入更多的生产要素以获得更多的收益，即企业在维持相同的污染排放约束程度下实现经济的增长，表明地方政府服务竞争有助于绿色经济增长。

随着经济社会的发展，地方政府逐步放弃片面追求经济增长的目标，逐步设定经济增长、生态改善和服务提升等多维目标。提升公共服务水平能够优化地区营商环境、吸引人才，因此，地方政府服务竞争逐渐增强。同时，地方政府的服务竞争主要包含基础条件竞争、医疗服务竞争、通勤竞争、收入竞争等公共服务领域，集中表现在完善的基础设施和良好的公共服务方面。

一方面，地方政府片面追求经济增长，忽视生态环境的保护和公共服务投入。公共服务领域的投入并不会明显提高地区的经济发展水平，反而在短期内会消耗较多的财政支出，因此，地方政府缺乏动力对公共服务进行大规模投资。同时，由于存在经济竞争压力，地方政府为了提高税收收入，其提供的公共品也更加倾向于经济型公共品而非民生型公共品。如何提升公共服务水平成为地方政府加强社会治理的短板。党的十八大明确提出了着力推进基本公共服务均等化的目标，因此地方政府逐步从生产型政府向服务型政府转变。地方政府通过加强基础设施建设，完善公共服务保障体系，提高公共服务能力。这有助于增强人才、技术、资金等生产要素的吸引力，进而提升区域生产效率（侯林岐和张杰，2020）。

基础设施建设不仅能够通过增加公共投资拉动经济增长，也能通过提高就业、消耗过剩产能等促进经济结构优化。基础设施建设能够带动生产性服务业集聚，优化产业结构，带动产业升级，促进绿色经济增长。如公共汽车数量是提高公共服务水平的重要因素，并且交通类基础设施建设还可以吸引科技人才，这对绿色经济增长具有重要促进作用。城市公交基础设施建设可以有效提高公交效率，进而显著降低车辆能耗（林伯强和杜之利，2018），对绿色经济增长具有促进作用。所以，基础设施建设有助于促进绿色经济增长。

另一方面，地方政府服务竞争有助于公共服务供给能力提升，优化地区营商环境，加强人才集聚。地方政府服务竞争提升，优化营商环境，有助于吸引对公共服务要求较高的高新技术产业，促进高新技术产业集聚，优化区域的产业结构。另外，营商环境的优化激励了企业家创新精神，在创新精神的鼓舞下，绿色技术创新水平不断提升，促进了绿色经济增长。《优化营商环境条例》发布后，地方政府陆续颁布一系列政策，优化了本地的营商环境，提升了地方政府的服务竞争水平。教育、医疗等公共服务提升对人才具有重要吸引力，加速推进人才集聚。提高经济发展质量关键在人才，只有加强高素质人才引进，才能够提升人力资本水平，推进产业升级，实现经济的高质量发展。由推拉理论可知人口流动受到流入地的拉力和流出地的推力的双重影响。对于高素质人才来说，各地政府均形成拉力，只有地方政府服务竞争更强，才能对人才流入形成超越兄弟区域的高强度拉力，推进人才集聚。地方政府服务竞争水平提升能提升本地区教育、医疗、社保等基本公共服务水平，有助于吸引人才，提升人力资本水平（陆铭，2017），促进绿色技术创新，提高绿色经济增长水平。综上分析，地方政府基础设施不断完善和公共服务能力不断提升，不断优化区域营商环境，提升人力资本水平，促进绿色经济增长。因此，提出本书的第三个假设：

假设 H3：地方政府服务竞争对绿色经济增长具有正向推动作用。

4. 多维地方政府竞争与绿色经济增长

地方政府的竞争是多维的，既包括为经济增长而展开的竞争，又包括为改善环境质量、追求高质量发展而展开的竞争，也包括为优化营商环境、吸引人才流入而展开的竞争。若地方政府仅追求经济增长，虽然可以促进本区域经济增长，但也会带来环境质量下降等负面效应。若地方政府仅仅追求生态环境质量提高，可能抑制高能耗等重工业发展，导致产业结构失衡，不利于区域经济持续增长，影响就业和民生。若地方政府仅仅关注民生服务，在经济增长乏力之下，民生服务和生态保障也将不可持续。地方政府对经济、生态和服务等领域的影响是综合性的，地方政府的综合竞争对绿色经济增长是促进还是抑制，取决于地方政府能否科学处理经济竞争、生态竞争和服务竞争三者之间的关系。若地方政府仅仅偏重经济竞争而忽略生态竞争或服务竞争，则可能抑制绿色经济增长；若地方政府忽视经济竞争而仅仅偏重生态竞争或服务竞争，则阻碍经济进步，也可能抑制绿色经济增长；只有在共同关注包含经济竞争、生态竞争和服务竞争在内的综合竞争的情况下，才可能促进绿色经济增长。因此，提出本书的第四个假设：

假设 H4：地方政府综合竞争对绿色经济增长可能具有正向推动作用。

3.2 地方政府竞争对绿色经济增长影响的机理分析

地方政府竞争是涵盖经济、生态和服务等多个维度的综合竞争。地方政府通过各维度竞争直接对经济增长、生态环境和社会服务产生影响，抑制或促进绿色经济增长。另外，地方政府竞争对绿色经济增长可能存在间接影响。

首先，多维地方政府竞争影响经济集聚，如加强产业园区建设等促进经济集聚（Hong et al.，2020），进而影响绿色经济增长（林伯强和谭睿鹏，2019），产生规模效应；其次，地方政府竞争通过环境规制竞争、研发投资等促进技术创新，进而影响绿色经济增长，产生技术效应；最后，地方政府竞争通过引导生产要素流向，促进产业结构升级，进而影响绿色经济增长，产生结构效应。已有研究大多研究了地方政府单一维度的竞争通过规模效应、技术效应和结构效应对研究目标的影响，本书在相关学者研究的基础上拓展地方政府竞争维度，从理论层面分析多维地方政府竞争对绿色经济增长影响的传导机理。参考相关学者（Copeland & Taylor，1994；汪克亮等，2021）的研究，本书认为地方政府竞争可以通过规模效应、技术效应、结构效应作用于绿色经济增长。

图3-1描述了地方政府竞争对绿色经济增长的影响机理。一方面，地方政府的综合竞争、经济竞争、生态竞争和服务竞争的不同维度对绿色经济增长产生直接影响作用；另一方面，地方政府的综合竞争、经济竞争、生态竞争和服务竞争的不同维度可能通过规模效应、技术效应和结构效应三条影响机制对绿色经济增长产生作用。于规模效应、技术效应和结构效应的分析，本书选取经济集聚程度代指地区经济规模的大小，进行规模效应的影响分析；选取技术创新水平代指技术效应，进行技术效应的影响分析；选取产业转型升级代指结构效应，进行结构效应的影响分析。

3.2.1　规模效应

1. 经济集聚对绿色经济增长的影响

经济集聚是经济规模的重要表现，地方政府的多维竞争通过经济政策、环境治理、区域规划、投资偏向等对经济集聚产生重要影响。经济集聚能够促进地方经济的发展，直接带来生产规模的扩张及经济总量的增加。经济集聚程度的提高，能够在某个特定的区域范围内，将生产某种产品的一些同类企业，以及提供配套的上下游企业、相关的服务业进行集中，使不同上下游的产业高度密集地聚集在一起，使产业分工细化，增强技术溢出效应，最终

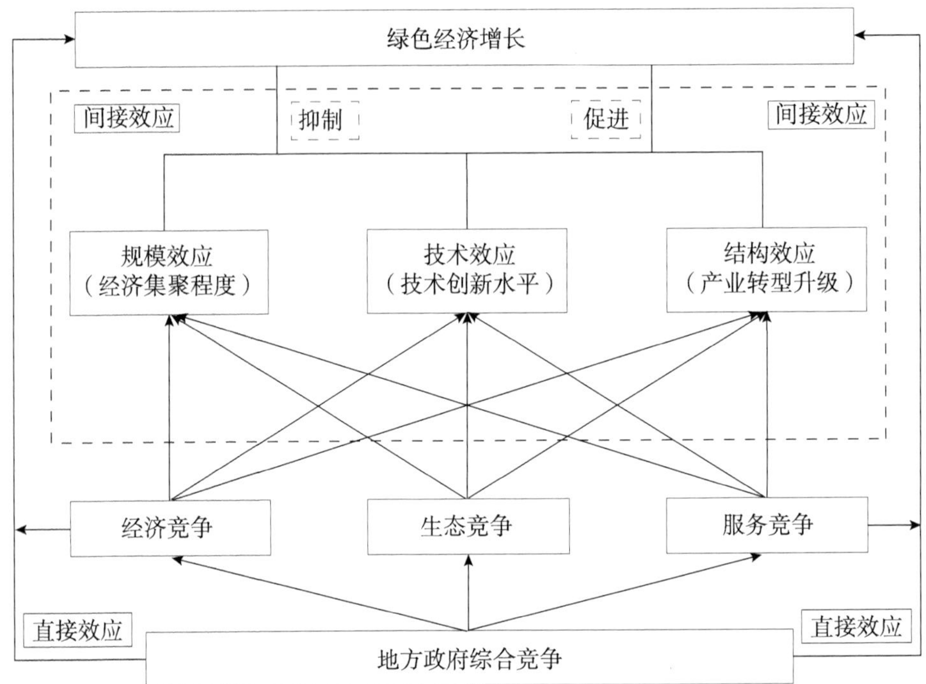

图 3-1　地方政府竞争对绿色经济增长的影响机理

实现生产效率的提高。不同产业的集聚对绿色经济增长的影响存在差异，张红霞等（2022）研究发现生产性服务业的集聚会提升绿色经济增长，孙华平等（2022）研究发现经济的专业化集聚程度的提高会抑制绿色经济增长；而多样化集聚与绿色经济增长之间呈“U”型关系。但是，对于生态环境而言，环境污染的主要原因就是规模增长，绝大部分的环境污染都来自经济规模的增加。经济集聚提高了生产效率，但当效率的提高仅扩大了生产规模和降低了生产成本，而在产出部分和环保节能过程中并无改进，将导致更多的污染。

大量研究已经证明了经济集聚对绿色经济增长会产生不利的影响（Meng et al.，2021）。一方面，地方政府在推进经济集聚的过程中片面追求 GDP，导致高耗能、高污染企业集聚，促使污染排放增加，抑制绿色经济增长。地方政府片面追求 GDP 易形成地方保护主义，虽然有助于资本、劳动等要素集聚，提升经济规模，但不利于提高资源配置效率和平衡市场结构，从而抑制绿色经济增长。在“为增长竞争”机制下，经济集聚与FDI具有耦合性。地方政府为实现招商引资，往往会放松环境规制，这为经济集聚提供资金和技术支持。宽松的监管环境加速了重污染行业在本地区集聚，加剧了环境污染，抑制了绿色经济增长。另一方面，经济集聚的过程也会产生规模不经济的现象，在生产规模扩大后，收益增加的幅度小于规模扩大的幅度，甚至收益绝对地减少，使边际收益为负数。这是由于资源的稀缺性，企业、经济部门在集聚的过程中，会使相互之间在资源及要素利用方面的竞争日趋激烈，从而相互牵制，进而产生经济效益减少，以及因集聚而带来的外部环境对经济活动的负面约束现象。

经济集聚还可能带来企业之间的恶性竞争，如企业为进入政府规划的产业园区享受优惠政策，产生大量寻租行为，而寻租成本必然转嫁于产品和污染排放之上，因此不利于绿色经济增长。同时，随着经济集聚推动了地区的发展，进而将导致产业和人口的过度密集，破坏地区的环境循环体系，恶化地区的生态环境，不利于绿色经济水平的提高。而当市场化水平较低时，经济集聚的拥挤效应较大，资源消耗的速度超过资源再生速度和环境承载极限，将导致环境污染加剧，抑制绿色经济增长。

2. 地方政府竞争对经济集聚的影响

经济集聚以及产业集群发展的经验表明，市场对经济集聚的形成具有巨大的推动作用，但同时也离不开政府的参与。当市场出现失灵时，政府将发挥作用促进市场更为有效。随着中国特色社会主义市场经济发展，尽管市场在资源配置中发挥基础性和决定性作用，但是在规模经济发展过程中，政府对宏观经济的调控发挥了重要作用。地方政府推动经济集聚和产业集群竞争力形成、发展和提升的作用将表现得更为明显。

从地方政府的经济竞争来看，在经济增长压力下，地方政府大力吸引投资，促进经济集聚成为一种普遍的现象。但是由于制造业企业的盈利难度相对较低并且能为地方政府提供较为稳定的税收，所以地方政府产生强烈的动机推动地方制造业的集聚。一方面，在经济增长的目标压力下，地方政府积极推动经济集聚水平提升，通过规模经济降低企业成本，吸引企业入驻和投资。典型做法就是各地大力发展经济开发区、高新技术开发区以及各类工业园区，加速推进各行业企业的集聚。在经济发展的目标驱使下，地方政府会加大对产业发展的投入，提高对基础设施建设的重视力度。通过公共服务竞争，公共服务水平相对较高的政府可以吸引大规模投资，促进地区经济发展。地方政府获得收益后，会加大对公共服务的投入，以促进经济的进一步发展。另一方面，地方政府为争夺稀缺资本而采取的降低税率、调节公共支出水平等手段作为地方政府竞争的有力手段。采取低税收政策或者有效率的政府能够吸引更多的制造业厂商转向该政府所管辖的地区。在地方政府经济竞争的政策“激励”下，大量资本进入本区域，提高了投资水平，促进了经济集聚。地方政府通过引资竞争和投资竞争提高生产要素报酬，吸引各类生产要素不断集聚，持续提升经济集聚水平。

从地方政府的生态竞争来看，为提升本区域环境质量，地方政府不断加强环境规制，影响经济规模扩大和经济集聚。一方面，地方政府的生态竞争会使环境准入门槛提高，传统高耗能、高污染企业很难达到地方政府制定的环境质量标准，大量传统企业被“拒之门外”。环境规制的创新效应对不同污染水平的行业会产生不同的影响，地方政府的生态竞争对经济集聚的影响也不相同，相对于绿色产业，其对高污染型的企业来说会有着更大的影响，表现为沉重的成本压力。依据“污染避难所”假说，地方政府的生态竞争的增强，会提高地区环境规制强度的水平，对企业的生产造成直接的成本压力。因而使得大量企业受成本压力而不断迁出，将产业转移到环境规制水平更低或者生态竞争力更弱的地区，抑制了经济集聚的提升。另一方面，环境本身也可以看作一种生产要素，当地方政府提高环境规制时，环境要素价格提升，对企业来说增加了运营成本，降低了企业利润，从而不利于企业投资，进而抑制了经济集聚水平。在地方政府生态竞争不断加强的背景下，尽管整体经济集聚能力受到限制，但在环境规制的“逐顶效应”下，高新技术产业和绿色产业集聚水平逐渐提升，从而一定程度上促进绿色偏向型经济集聚水平。

从地方政府的服务竞争来看，首先，地方政府的服务竞争能够有效引导资源配置优化。大型基础设施建设本身可以集中生产要素，实现要素资源的跨区域流动，产生规模效应，促进产业集聚与结构调整（罗富政和罗能生，2019）。其次，基础设施的不断完善可以改善交通信息等外部生产环境，为产业升级提供有力保障。消费提质与企业扩大再生产相互作用，形成良性闭环，助力产业结构升级转型，抑制产业无序扩张和经济规模无序发展（Brakman et al.，2002）。再次，地方政府公共服务水平的提升有助于地区技术创新能力的增强。由于技术革新，生产过程得以优化，技术创新可以通过配置生产要素、提高劳动生产率、改变市场需求环境、提高产品竞争力等多种途径推动产业转型升级，进而有效降低产业规模的无序扩张，对经济集聚产生负向的抑制作用。最后，地方政府服务竞争能优化区域营商环境，提升市场软实力，促进市场活力，促进产业集聚，促进经济集聚。

党的十九大报告提出，我国经济正由高速度增长阶段转向高质量发展阶段。党的二十大报告提出，人与自然的和谐共生是中国式现代化的重要特色。贯彻落实新发展理念、建设现代化经济体系，是这个阶段国家经济建设的必然要求。早在2017年年底召开的中央经济工作会议就明确指出，必须加快形成推动高质量发展的指标体系、政策体系、标准体系、统计体系、绩效评价、政绩考核，创建和完善制度环境，推动我国经济在实现高质量发展上不断取得新进展。显然竞争规则的彻底改变已经是工作议程，为增长而竞争的机制将彻底转化为高质量发展而竞争的机制。在综合竞争下，生态竞争和服务竞争的权重将加大，而经济竞争则由过去的无序竞争向合理有序的方向转变，其对经济集聚的影响也会由抑制无序的经济集聚逐渐向结构优化和调整方向转变。

综上分析，地方政府的多维竞争对经济集聚产生不同的影响，经济竞争主要促进经济集聚，而生态竞争、综合竞争和服务竞争主要抑制经济集聚。因此，提出本书的第五个假设：

假设H5（a）：地方政府经济竞争会增强经济集聚来抑制绿色经济增长。

假设H5（b）：地方政府生态竞争、服务竞争和综合竞争则会抑制经济集聚来促进绿色经济增长。

3.2.2 技术效应

1. 技术创新对绿色经济增长的影响

熊彼特最早提出了创新概念，认为创新是各种生产要素的重新组合，关键是为企业创造或引入新的东西。在创新领域中，技术创新是重要的创新之一。技术创新主要指生产技术的创新，包括创新技术开发和新技术应用。技术创新是促进社会生产效率提升的关键因素，技术创新通过影响产业结构变化和污染物排放等影响绿色经济增长。根据已有研究，技术创新对绿色经济增长可能存在促进和抑制两种影响。

一方面，从主流观点来看，技术创新促进了绿色经济增长。技术创新是一个长期过程，技术创新进步效应从多方面对经济绿色增长产生影响。首先，技术创新可以加速推进绿色经济增长方式。第一，技术创新提升能源开发水平，把风能、水能、潮汐能、地热能、太阳能等清洁能源纳入能源体系，改善能源消费结构，减少传统不可再生能源的消耗，降低温室气体和污染物排放。第二，技术创新促进经济增长方式向绿色增长方式转变。单个企业提高技术创新后，不断拓宽资源使用和开发新能源，随着技术扩散，整个行业技术水平不断提升，技术创新在行业间逐步溢出。因此，技术创新能够通过拓宽要素使用范围、开发新能源来促进经济增长方式的转变。其次，技术创新不断优化绿色经济增长结构。第一，技术创新推进新产业形成，促进产业结构优化调整，促进产业升级。一地的产业结构是在资源禀赋基础上长期演变形成的，技术创新促进产业结构优化调整。比如，当一项技术专利过了保护期之后开始扩散，当地生产效率不断提高，逐步促进产业升级。在市场竞争角逐下，技术进一步扩散，促进产业结构不断优化调整和产业升级。第二，技术创新通过技术扩散推动传统产业升级改造，可以实现绿色经济增长结构优化。技术创新可以促进高技术产业技术成果向传统产业转移，推动传统产业向智能化、高端化、数字化转型，提高传统产业生产效率；技术创新可以提升产业间协调能力，优化产业结构，促进产业升级，实现产业绿色转型，提高绿色经济增长水平。技术创新将淘汰落后产能，促进劳动密集型和资本密集型产业向技术密集型转变。技术创新促进经济发展方式向资源节约和环境友好方向发展。在资源和环境的双重约束下，绿色经济产业发展迅速，优化绿色经济增长结构。再次，技术创新可以提升绿色经济增长水平。第一，技术创新可以提高资源利用效率。技术创新能够通过扩大生产规模、降低生产成本，使企业在生产中节约资源。技术创新能够提高对已有资源的开发深度与广度，延伸资源利用范围，或通过技术创新对传统生产设备进行升级，产生新的生产工艺和生产技术，拓宽生产的边界，可以提高对资源和能源的利用效率。第二，技术创新可以重新组合生产要素，提升生产要素的配置效率。技术创新促进了生产设备更新，对传统生产要素进行替代和整合，促进企业从劳动密集型向技术密集型转变，提升企业的运行效率。技术创新还带来的新型生产设备，提高了企业生产技术，有助于提升工人的生产效率，促进企业管理效率提升。如数字化时代，信息和通信技术提高了劳动和资本的组合能力，提高了生产效率。第三，技术创新促进技术外溢和绿色技术研发，提升了绿色经济增长水平。技术创新的信息溢出为市场参与主体提供丰富交易信息，提升了交易效率，降低信息不对称带来的交易成本，促进技术扩散。企业开发的各种绿色材料和清洁能源，减少生产活动对环境造成的破坏，促进绿色增长。第四，技术创新较快的行业发展迅速，带动产业结构调整，如果技术创新偏向清洁行业，则技术创新带动产业升级，带来绿色经济增长提升，如能源领域的技术创新，促进了生产技术组合，提高了能源效率，促进了绿色经济增长。

另一方面，对技术创新而言，短期可能抑制绿色经济增长。首先，技术创新对绿色经济增长存在“回弹”效应隐患。技术创新对绿色经济增长可能存在“U”型关系，即技术创新短期内可能存在抑制绿色经济增长的情况。如特定的技术创新能提高某种能源产品的利用效率，但是对整体能源系统的影响可能较小，并且技术进步带来生产规模扩大，全社会能源消费不降反升，污染排放持续增加，反而不利于绿色经济增长。其次，技术创新是一个动态变化过程。有学者将创新分为知识生产、创新生产和产出生产三个阶段（Hansen & Birkinshaw，2007）。也有学者将创新过程分为研发过程和商业化过程，创新研发是利用各种创新资源从思想产生到思想转化的过程，包括投入和产出两个节点；创新商业化是将技术创新成果引入市场以获得经济产出的过程。技术创新能否对绿色经济增长产生作用，关键在于技术成果的应用。由于技术创新具有明显的滞后效应，导致技术创新短期内不能促进绿色经济增长。最后，技术创新包含传统工业、资源型行业的污染技术创新和高新技术行业的清洁技术创新。而传统污染技术创新将直接推动工业和资源型行业提高生产效率，刺激需求膨胀，最终加大能耗和污染排放，抑制绿色经济增长。并且，在受到经济绩效考核的约束下，技术创新对绿色经济增长表现出一定的消极影响。地方政府为了获得竞争优势，通常在经济竞争方面以追求经济效益而选择忽视公共利益，这就导致技术创新的方向不是偏向于生态、绿色等方面，反而会转向自然资源开采、物资生产和更大规模的产能扩张等方向。这种技术偏向势必会加剧环境质量的恶化，最终对绿色经济增长造成负面影响。地方政府在采用一系列偏向性的财政政策促进经济发展的同时，会忽略见效慢和投资高的绿色创新领域转而加大对生产型和规模型技术创新的投入。反映到微观层面来看，企业为了随政府激励政策而动也会加大对生产规模扩张和生产技术的研发投入，污染技术创新驱动污染部门产出也随之上升，反而带来污染排放的回弹，不利于绿色经济增长。

综上分析，技术创新可能存在抑制绿色经济增长的短期现象，但从主流来看，技术创新促进了绿色经济增长。

2. 地方政府竞争对技术创新的影响

党的二十大报告提出创新是第一动力。党的十八大以来，国家实施创新驱动发展战略，鼓励创新，科技创新成为驱动发展的重要力量。地方政府作为创新驱动发展战略的实施者，为提升宏观绩效而开展的竞争促进了技术创新。

首先，地方政府的经济竞争对技术创新的影响。第一，经济绩效作为地方政府重要的考核指标之一，在影响地方政府的行为中产生了关键作用。在遵循以经济目标为主的政绩考核下，地方政府旨在实现个人利益最大化。经济竞争促进了地区经济增长，为技术创新奠定了物质基础。第二，在经济竞争影响下，经济发展要求创新从模仿创新向开拓创新转变，各地政府为达到上级政府制定的研发标准而加大对研发创新的投入力度（辛冲冲和陈志勇，2019），地方政府不断增加科技支出占比，提升研发强度，不断提高技术创新水平（薛婧等，2018）。第三，经济竞争对流动要素的争夺能通过减税降费等形式吸引更多的企业入驻，降低了当地企业的成本，促进了区域经济增长，让企业有更多的资金投入技术研发。税收形式的竞争和引资形式的竞争为区域经济增长带来投资的同时也增添了区域创新的新鲜血液，促进区域技术创新。当然，地方政府为争夺经济发展的主动权，会加大招商引资力度，将稀缺的资金投入有利于经济增长的产业和行业中去（周黎安，2007）。并且，上级政府往往通过经济增长来判断地区发展和官员的政绩，这会激励政府官员加大经济竞争力度，将资源投入风险低、收益高、回报周期短的部门，这可能在短期内抑制技术创新。总体来看，地方政府的经济竞争促进了技术创新。

其次，地方政府的生态竞争对技术创新的影响。第一，受到上级环保监管部门的约束和监督，为改善环境质量，地方政府逐渐加强生态保护，辖区内绿化水平和环境规制水平不断提升。一方面，随着生态文明建设不断加强，绿化水平不断提升，宜居环境逐渐改善。良好的宜居环境与地区的创新呈高度协调耦合状态，宜居环境为地区技术创新奠定了良好环境基础，对高素质科研人才具有重要吸引力，有利于提升地区人力资本水平，进而促进地区技术创新水平提升。另一方面，严格的环境规制演变为企业的昂贵成本，尽管有研究认为环境成本提升挤占企业研发投资，抑制企业的技术创新水平提升，环境规制成为技术创新提升的壁垒。但主流观点认为，为提升生产效率和利润率，高昂环境成本会倒逼企业不断提升技术创新水平，从而促进了技术创新，产生了“波特假说”效应。并且，技术创新促进企业的环境成本下降，不断提升企业利润水平，进一步促进新一轮技术创新。第二，生态竞争增加了绿色技术创新的投入。一方面，生态竞争带来财政和税收方面的减免和补贴从而降低了当地企业的成本，鼓励企业对绿色技术研发和绿色产业进行投资，增加绿色技术创新投资。另一方面，随着经济的不断发展和地方政府对生态环保的不断重视，政府和居民对环境质量的要求会逐渐提高，这会对企业的环境管理行为产生认知压力，企业不得不采取相应的措施来满足公众和政府的要求，消除自身与周围发展和文化环境的隔离，也会加大减污治理型技术的投入。综上分析，地方政府的生态竞争促进了技术创新。

最后，地方政府的服务竞争对技术创新的影响。作为上级政府代理人，地方政府逐渐增强社会治理能力，不断提升基本公共服务供给，全社会公共服务水平不断提升。公共服务水平提升主要影响了地区的营商环境和人才集聚。从营商环境来看，地方政府服务竞争促进了技术创新。第一，公共服务水平提升为企业投融资提供优越的营商环境。营商环境改善提高了金融发展的稳定预期。伴随营商环境改善，地区的金融发展水平逐步提升，金融发展为创新提供了资金支撑，进而提升了企业的技术创新能力。第二，营商环境的改善加速推进市场透明，降低信息不对称，节约企业交易费用，缩短行政审批时间，提高了企业交易效率，有利于企业加强内部管理，促进技术创新。第三，良好的营商环境有利于产权保护，激励企业研发，促进技术创新。从人才集聚来看，公共服务水平的提升为人才集聚创造了良好社会环境，为技术创新营造了良好氛围。第一，基础设施建设在一定程度上影响该地区人才集聚。基础设施的优化，吸引创新要素集聚，为创新要素匹配缩短时间，降低了成本，并且有利于知识外溢，促进高新技术产业集聚，为高新技术人才提供良好工作环境，促进地区人才集聚，推动技术创新水平提升。互联网等新型基础设施建设进一步促进了科技人才集聚。第二，收入是吸引人才集聚的重要因素，地方政府竞争性上调最低工资的行为促进人口的空间流动，促进人才集聚，为技术创新奠定重要基础。第三，公共服务对人才集聚有促进作用。陈顺利（2022）研究认为交通类公共服务、医疗类公共服务和教育类公共服务对人才集聚具有积极作用。王明月（2021）也认为公共服务能显著促进人才集聚，并认为外来人才对环境公共服务最为敏感。因此，地方政府的服务竞争促进了技术创新。

中国地方政府竞争逐渐从经济竞争向包含经济竞争、生态竞争和服务竞争的综合竞争方向转变。随着国家对经济高质量发展以及创新驱动发展战略的实施，地方政府的竞争对技术创新的要求也更多偏向于生态、环保、绿色和公共服务等维度。因此，地方政府综合竞争会促进技术创新。综上分析，地方政府的多维竞争可能通过技术创新的传导对绿色经济增长产生重要影响。因此，提出本书的第六个假设：

假设 H6（a）：地方政府经济竞争能通过影响技术创新抑制绿色经济增长。

假设 H6（b）：综合竞争、生态竞争和服务竞争能通过影响技术创新促进绿色经济增长。

3.2.3　结构效应

1. 产业升级对绿色经济增长的影响

产业升级主要表现为新旧产业的更替，呈现农业文明—工业文明—生态文明的演进过程。产业升级能够促进新兴产业发展，实现资源优化配置，提升全要素生产率，能够提高企业集约式发展水平，减少环境污染物排放，实现绿色经济转型发展。产业升级可以推动高技术产业发展与集聚，促进知识密集型、技术密集型产业发展，通过技术溢出效应促进绿色技术创新，实现绿色经济增长。

从生产要素投入的角度分析，一国的竞争优势既取决于基础要素的作用，更取决于高级要素的不断创新升级。高级要素所产生的效率、效益相比基础要素呈几何级增长。产业升级表现为生产要素从基础要素向高级要素的转变。一个地区对基础要素的过多依赖会产生资源依赖效应，不利于生产效率的提高，降低其国际竞争力；当地区基础要素存在明显劣势时，地方政府需要不断提升要素质量以改善发展环境，依托创新反而能够获得竞争优势，可以说技术创新是实现基础要素向高级要素转化的根本途径。生命周期理论认为一个创新活跃度高的地区由于创新产品不断趋于成熟及市场扩大，而使经济增长更趋于效率化，地区发展更加均衡，所带来的产业结构优化，必将服务于区域的均衡性发展与效率性发展，不仅使产业结构更趋合理，而且通过产业间协调可以有力促进经济的发展。

经济的发展通过促进产业升级进而对经济绿色转型产生促进作用（李太平和顾宇南，2021）。改革开放 40 多年来，中国经济的快速发展呈现规模扩张态势，属于高投入、高产出、高排放的粗放型发展模式。这种发展模式更加重视发展速度，缺乏了对环境和生态的保护意识，忽略了发展过程中的环境污染成本。在环境污染背景下，中国经济绿色转型迫在眉睫，中国亟须通过产业结构调整来帮助经济实现绿色转型。研究发现促进产业结构的合理化和高度化是实现中国经济绿色发展的有效手段，能源效率在产业结构的调节下对绿色增长具有显著的正向影响，也可以说产业结构升级可以改善能源效率，而更高的能源效率促进了绿色经济增长，因此通过产业升级对能源效率的影响可以促进绿色经济增长。

2. 地方政府竞争对产业升级的影响

地方政府的竞争行为对产业发展可能产生重要影响，因此有必要从地方政府竞争的不同维度分析地方政府竞争对产业升级的影响。

首先，地方政府的经济竞争对产业升级的影响。第一，从经济增长和投资视角来看，地方政府以 GDP 增长为目标时，绩效考核机制追求的是经济增长。上级政府实施的经济锦标赛可以调动地方政府发展经济的积极性。因而，地方政府将大规模建设基础设施，旨在吸引具有更高绩效、税收和污染的企业，为发展经济奠定基础。因此，地方政府经济竞争使产业结构偏向经济增速较快的行业，导致地方产业结构的失衡（王佳，2017）。因此，片面追求经济增长的战略导向，促使地方政府偏向发展周期短、效果显著的工业行业，造成产业结构偏向工业行业。例如，为了获得更多的经济绩效，地方政府通过税收、补贴等各种优惠政策促进工业行业发展；此外，地方政府通过降低环境监管标准、提供廉价工业用地以及配套银行贷款等促进工业行业发展。而工业行业过度发展制约了产业转型，抑制了产业升级（Zhang et al.，2017）。第二，从财政视角来看，地方政府的财政支出竞争对产业升级可能存在复杂影响。一方面，地方政府的财政支出具有示范效应。地方政府财政支出偏好作为市场信号，吸引投资者跟随财政支出方向，增加投资。因此，地方政府财政支出对市场投资具有示范性。若地方政府通过财政过度干预市场，吸引投资朝向落后产能，则阻碍技术创新和资本积累，便抑制了产业升级（Binh et al.，2006）。另一方面，财政支出偏向科教文卫和社会保障等公共服务领域，可以营造良好社会环境，促进新兴产业投资，优化产业升级。第三，地方政府税收竞争对产业升级可能也存在复杂影响。一方面，地方政府为提升宏观绩效，倾向制定较低税率以营造良好营商环境（龚辉文，2019）。税收竞争容易形成本地资源的固化效应和流动资源的吸引效应，促进产业集聚。地方政府的这种“短视”加剧了产业的不平衡发展，容易导致产业同构，不利于区域产业升级。另一方面，通过“中心—外围”模型（克鲁格曼，1991），地方政府税收竞争引起产业集聚。处于“中心”的企业更容易产生和接收新技术，形成中心集聚效应。在外溢效应作用下，技术逐渐向“外围”企业扩散，形成“涓滴效应”。当集聚效应处于主导地位时，导致产业同质竞争，阻碍产业升级。另外，肖叶和刘小兵（2018）的研究表明税收总量竞争抑制了产业升级，而不同税种竞争对产业升级具有不同的影响，其中增值税竞争促进了产业升级，企业所得税竞争抑制了产业升级。

其次，地方政府的生态竞争对产业升级的影响。随着经济发展方式的转变和公众环保意识的增强，地方政府将加大生态绩效考核力度。在环境绩效的驱动下，地方政府的环境治理呈现出生态竞争行为。因此，地方政府生态竞争也会通过绿化水平和环境规制影响产业升级。从绿化水平来看，第一，绿化水平提升，改善地方政府辖区的自然环境，对有高质量环境要求的高精尖科研机构和高新技术企业具有强大吸引力，促进高新技术产业集聚，进而推进产业升级。第二，绿化水平提升改善了地方政府辖区的人居环境。绿化环境改善为高技术人才提供了贴近自然的物质条件，吸引人才定居和工作（郭金花等，2021）。优越的人居环境有利于提高人才生活质量，吸引高技术人才集聚，技术人才更愿意前往自然环境优美的地区创业和发展。第三，绿化水平的提升要求改善产业结构，促进高新技术产业和绿色环保产业发展，倒逼传统产业升级和转移淘汰落后产能，推进产业升级（陈正杰，2020）。为改善和提升区域绿化水平，地方政府不断倒逼传统产业升级，促进产业向绿色化和高级化转型，而对于缺乏转型升级条件的传统产业，地方政府通过产业转移的形式转移到其他地区，进而推进产业升级。从环境规制视角来看，环境规制促进了产业升级。地方政府的环境规制主要对产业升级产生产业转型效应和产业转移效应（胡晖等，2020）。从产业转型效应来看，环境规制促进了产业升级。第一，环境规制存在“波特效应”。政府的环境规制在短期内会增加企业成本，但从长期来看，适当的环境规制会激发企业创新，减少污染，并且会提高产品质量、降低成本，带来创新效应。技术创新显著地促进企业生产能力提升，促使产业结构的优化升级（Domazlicky & Weber，2004；张平等，2016）。第二，经济发达地区会逐渐提高环境规制，一部分不适应高强度环境规制的企业被关停，大量落后产能和落后企业被淘汰（傅京燕和李丽莎，2010）；另一部分通过技术创新适应高强度环境规制的企业逐渐成长壮

大。当企业创新的收益大于创新的成本，带来产业转型升级。第三，地方政府通过财税政策强化企业环境约束。为此，地方政府将引导工业企业调整能源资源利用结构，鼓励工业企业采用清洁能源和先进生产技术，降低单位产值污染物排放量，带来产业转型升级。

最后，地方政府的服务竞争对产业升级的影响。地方政府服务竞争可以通过优化营商环境和提升人才集聚影响产业升级。从营商环境优化视角来看，地方政府的服务竞争促进产业升级。第一，营商环境优化能为企业创造良好的外部环境。地方政府在产业政策偏向、金融效率和行政服务效率提升等方面提升公共服务水平，成为促进产业升级的重要动力（Bah & Fang，2015）。第二，营商环境优化会降低企业交易成本，促进企业公平竞争，促进生产要素合理流动，提升要素配置效率，从而提升产业效率和促进产业升级（刘新智等，2023）。第三，营商环境优化具有要素偏向性。营商环境优化能够通过引导特定产业和技术投资，可以营造良好的技术创新环境，为产业升级提供结构性动力（齐兰和徐云松，2017）。第四，营商环境的优化能有力推动服务业发展（江静，2017），促进制造业和物流业的协调发展（张季平等，2017），实现产业升级（吴义爽和柏林，2021）。如营商环境的优化正向调节了数字经济对产业升级的促进作用（何地和林木西，2021）。从人才集聚视角来看，地方政府的服务竞争促进了产业升级。第一，地方政府公共服务水平提升有助于提高地区的交通、教育、医疗、卫生等人居环境，人居环境的改善有助于吸引人才集聚，而高级人力资本对产业升级具有重要的推动作用（李敏等，2019），在未来的地方政府竞争中，人才将成为地方政府服务竞争的重点领域。第二，地方政府公共服务水平的提升，引致人力资本的非均衡分布和区域收入差距的累积效应（高春亮等，2022）。地方政府公共服务水平提升将持续积累人力资本，通过人力资本结构变化，影响产业结构变化与转型升级。地方政府公共服务水平差距加剧区域收入差距，提升对高水平人力资本的流入拉力，促进人才集聚，进而改善产业结构，推进产业升级。因此，地方政府的服务竞争将促进地区产业结构转型升级。

综上分析，多维地方政府竞争可能在产业升级机制的影响下对绿色经济增长产生重要影响。因此，提出本书的第七个假设：

假设 H7（a）：地方政府经济竞争会通过抑制产业升级抑制绿色经济增长。

假设 H7（b）：生态竞争、综合竞争和服务竞争会通过促进产业升级促进绿色经济增长。

3.3　地方政府竞争对绿色经济增长影响的其他效应分析

3.3.1　异质性效应

针对经济增长，需要从时间和空间两个维度审视这一问题。从时间维度来说，经济增长呈现周期性波动，经济学家总结出短周期、中周期和长周期等不同时间长度的经济周期。在需求侧冲击之下，经济增长呈现周期性波动，地方政府在上级政府的引导下，采取反周期的经济政策，刺激经济增长。因此，不同历史时期，经济增长表现出不同特征。中国向世界展示了增长奇迹，实现了从站起来、富起来到强起来的历史性飞跃。据此，新中国经济发展可以划分三个阶段：计划经济时期（1949—1978 年）、改革开放时期（1978—2012 年）和新时代时期（2012 年党的十八大以来的发展时期），三个不同发展阶段在经济体制、主要矛盾和增长动力等方面表现出不同特征（杨德才，2020）。

本书以 2004—2019 年中国 272 个地级市为研究范畴，研究时间较长，跨越改革开放和新时代两个时期。在改革开放时期，经济增长以粗放型增长模式为主，即以增加投资、扩大厂房、增加劳动投入等来增加产量。在“以经济建设为中心”理念下，地方政府长期以 GDP 增长为中心任务，但随着新发展理念的提出和人口红利的消退，转变增长模式势在必行。党的十八大以后，中国进入新时代，新的政绩考核机制将弱化 GDP，强化民生、环保、公共服务等指标，这导致地方政府的政绩观改变。因此，不同时期下地方政府竞争对绿色经济增长会产生异质性的影响。

从空间维度来看，各区域的禀赋差异将决定地方政府竞争对绿色经济增长的影响呈现差异。中国地域辽阔，人口众多，在自然地理和历史人文等多种因素的综合作用下区域差异和发展不平衡客观存在。中国的区域经济发展经历了区域均衡发展、非均衡协调发展和协调发展三大发展战略阶段。改革开放前采取区域均衡发展战略，形成垂直分工结构，各区域发展形成自成体系的均衡发展特征；改革开放后，国家采取“梯度发展”战略，东部率先发展的非均衡发展特征显现；20 世纪 90 年代后，中国进入区域协调发展阶段，党的十八大以后，区域协调发展战略进一步深化，形成区域经济发展的新格局。而何爱平和安梦天（2020）认为中国的区域发展政策经历了从沿海转向内地、沿海优先、沿海内地共同发展和沿海内地协调发展四个阶段。因此，从沿海到内地中国总体呈现东部、中部和西部三大区域，三大地带差异最为突出，其中比较突出的是社会经济发展水平的差异。东西部的差异是一系列自然环境和社会环境因素叠加的结果。其中，中西部地区的自然环境，对阻碍中西部地区快速发展具有重要的约束作用，使东西部地区经济发展的差异日益加剧。与此同时，东部地区经济发展水平更高，近年来，对绿色增长的要求更为突出由此引致了不同地方政府竞争对绿色经济增长的异质性影响。因此，提出本书的第八个假设：

假设 H8：多维地方政府竞争对绿色经济增长影响应该存在显著的时间异质性和区域异质性。

3.3.2 非线性效应

多维视角的地方政府竞争对绿色经济增长可能存在非线性影响。

首先，地方政府经济竞争对绿色经济增长的非线性影响分析。从经济增长来看，地方政府经常采取积极财政政策，扩大财政支出，并辅之以优惠的财税政策，优化营商环境，积极吸引外资，增加投资，促进经济增长。当前税收竞争仍然是以 GDP 增长为核心的“趋劣竞争”。基础设施投资对绿色经济增长的影响存在非线性门槛效应，只有投资达到一定门槛值时，其对绿色经济增长才会产生显著的促进作用（潘雅茹和罗良文，2020）。绿色基础设施投资的增加有利于提升绿化水平与技术水平，促成绿色基础设施投资与碳排放的倒“U”型关系（林乐芬和杨倩文，2022）。外商直接投资通过知识外溢、示范效应以及竞争效应显著促进了地区绿色技术创新（武力超等，2022）。并且，外商直接投资对环境污染表现出倒“N”型影响（李佳佳等，2022）。这种以GDP增长为核心的经济增长，带来大量环境污染问题，抑制了绿色经济增长；而外商直接投资可能对绿色经济增长产生正向影响。因而，经济竞争对绿色经济增长可能存在非线性影响。

其次，地方政府生态竞争对绿色经济增长的非线性影响分析。地方政府通过绿化环境改善和环境规制增强生态竞争。生态竞争整体促进绿色经济增长，但是其影响可能具有非线性特征。研究表明，绿化环境对产业升级具有门槛特征的非线性影响（陈正杰，2020），进而对绿色经济增长可能产生非线性影响。在波特效应作用下，环境规制对绿色经济增长产生复杂的影响。随着环境规制理论的丰富，环境规制包含命令控制型、市场激励型和自愿型等多种类型（孙玉阳，2020），且环境规制对绿色经济增长呈现“U”型关系（岳立等，2022）和门槛特征（蓝虹和王柳元，2019）。

最后，地方政府服务竞争对绿色经济增长的非线性影响分析。地方政府通过公共服务水平提升，优化辖区的营商环境，促进辖区人才集聚。第一，营商环境对绿色经济增长具有正向影响，但这种影响具有先升后降的非线性特征（钱丽等，2022）。第二，人才集聚提升辖区人力资本水平，且人力资本对绿色经济增长具有非线性影响（王珊娜等，2022）。当人才集聚达到一定程度之前，有利于技术研发，产生学习效应与创新效应，提升技术创新效率和成果转化效率，促进绿色经济增长；而随着人才集聚水平提升，人才集聚的边际报酬递减，可能造成高技术人才的低位就业效应，引发人才浪费或扭曲人才评价体系，加剧发达区域的人才过剩和欠发达区域的人才洼地，抑制绿色经济增长。因而，人才集聚对绿色经济增长表现出非线性影响。

地方政府生态竞争和服务竞争程度较小时，地方政府的生态环境规制力度较小、公共服务能力较弱，地方政府的生态竞争和服务竞争对绿色经济增长的影响较弱；而随着地方政府不断加大对生态环境的重视以及公共服务供给能力的改善，其对绿色经济增长的影响能力较强。所以，不同程度的地方政府竞争对绿色经济增长应该存在不同的影响。地方政府经济竞争主要存在“趋劣竞争”，地方政府的生态竞争和服务竞争主要存在“趋良竞争”。从地方政府竞争的动态变化来看，多维地方政府竞争对绿色经济增长的影响存在非线性关系。因此，提出本书的第九个假设：

假设 H9：多维地方政府竞争对绿色经济增长的影响并不应是简单的线性关系，而应存在复杂的非线性影响关系。

3.3.3 动态协调效应

地方政府竞争与绿色经济增长应该存在长期动态协调关系。

从绿色经济增长方式来看，绿色经济增长作为人与自然协调发展的增长模式，带有公共品属性和外部性属性，受政府行为影响明显。首先，作为带有公共品属性的绿色经济增长，除了学术界研究，最早提出和实施绿色经济增长的主要是各国政府和国际组织。而地方政府受上级政府影响，为提升宏观绩效，地方政府逐渐加大宣传绿色经济增长理念的力度，在此基础上，逐渐加强生态环境保护，地方政府竞争逐渐成为影响绿色经济增长的重要力量。其次，绿色经济增长带有外部性，一国或一地区的绿色经济增长，为其他国家和地区带来外部溢出效应。在示范效应的带动下政府间的趋良竞争促进绿色经济增长。但是，地方政府竞争的趋良竞争是长期形成的，绿色经济增长理念的深入要求地方政府改变单独追求 GDP 增长的经济竞争模式，凸显地方政府为生态竞争和为服务竞争。因此，从长期来看，绿色经济增长与地方政府竞争是动态协调的。

从政府竞争行为来看，地方政府竞争行为呈现动态变化，其与绿色经济增长应该呈现长期动态协调关系。在强调绿色发展的时代大背景下，多维度的地方政府竞争在区域绿色发展的过程中发挥着重要作用。

首先，地方政府的经济竞争行为对绿色经济增长的长期动态影响。第一，发展是解决一切问题的根本，不同发展阶段，经济增长模式不同，发展重点差异明显。工业革命之前，人类处于生产力较低的农耕文明时代，人与自然的关系较和谐；进入工业社会之后，以 GDP 增长为核心的发展目标推进了人类社会进步；随着工业化推进，工业发展带来环境污染和生态破坏，随着生态问题的凸显，人类开始关注生态，积极探索经济增长方式变革。在人类发展的历史长河中，经济增长是最初的重要目标。在宏观绩效激励下，地方政府经济竞争不断提升，从长期来看，为追求经济增长率，地方政府偏向选择传统行业发展，容易挤压高新技术产业和环保产业发展，降低绿色产业投资，不利于技术创新和绿色产业发展，抑制绿色经济增长。第二，偏向经济增长竞争的地方政府积极吸收产业转移，向发达地区中不利于生态环保的重工业产业伸出橄榄枝，加大重工业产业集聚，不利于本地产业升级和绿色产业发展，抑制绿色经济增长水平。第三，地方政府经济竞争加剧地方保护主义，而生态环境问题具有较强的外部性，区域分割限制了环境问题处理，加大了生态环境区域协同治理难度，从长期来看，不利于绿色经济增长。第四，地方政府长期追求经济增长，容易忽略生态环境和社会服务发展，容易降低生态环境监管标准，降低环境规制，产生环境逐低竞争，阻碍绿色经济增长。因此，地方政府的经济竞争行为将通过粗放型发展模式在一个较长的时期内对绿色经济增长产生负面影响。

其次，地方政府的生态竞争行为对绿色经济增长的长期动态影响。从可持续发展和绿色经济增长的理念出现以后，在上级政府宏观绩效的压力和人民群众对政府满意度的影响下，地方政府逐渐强化生态环境改善，增加环境治理投资，影响绿色经济增长。第一，环境污染治理具有协同性。环境污染物具有流动性，一个地区的生态环境改善既需要本地区加强环境污染治理，也要求邻近区域增加环境污染治理，但是在地方政府竞争的影响下形成的“以邻为壑”格局和生态环境的“属地治理”模式制约区域环境协同治理，所以地方政府之间对生态环境治理的协调难度较大，短期难以达成共识，需要长期坚持才能实现区域环境协同治理，共同促进绿色经济增长。第二，环境污染治理具有长期性。环境污染问题是在污染物集聚的基础上由量的不断积累超过环境自我净化能力而出现的环境质量下降问题。环境治理也需要不断加强技术创新和污染治理投资，逐渐实现环境质量改善，也是一个长期过程。第三，生态环境改善是个长期工程。暂且不说环境治理难度大，需要大量的投资，即使污染治理投资改善了环境质量，但是在新的污染物排放过程中环境质量仍然存在恶化风险。这要求地方政府的环境治理要具有长期性。当前，中国的生态环境治理处于初级阶段，生态环境治理需要不断加强。进入新时代以来，中国政府高度重视生态环境治理各个环节，在新发展理念引领下，不断加强生态环境治理。地方政府因生态竞争的加强而不断提升绿色经济增长水平。事实上，上级政府对地方环境保护和生态改善的要求和标准的制定，激励地方政府的竞争模式发生变化，逐渐增加生态竞争力度。因此，当地方政府生态竞争行为产生调整时，地方绿色经济增长会受到一个较长期的影响。

最后，地方政府的服务竞争行为对绿色经济增长的长期动态影响。地方政府是各种公共产品和公共服务的提供者，通过升级公共产品和公共服务，地方政府为企业集聚创造良好的营商环境，也为吸引人才创造良好的宜居环境。在“用脚投票”的影响机理作用下企业和人才不断向服务水平高的地区集聚。第一，公共品作为经济集聚的物质载体之一，其本身的发展不是一蹴而就的，以公共基础设施建设为例，一个地区的道路等公共设施是在城市发展中逐步完善的。因此，公共品的长期供给过程逐渐带来产业集聚和人才集聚，促进绿色经济增长。第二，教育、医疗等公共服务水平提升为高技术人才提供了良好的宜居环境，为企业运行节约了成本，是促进经济集聚的重要力量。然而，教育和医疗服务水平的提升难度较大，需要不断积累。教育和医疗硬件设备的提升可以弥补优秀师资和医疗资源的紧张，但是短期难以改变。因此，公共服务对绿色经济增长具有长期的动态影响。综上分析，政府服务竞争对于本地区的经济绿色增长的影响是一个长期的过程。因此，提出本书的第十个假设：

假设 H10：多维地方政府竞争与绿色经济增长呈现长期动态协调关系。地方政府的经济竞争行为将对绿色经济增长产生长期的负向影响，地方政府的生态竞争和服务竞争行为将对绿色经济增长产生长期的正向影响。

3.3.4 空间效应

1. 绿色经济增长的空间效应

绿色经济增长是与可持续发展的全人类未来长远大计息息相关的，面对日益复杂的气候变化、环境污染和生态恶化等难题，国际社会应共同构建人与自然生命共同体破解这些难题。所有国家都需要尽快改变传统增长模式，努力实现可持续发展。坚持人与自然和谐共生，已成为中国生态文明建设的基本原则。绿色经济增长作为可持续发展的重要方式是缓解环境恶化、节约资源甚至促进经济增长的有效途径，只有考虑生态保护和环境承载的发展才是绿色发展。因而在经济绿色发展过程中要求不断提高资源利用率和技术创新水平，有效降低能源的消耗，带动当地的经济绿色增长水平。绿色经济增长既是一种增长方式的转变也是新发展理念的具体实施，绿色经济增长带有经济外部性。一个地区的绿色经济增长水平提升对周围地区带有示范效用。由于地域邻近带来的经济活动空间联动性和要素空间流动性的存在，不同生产要素流动会突破地理距离限制，在更大范围内对绿色增长效率产生空间外溢效应。具体原因如下。首先，空间范围内的基础设施改善和信息通信技术的提高有利于形成更为广泛的区域互联互通格局，为不同区域之间的绿色经济增长提供了基础条件。其次，地区的绿色增长所产生的经济活动能够促进地区产业结构、资源等要素的重置，促使人才、信息、技术等生产要素的区际流动。绿色产业与其他产业相比，技术辐射范围更广，地区的绿色化转型相当于新建产业体系，能够推进企业、项目之间在产业链延伸方向上建立相互配套、分工协作的新格局。最后，任何一个经济体，无论是国家还是地区，在现实世界中不是孤立的，相互之间存在密切的交流与联系。因而本地区的绿色经济增长与周围区域绿色经济增长相互影响。曹泽和刘兴（2022）研究发现不论是城市的绿色全要素生产率，还是绿色技术效率以及绿色技术进步都表现出正向空间溢出效应。

在宏观绩效压力下，地方政府会主动学习和模仿周边地区的绿色经济增长政策，通过“学习效应”影响本地区的绿色经济增长，进而能够呈现显著的空间效应。因此，提出本书的第十一个假设：

假设 H11：经济绿色增长效率存在明显的空间效应。

2. 不同维度地方政府竞争对绿色经济增长的空间影响

地方政府竞争是不同地方政府开展的竞争行为，不同地方政府之间的竞争相互影响，地方政府之间产生相互博弈。因此，不同维度的地方政府竞争对绿色经济增长的影响应该存在空间效应。

首先，从地方政府的经济竞争视角来看，地方政府经济竞争对绿色经济增长的空间影响。地方政府通过经济竞争提升 GDP 产出的同时带来大量环境污染和生态破坏，这种抑制绿色经济增长的机理存在空间影响。第一，地方政府之间存在“囚徒困境”的博弈。地方政府追求增长竞争时，往往增加重工业投资，容易助长企业追求产量忽视污染的生产行为，导致环境质量下降。针对经济增长，相邻地方政府之间的竞争陷入“囚徒困境”，最终都选择忽视环境的占优策略，产生经济竞争对绿色经济增长的空间影响（汪克亮等，2021）。地方政府经济竞争对邻地绿色技术创新呈现倒“U”型关系，也呈现出“治则两利，废则双输”的“囚徒困境”。第二，存在产业迁移效应。地方政府为了拉动经济增长，往往扩大投资、吸引投资，导致大量企业迁移至本地，增加环境污染。而邻近区域地方政府在示范效应作用下，也不断加大引资力度，从而导致环境质量下降。地方政府经济竞争加剧了本地环境污染，对其他地区的环境污染存在显著空间溢出效应（费聿珉和张景静，2022）。第三，存在污染扩散效应。地方政府为追求经济增长而增加环境污染，环境污染物在扩散效应作用下，对邻近地区的环境质量产生影响，不断输出污染，从而地方政府经济竞争对绿色经济增长产生空间影响。第四，“污染天堂”假说得到支持。地方政府引资竞争为本地带来先进技术，通过技术扩散，可以改善邻近地区环境质量，研究结果支持“污染天堂”假说（汪克亮等，2021）。因此，政府引资竞争促进了本地及邻地绿色发展。此外，财政竞争通过财政规模调整对区域绿色经济增长存在负向空间溢出效应（万伦来等，2020），而税收竞争对本地经济高质量发展具有抑制作用及正向空间溢出效应（李恺和上官绪明，2021）。

其次，从地方政府的生态竞争视角来看，地方政府生态竞争对绿色经济增长的空间影响。第一，环境规制引起的迁移效应。在地方政府生态竞争不断加强的背景下，地方政府不断加强环境规制，提高了本地企业生产成本，导致一部分无法满足环境规制的企业迁移出本地，可能选择转移到环境规制较低的地区，导致邻近地区绿色投资水平下降，致使其他地区环境污染水平提升，地方政府环境竞争抑制邻近区域的绿色经济增长。第二，环境规制引起的技术扩散效应。在波特假说影响下，环境规制提升倒逼本地企业加强绿色技术创新，在学习效应作用下，邻近区域企业不断对绿色技术进行学习，绿色技术扩散引起邻近区域绿色经济增长水平不断提升，导致环境规制对绿色经济增长产生正向的空间影响（陈颖静，2021）。第三，公众环境意识提升效应。随着公众环境意识逐步提升，地方政府也不断加强生态竞争，本地绿色化水平不断提升，公众环保意识提升逐渐扩散，促进邻近区域环保意识提升，促进绿色经济增长。

最后，从地方政府的服务竞争视角来看，地方政府服务竞争对绿色经济增长的空间影响。第一，从营商环境角度分析地方政府服务竞争对绿色经济增长的空间影响。地方政府服务竞争水平提升，有利于优化区域营商环境，提升市场活力，为企业提供便利生产条件。一方面，营商环境的优化促进本地企业增加投资，尤其是激励企业增加绿色投资，促进本地绿色经济增长，在示范效应作用下，邻近地区也逐渐提升服务水平，优化营商环境，促进绿色投资，地方政府服务竞争促进了邻近地区的绿色经济增长；另一方面，营商环境的优化吸引辖区外企业逐渐向本地转移，尤其是绿色产业的移入，促进本地绿色经济增长（侯冰清和王兵，2022），产业转移效应作用下，不利于邻近区域的绿色经济增长，地方政府的服务竞争对绿色经济增长产生负向空间影响。第二，从人才集聚角度分析地方政府服务竞争对绿色经济增长的空间影响。一方面，本地服务水平提升，促进邻近区域科技人才向本地集聚，促进本地技术创新和产业升级，带动本地绿色经济增长，而邻近地区人才外流，不利于技术创新和产业升级，可能抑制绿色经济增长；另一方面，本地服务水平提升，促进高新技术人才集聚，促进绿色技术创新，在示范效应的影响下，邻近地区提升服务水平，加强人才集聚，引发激烈的人才竞争，促进邻近区域技术创新和产业升级，进而正向影响绿色经济增长。

总体来说，各地政府往往在税收、环境、教育等不同方面着手，加大对资本和人才的吸引，激发不同要素的流动，以增强自身的竞争力，进而实现地区经济水平的提升。但是不同类型的地方政府竞争对城市绿色经济增长在空间范围内可能存在异质性的影响。首先，东部地区经济发展水平更高，地方政府对实现“保环境”目标具有更强的意愿，因此环境规制水平相较于中西部地区更高。而中西部地区在经济增长压力下，地方政府的经济竞争容易产生地方保护主义，实施宽松的环境政策，放松环境规制约束，进而加剧了生产要素错配，导致各地区的产业同构和产能过剩，带来严重环境污染，使得地区增长效率水平较低。因而地方政府经济竞争对中西部地区绿色经济增长空间影响作用可能高于东部沿海地区。其次，作为人才集聚的重要条件，宜居的生态环境为吸引人才提供了良好的环境基础，有利于推进区域技术创新，提高生产效率，进而促进绿色经济增长。中国的生态环境具有鲜明的区域性特征，东部地区以平原、低山丘陵为主，人口众多，城市化水平高，经济活动比较活跃，西部地区的生态系统较为脆弱。整体而言，东部发达地区的环境竞争力更强。《中国省域环境竞争力绿皮书》指出，在中国大陆省份中，山东、广东、江苏三省位列环境竞争力前三名，环境竞争力较高的省份主要分布在经济发达的东部地区，竞争力较低的省份主要分布在经济发展水平较低的西部地区。因而地方政府生态竞争对东部地区绿色经济增长的空间影响可能高于中西部地区。最后，伴随经济社会发展，人们对地方公共服务提供的要求逐步提高，公共服务水平的提高能够优化地区营商环境，吸引更多的人才。而中国东、中、西部基本公共服务非均等化现象明显，东部地区的公共服务能力和水平远高于中西部地区。由于存在经济竞争压力，东部地区在公共设施建设、科教文卫等公共服务领域的体系更为完善，地区之间的公共服务分布更加优质均衡。良好的公共服务支撑，使东部地区能够不断优化区域营商环境，提升人力资本水平，对绿色经济增长的空间影响可能具有显著差异。因此，提出本书的第十二个假设：

假设 H12：多维地方政府竞争对绿色经济增长存在明显的空间影响。

3.4 本章小结

本章阐释了地方政府竞争对绿色经济增长产生影响的理论机理，一方面，通过多维竞争的视角分析了地方政府竞争影响绿色经济增长的基本逻辑；另一方面，从规模效应、技术效应和结构效应的角度分析地方政府竞争对绿色经济增长的影响机理，在理论层面分析了地方政府竞争对绿色经济增长的可能路径，进一步分析了地方政府竞争对绿色经济增长的异质性、非线性、动态协调以及空间影响，并提出了本研究的相关理论假设。

4 地方政府竞争与绿色经济增长的测度与特征分析

为进一步厘清地方政府竞争与绿色经济增长的内在逻辑关系，本章围绕地方政府竞争和绿色经济增长的测度与特征展开分析，主要内容包含变量的测度和变量特征的描述。

4.1 地方政府竞争的测度与特征分析

地方政府竞争由单一的经济竞争逐步演变为包含生态竞争和服务竞争等多维度的高质量竞争，如何客观、准确、科学、全面地刻画多维地方政府竞争正在成为研究热点。基于此，本书通过构建多维度的地方政府竞争指标体系对地方政府竞争水平进行测度。

4.1.1 多维地方政府竞争测度

1. 指标体系构建

地方政府竞争是在上级政府宏观绩效和辖区居民的综合效用压力下形成的政府行为，不少学者探讨了上级政府的多维绩效考核对地方政府竞争行为的影响（许敬轩等，2019；侯林歧和张杰，2020），为促进区域经济增长，实现经济增长目标，地方政府在经济、生态、服务等方面展开竞争，促进区域发展。为全面厘清地方政府竞争内涵，在相关学者研究的基础上，本书构建地方政府综合竞争指标体系，涵盖经济竞争、生态竞争、服务竞争三个维度的指标体系。具体指标体系如表 4-1 所示。

表 4-1 地方政府竞争指标体系

一级指标	二级指标	三级指标	具体指标	属性
综合竞争（*Comp*）	经济竞争（*Comp*1）	增长竞争	GDP 增长率	+
		税收竞争	地方政府税收与当地 GDP 的比值除以全国税收与全国 GDP 的比值	+
		引资竞争	实际利用外资额与当地 GDP 的比值	+
		投资竞争	各地区固定资产投资额与全国固定资产投资额的比值	+
	生态竞争（*Comp*2）	整体绿化竞争	建成区绿化覆盖率	+
		人均绿化竞争	城市人均绿地水平	+
		环境规制竞争	环境从业人员占就业人员的比	+
		污染处理竞争	城市污水处理率	+
	服务竞争（*Comp*3）	基础条件竞争	人均道路面积	+
		医疗服务竞争	医疗卫生机构床位数	+
		通勤竞争	每万人拥有公共交通车辆数	+
		收入竞争	职工平均工资	+

经济竞争是地方政府为了推动经济增长而利用政策优势与相关地区争夺生产要素资源的行为。在经济增长目标压力下，地方政府通过增长竞争、税收竞争、引资竞争和投资竞争等手段吸引经济增长所需要的生产要素，助力经济增长。增长竞争是地方政府追求经济增长压力的客观反映，是经济增长目标的体现，本书参考侯林岐和张杰（2020）、王雅莉和朱金鹤（2020）等的研究，用地级市的 GDP 增长率表示增长竞争。税收竞争依然是地方政府为了增加本区域企业投资、拉动经济增长而采取的财政税收政策，通过财税营商环境改善，吸引企业投资的行为。本书参考 Hong 等（2020）的研究，用地方政府税收与当地 GDP 的比值除以全国税收与全国 GDP 的比值表示税收竞争。

引资竞争是地方政府借助外部资金拉动本区域经济增长的行为。改革开放以来，外资逐步大量进入中国大陆，为各地区经济增长带来外部力量，吸引外资成为地方政府发展经济的重要途径，参考侯林岐和张杰（2020）、Fan等（2019）、王雅莉和朱金鹤（2020）的研究，本书采用每个地区的实际利用外资额与当地GDP的比值来衡量引资竞争。投资竞争是围绕固定资产投资而展开的，地方政府采取以基础设施建设为主要途径来提升投资竞争能力。经济增长的一个主要途径是依靠投资拉动，参考侯林岐和张杰（2020）、Hong等（2020）的研究，本书用各地区固定资产投资额占全国固定资产投资额的比重表示投资竞争。

党的十八大把生态文明建设纳入中国特色社会主义事业“五位一体”总体布局，党的十九大指出，加快生态文明体制改革，建设美丽中国，因此，地方政府生态竞争逐步成为地方政府竞争的新领域。本书从地区生态环境和污染处理等角度构建生态竞争指标体系，包含整体绿化竞争、人均绿化竞争、环境规制竞争、污染处理竞争。参考Peng（2020）、Zhang等（2021）的研究，用建成区绿化覆盖率表示整体绿化竞争。参考卢瑜和向平安（2020）的研究，用城市人均绿地水平表示人均绿化竞争。参考高艺等（2020）的研究，用环境从业人员占就业人员的比表示环境规制竞争。参考Wu等（2020）的研究，用城市污水处理率表示地区的污染处理竞争。

高质量的公共服务是吸引人力资源流入的重要手段（邵帅，2021），也是地方政府为提高企业入驻而营造良好商业环境的重要基础。在营商环境和人才吸引等激励作用下，地方政府不断提升公共服务能力，与兄弟政府展开重要的服务竞争。本书从基础条件竞争、医疗服务竞争、通勤竞争和收入竞争等角度构建服务竞争指标体系。参考Meng等（2021）的研究，以人均道路面积表示基础条件竞争；参考冯霞和刘新平（2016）的研究，以医疗卫生机构床位数表示医疗服务竞争；参考冯霞和刘新平（2016）的研究，以每万人拥有公共交通车辆数表示通勤竞争；参考侯林岐和张杰（2020）的研究，以职工平均工资表示收入竞争。

2. 测度方法及结果

本书所涉及的地方政府竞争是多维的综合竞争，包含经济型竞争、生态型竞争和服务型竞争三个子指标。通常用熵值法、层次分析法、灰色关联综合评价法、TOPSIS 评价法等来测度多指标综合体系，与以上方法相比，全排列多边形图示指标法无须专家主观打分，降低了指标体系评价的主观性，并且该方法代数解析简单，使用方便。因此，本书采用全排列多边形图示指标法（见图 4-1）测算多维地方政府竞争（曾福生和胡玄超，2021）。

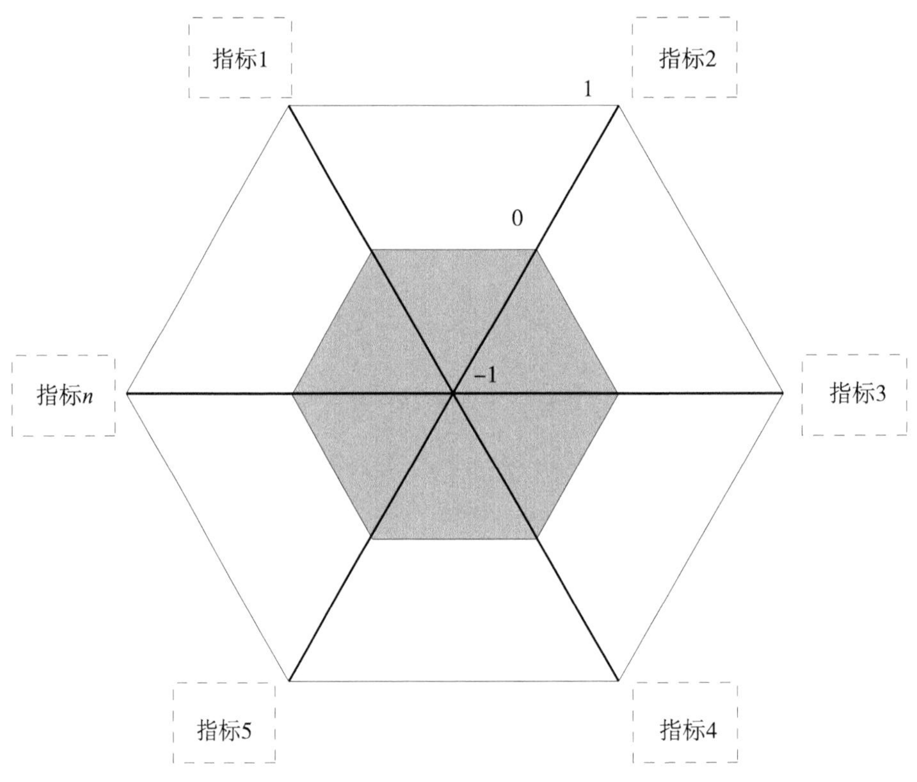

图 4-1　全排列多边形图示指标法示意

首先，对指标值按照双曲线标准化函数进行标准化，双曲线标准化函数为：

$$F(x)=\frac{a}{bx+c} \tag{4-1}$$

设双曲线标准化函数 $F(x)$ 满足 $F(x)|_{x=L}=-1$、$F(x)|_{x=T}=0$ 和 $F(x)|_{x=U}=1$ 三点假设，则：

$$F(x) = \frac{(U-L)(U-T)}{(U+L-2T)x + U \cdot T + L \cdot T - 2U \cdot L} \tag{4-2}$$

其中，L 表示指标 x 的最小值，U 表示指标 x 的最大值，T 表示指标 x 的临界值。$F(x)$ 是指标 x 的双曲线标准化值。

对第 i 个指标来说，其双曲线标准化的公式为：

$$S_i = \frac{(U_i - L_i)(x_i - T_i)}{(U_i + L_i - 2T_i)x_i + T_i U_i + L_i T_i - 2U_i L_i} \tag{4-3}$$

构建一个正 N 边形，该正 N 边形的半径是 i 个评价指标的上限值，即顶点是 $S_i=1$ 的值，中心点是 $S_i=-1$ 的值，半径位于区间［-1，1］，当 $S_i=0$ 时，此时构成的多边形就成为指标的临界区。临界区以内说明各指标的双曲线标准化值小于零，且在临界值以下；临界区以外说明各指标双曲线标准化值大于零，且在临界值以上。

将标准化后的 n 个指标值进行连线，形成一个不规则的 N 边形，其半径是指标的上限值，该 N 边形的顶点就是一个全排列，而此全排列就是关于 n 个指标的首尾相接的全排列，如图 4-1 所示。这 n 个指标能构成 $n \cdot (n-1)/2$ 个不规则中心 N 边形。不规则 N 边形面积均值与正 N 边形的面积的比值构成多边形综合指数，其计算公式如下：

$$S = \sum_{i \neq j}^{i,j} \frac{(S_i + 1)(S_j + 1)}{2n \cdot (n-1)} \tag{4-4}$$

式（4-4）中的 S 是综合指标值，S_i 是单项指标值。综合指标越大，地方政府竞争越强。参考吴琼等（2005）的研究，把地方政府竞争水平划分为四个等级，如表 4-2 所示。

表 4-2 地方政府竞争水平划分标准

等级	指数值	竞争水平
Ⅰ	$S \geq 0.75$	超强竞争
Ⅱ	$0.5 \leq S < 0.75$	激烈竞争
Ⅲ	$0.25 \leq S < 0.5$	较强竞争
Ⅳ	$S < 0.25$	温和竞争

根据以上测算方法，本书利用 2004—2019 年中国 272 个地级市数据测度

地方政府竞争水平。由于2020—2022年受新冠疫情影响明显，本书对地方政府和绿色经济增长的研究数据截至2019年。

表4-3　　　　地方政府竞争水平比较

竞争水平	2004年				2019年			
	综合竞争	经济竞争	生态竞争	服务竞争	综合竞争	经济竞争	生态竞争	服务竞争
超强竞争地区	0	0	0	0	0	0	0	0
激烈竞争地区	0	0	0	0	6	3	1	17
较强竞争地区	272	83	18	17	266	71	206	118
温和竞争地区	0	189	254	255	0	198	65	137
合计	272	272	272	272	272	272	272	272

如表4-3所示从综合竞争来看，2004年272个研究区域均处于较强竞争阶段；2019年，除广州、武汉、深圳、西安、珠海、成都6个城市处于激烈竞争外，其余城市均处于较强竞争水平。从2004年到2019年，地方政府综合竞争水平提升，激烈竞争地区增加，无超强竞争地区，说明地方政府竞争存在理性竞争，并未出现非理性的超强竞争。从经济竞争来看，2004年，有83个研究区域的地方政府经济竞争处于较强竞争水平，189个研究区域的地方政府经济竞争处于温和竞争水平；2019年，虽然有成都、西安、武汉3个城市处于激烈竞争，但71个研究区域处于较强竞争水平，198个区域处于温和竞争水平。从2004年到2019年，处于温和竞争水平的地区在增加，说明经济竞争在总竞争水平中的地位下降。从生态竞争来看，2004年，有18个研究区域的地方政府生态竞争处于较强竞争区域，254个研究区域的地方政府生态竞争处于温和竞争水平；2019年只有黄山市处于激烈竞争水平，206个地级市处于较强竞争水平，65个地级市处于温和竞争水平。从2004年到2019年，地方政府生态竞争水平大幅度提升，在生态竞争领域处于温和竞争的区域逐渐减少。从服务竞争来看，2004年，除只有17个研究区域的地方政府服务竞争处于较强竞争水平外，255个研究区域的地方政府服务竞争均处于较低的温和竞争水平；2019年，珠海、克拉玛依、乌鲁木齐、深圳、广州、中山、

南京、东莞、乌海、厦门、杭州、佛山、三亚、武汉、太原、苏州、济南 17 个城市处于激烈竞争水平，118 个城市处于较强竞争水平，137 个城市处于温和竞争水平。从 2004 年到 2019 年，地方政府服务竞争水平不断提升。

为简化呈现测算的结果，本书根据 272 个地级市数据测算的地级市政府竞争结果进行分区域统计。按三个经济地带①把全样本分东部、中部和西部区域的年度均值呈现出来。表 4-4 给出了分东部、中部和西部区域的年度平均多维地方政府竞争结果，该结果表明各区域多维的地方政府竞争水平主要处于温和竞争和较强竞争阶段，未呈现激烈竞争和超强竞争局面。

表 4-4　　分东部、中部和西部区域的年度平均多维地方政府竞争结果

年份	综合竞争（*Comp*）			经济竞争（*Comp*1）			生态竞争（*Comp*2）			服务竞争（*Comp*3）		
	东	中	西	东	中	西	东	中	西	东	中	西
2004	0. 36	0. 32	0. 31	0. 27	0. 16	0. 12	0. 13	0. 10	0. 09	0. 13	0. 10	0. 10
2005	0. 36	0. 32	0. 32	0. 24	0. 15	0. 12	0. 16	0. 11	0. 10	0. 14	0. 11	0. 11
2006	0. 36	0. 33	0. 32	0. 23	0. 16	0. 11	0. 17	0. 12	0. 10	0. 16	0. 12	0. 12
2007	0. 36	0. 34	0. 33	0. 23	0. 17	0. 12	0. 17	0. 14	0. 12	0. 18	0. 14	0. 14
2008	0. 37	0. 34	0. 33	0. 21	0. 17	0. 12	0. 20	0. 16	0. 13	0. 20	0. 15	0. 15
2009	0. 38	0. 35	0. 34	0. 21	0. 17	0. 13	0. 22	0. 18	0. 14	0. 22	0. 17	0. 17
2010	0. 38	0. 36	0. 35	0. 20	0. 18	0. 12	0. 24	0. 22	0. 17	0. 23	0. 18	0. 18
2011	0. 38	0. 37	0. 35	0. 19	0. 17	0. 12	0. 25	0. 23	0. 19	0. 24	0. 20	0. 20
2012	0. 39	0. 37	0. 36	0. 19	0. 17	0. 12	0. 26	0. 24	0. 21	0. 27	0. 21	0. 22
2013	0. 39	0. 37	0. 36	0. 18	0. 16	0. 11	0. 26	0. 24	0. 22	0. 29	0. 23	0. 24
2014	0. 40	0. 38	0. 37	0. 18	0. 16	0. 11	0. 27	0. 25	0. 24	0. 30	0. 25	0. 26
2015	0. 40	0. 38	0. 37	0. 16	0. 17	0. 11	0. 28	0. 25	0. 25	0. 32	0. 26	0. 28
2016	0. 40	0. 39	0. 38	0. 15	0. 18	0. 11	0. 28	0. 26	0. 27	0. 34	0. 27	0. 29

① 根据国家统计局对三个经济地带的划分，本书样本中东部涵盖京、津、冀、辽、沪、苏、浙、闽、鲁、粤、琼 11 个省级行政区的城市，中部涵盖晋、吉、黑、皖、赣、豫、鄂、湘 8 个省级行政区的城市，西部涵盖内蒙古、桂、渝、川、黔、滇、陕、甘、青、宁、新 11 个省级行政区的城市，西藏、香港、澳门、台湾未在研究之列。

续表

年份	综合竞争（*Comp*）			经济竞争（*Comp1*）			生态竞争（*Comp2*）			服务竞争（*Comp3*）		
	东	中	西	东	中	西	东	中	西	东	中	西
2017	0.41	0.39	0.38	0.16	0.17	0.10	0.30	0.27	0.28	0.34	0.28	0.29
2018	0.41	0.40	0.39	0.16	0.17	0.10	0.30	0.28	0.29	0.36	0.30	0.32
2019	0.40	0.38	0.38	0.17	0.17	0.12	0.27	0.27	0.27	0.29	0.22	0.24

4.1.2 不同区域地方政府竞争的时序特征分析

1. 地方政府竞争的动态变化特征

核密度估计利用连续密度曲线对随机变量的分布形态进行描述。假设 $f(x)$ 是随机变量 x 的密度函数：

$$f(x)=\frac{1}{N_h}\sum_{i=1}^{N}K\left(\frac{X_i-x}{h}\right) \tag{4-5}$$

$$K(x)=\frac{1}{\sqrt{2\pi}}\exp\left(-\frac{x^2}{2}\right) \tag{4-6}$$

其中，N 表示观测值的个数；h 表示带宽，是影响核密度精度和图形平滑程度的重要变量。X_i 表示独立同分布的观测值，x 表示观测值的均值。$K(x)$ 表示核函数，众多学者认为高斯核函数比其他核函数更优（杨颖，2022），因此本书选用高斯核函数进行分析。

利用 Stata17 软件对中国 272 个地级市的多维地方政府竞争进行核密度估计，考察地方政府竞争的动态变化特征，如图 4-2 所示。

首先，地方政府综合竞争的动态变化。从峰值来看，2004—2019 年的地方政府综合竞争表现出单峰特征，说明总体上地方政府综合竞争是单一化的；从主峰高度来看，2004—2019 年峰值呈现下降—上升变化，说明地方政府综合竞争的差异呈现波动变化；从核密度中心来看，呈现右移特征，表明地方政府综合竞争呈现增长波动变化；从拖尾现象来看，2004—2019 年的地方政府综合竞争存在明显的右拖现象，并呈现由小到大，又由大到小的状况，说明地方政府综合竞争存在较大差异，并且差异是动态变化的，先扩大，后缩小。

其次，地方政府经济竞争的动态变化。从峰值来看，2004—2019 年的地方政府经济竞争表现出单峰特征，说明总体上地方政府经济竞争是单一化的；从主峰高度来看，2004—2019 年峰值呈现上升—下降变化，说明地方政府经济竞争的差异呈现波动变化；从核密度中心来看，呈现右移—左移特征，表明地方政府经济竞争呈现增长—降低波动；从拖尾现象来看，2004—2019 年的地方政府经济竞争存在明显的右拖现象，并呈现由大到小，又由小到大的状况，说明地方政府经济竞争存在较大差异，并且差异是动态变化的，先缩小，后扩大。

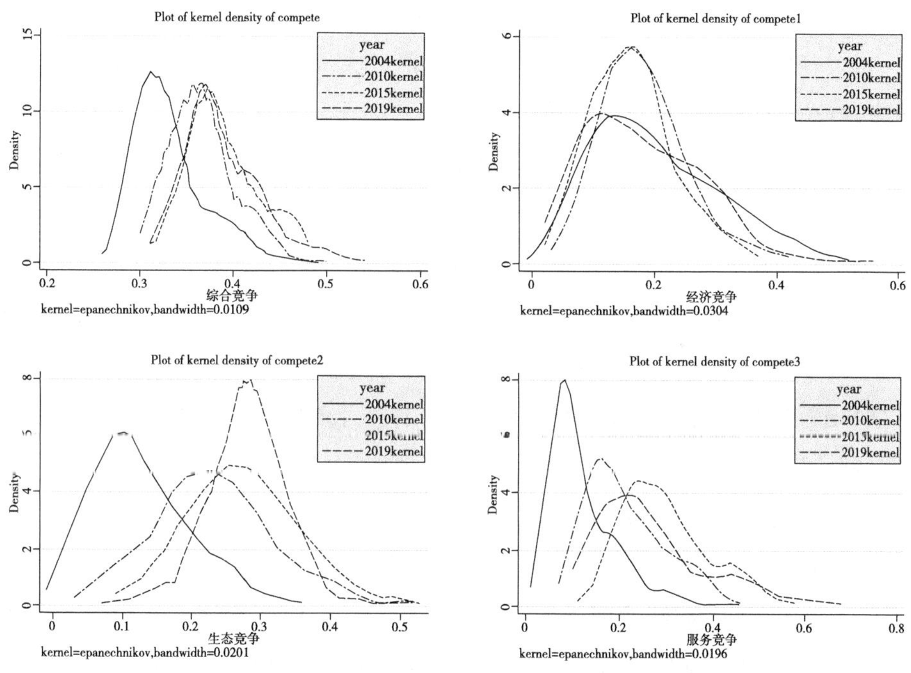

图 4-2　多维地方政府竞争变化的核密度估计

再次，地方政府生态竞争的动态变化。从峰值来看，2004—2019 年的地方政府生态竞争表现出单峰特征，说明总体上地方政府生态竞争是单一化的；从主峰高度来看，2004—2019 年峰值呈现下降—上升变化，说明地方政府生态竞争的差异呈现波动变化；从核密度中心来看，呈现右移特征，表明地方政府生态竞争呈现增长波动变化；从拖尾现象来看，2004—2019 年的地方政府生态竞争存在明显的右拖现象，并呈现由小到大的状况，说明地方政府生态竞争存在较大差异，并且差异是动态扩大变化的。

最后，地方政府服务竞争的动态变化。从峰值来看，2004—2019 年的地方政府服务竞争表现出单峰特征，说明总体上地方政府服务竞争是单一化的；从主峰高度来看，2004—2019 年峰值呈现下降变化，说明地方政府服务竞争的差异呈现波动变化；从核密度中心来看，呈现右移—左移特征，表明地方政府服务竞争呈现增长—降低波动；从拖尾现象来看，2004—2019 年的地方政府服务竞争存在明显的右拖现象，并呈现由小到大的状况，说明地方政府服务竞争存在较大差异，并且差异是动态扩大变化的。

2. 地方政府竞争的趋势分析

进一步从区域角度，根据传统的东中西三大经济带划分，分别对各地区地方政府竞争的时序变化进行分析。

首先，地方政府综合竞争的趋势分析。在经济竞争、生态竞争和服务竞争的综合作用下，从东部、中部和西部地区地方政府综合竞争的时间变化趋势来看（见图 4-3），地方政府综合竞争整体上呈现稳定上升态势，仅在 2019 年呈现出一个小幅度下降；从地方政府综合竞争整体来看，东部地区高于中部地区，中部地区高于西部地区，并且区域间差异逐渐缩小。地方政府加快转变职能，构建完善的区域治理体系，不断提升现代治理能力。在加强治理体系和治理能力方面，东部、中部和西部地区因经济基础、要素禀赋、管理理念等差异引起地方政府综合竞争差异。从综合实力来看，东部地区最高，西部最低，这一事实表明地方政府综合竞争仍然受到各区域综合实力的影响。为进一步提升地方政府治理能力，拉动区域发展，中西部地方政府须发挥政府主导作用，提升政府竞争力，以进一步缩小各区域间地方政府综合竞争差距。

其次，地方政府经济竞争的趋势分析。从东部、中部和西部地区的地方政府经济竞争的时间变化趋势来看（见图 4-4），东部地区地方政府的经济竞争整体呈现下降趋势，中部地区和西部地区的地方政府经济竞争保持相对稳定态势，并且地方政府经济竞争呈现东部地区最高，中部地区次之，西部地区最低的特征，这一结果与中国各区域的经济发展水平事实相吻合。

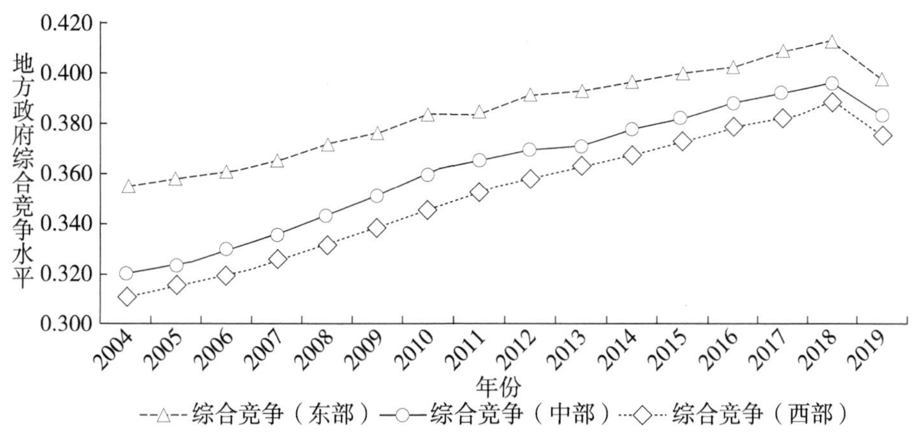

图 4-3 综合竞争时间变化趋势

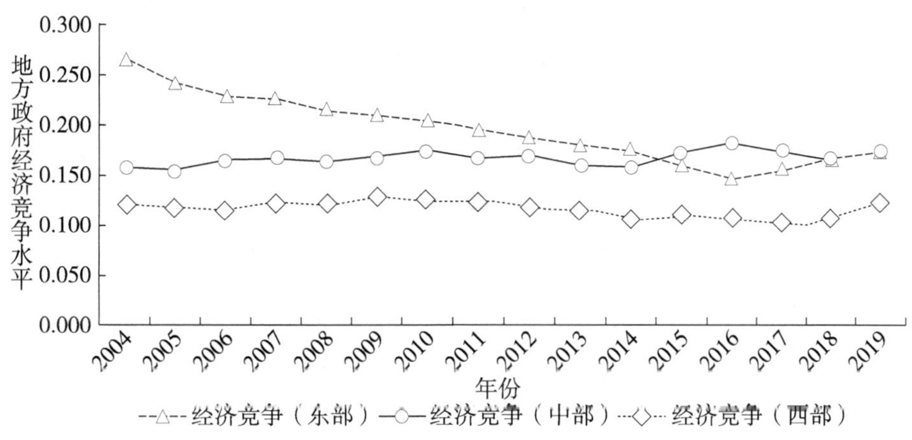

图 4-4 经济竞争时间变化趋势

东部地区凭借良好的发展基础和优越的资源禀赋，在经济发展中占据鳌头，独领风骚。尤其改革开放以来，东部地区在大量外资的助推下，经济发展保持良好势头。现阶段东部地区经济发展水平已达到较高水准，东部地区的地方政府经济竞争逐步呈现下降趋势。进入新时代，尽管东部、中部、西部各区域间的地方政府经济竞争差距呈缩小趋势，但是东中西区域间经济鸿沟短期内难以弥合。从经济竞争的变化差异来看，东部地区经济虽然具备较好的增长态势，而新时代以来，其经济发展从注重“量”向注重“质”转变，因此，东部地区的经济竞争逐渐下降，而中西部地区仍然面临较高的经济增长压力，地方政府经济竞争仍然呈稳步发展态势。中部地区在经济竞争方面高于西部地区。为推进中部发展，2004 年国家首次明确提出中部崛起意见；2006 年中共中央 国务院印发《关于促进中部地区崛起的若干意见》；2012 年国务院发布《关于大力实施促进中部地区崛起战略的若干意见》。诸多经济发展政策促进了中部地区地方政府经济竞争，加速了中部地区经济发展。中部地区作为“东引西联”的中间区域，发挥“近水楼台”作用，积极承接东部地区产业转移，借助产业“东风”大力发展区域经济，促进中部地区经济竞争。为统筹区域协调发展，促进西部地区经济提升，1999 年国家提出西部大开发战略；2020 年中共中央、国务院印发《关于新时代推进西部大开发形成新格局的指导意见》，为西部发展提供了理论指导与政策支持。东部地区市场活跃，经济长期高速增长，而西部地区因经济基础较弱，经济增长主要依赖基础设施投资。当前阶段，二产、三产增加值以及资源消耗等也是促进西部经济增长的主要因素，且西部地区仍然呈现粗放式增长。在经济增长压力下，西部地区地方政府经济竞争稳步上升，但仍低于中部地区。总体来看，东中西部经济竞争差距在逐步缩小，中西部地区地方政府经济竞争在经济发展中仍然发挥重要作用，东部地区地方政府经济竞争在逐步降低。

再次，地方政府生态竞争的趋势分析。从东部、中部和西部地区地方政府生态竞争的时间变化趋势来看（见图 4-5），东部地区、中部地区和西部地区的地方政府生态竞争均保持稳定上升态势，并且地方政府生态竞争整体上呈现东部地区最高，中部地区次之，西部地区最低的特征，且各区域之间的差距在逐渐缩小。

随着经济发展水平的不断提升，环境问题也越发突出。在生态环境这一公共品领域，市场资源配置逐渐失灵，需要不断加强地方政府的宏观调控，弥补市场失灵。2005 年，“绿水青山就是金山银山”提出以后，环境保护和生态改善越来越受到社会各界关注，生态环保这一问题逐步被纳入国家发展规划。自 2012 年党的十八大把生态文明建设纳入中国特色社会主义事业“五位一体”总体布局以来，生态文明建设步伐加快；中央政府为加强推进生态文明建设，相继颁布诸多文件。2015 年《中共中央 国务院关

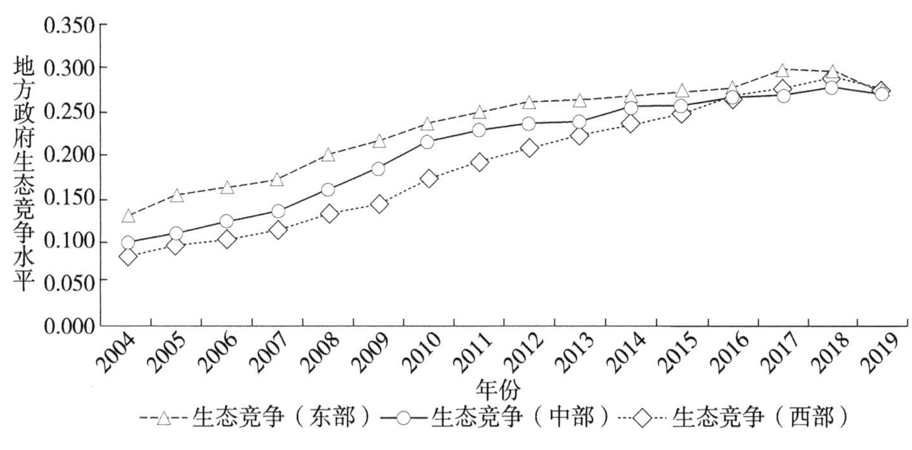

图 4-5 生态竞争的时间变化趋势

于加快推进生态文明建设的意见》出台。同年，党的十八届五中全会召开，把加强生态文明建设列入国家“五年规划”目标任务；2016 年中共中央办公厅、国务院办公厅印发《生态文明建设目标评价考核办法》。以上文件为地方政府开展生态文明建设提供了科学的依据及详尽的考核参考标准。在生态绩效考核压力下，地方政府的生态竞争逐步提高，各地区环境质量逐步改善。2022 年，党的二十大报告指出，人与自然和谐共生是中国式现代化的重要特色。站在自然生态角度，从东部到西部，生态环境逐渐脆弱。东部地区凭借良好的自然生态，生态竞争水平处于高位。中部地区，生态环境虽不及东部优越，但是远超西部，所以中部地区生态竞争处于中等水平。而西部地区生态脆弱，同时，西部地区也是全国主要大江大河发源地，必须不断加强生态环境保护，西部地区的生态外溢性给东中部地区带来重大生态福利（徐大伟和李斌，2014）。另外，与东部、中部地区相比，西部地区生态环境更加脆弱，但西部地区地方政府生态竞争增长速度快于东部和中部。各区域地方政府的生态竞争趋于一致，说明当前各地越发重视生态文明建设工作，把生态建设与经济建设相协调放在了重要位置，经济增长和生态建设逐步趋于协调。

最后，地方政府服务竞争的趋势分析。从东部、中部和西部地区地方政府服务竞争的时间变化趋势来看（见图 4-6），东部地区、中部地区和西部地区的地方政府服务竞争均保持稳定上升态势，2019 年出现明显下降趋势；地方政府服务竞争整体上呈现东部地区最高，西部地区略高于中部地区的特征。

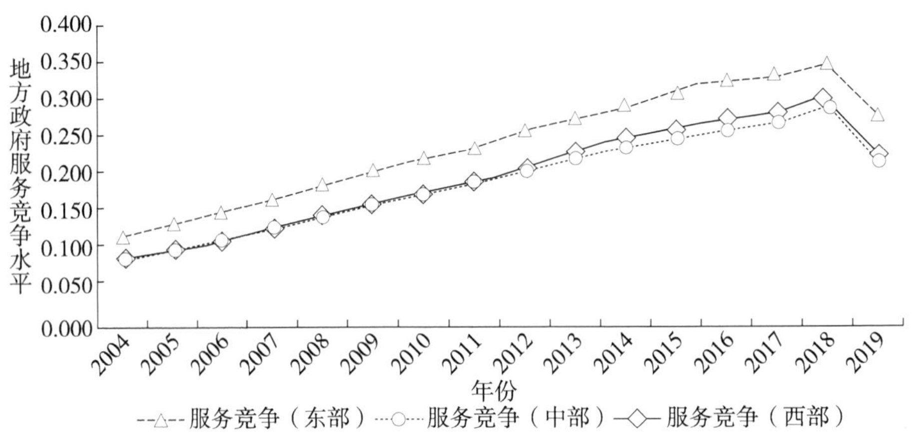

图 4-6 服务竞争的时间变化趋势

公共服务不仅是公共品，也是必需品，市场机制在公共服务领域的资源配置效率低下，政府需要发挥应有职能，弥补市场失灵。地方政府的服务竞争主要体现在政府在公共服务领域的投资和建设，主要体现在基础设施建设以及居民收入等方面。政府在教育、医疗、公共基础设施等领域供给能力的提升为产业发展提供了良好的社会软环境（郝宏杰，2017），地方政府为不断优化社会环境、加大人才吸引力度，提高公共服务水平。经济发展水平是公共服务能力提升的主要决定因素。因此，东中西地区的地方政府服务竞争呈现较大差异。东部地区有赖于良好的经济发展基础，拥有相对完善的基础设施和较高的人均可支配收入。因此，中西部地区地方政府服务竞争水平与东部地区存在较大差距。与东部地区相比，中西部地区地方政府服务竞争未有明显差异。其中，自国家提出西部大开发战略以来，在中央财政转移支付的帮助下，西部地区大力发展城市基础设施建设，提供额外补贴，增加职工报酬，积极吸引人才，从而呈现出西部地区地方政府服务竞争略高于中部地区的特征。

4.2 绿色经济增长的测度与特征分析

绿色经济增长是传统工业经济向生态经济发展转型的有效路径，也是中国加速构建新发展格局、推进高质量发展的经济增长过程。

本节通过介绍绿色经济增长测度方法，对绿色经济增长进行时序特征分析。

4.2.1 绿色经济增长测度

1. 测度方法

当前，学术界主要运用参数法（如SFA）和非参数法（如DEA）测算经济增长效率。利用参数法测度效率需要提前设定函数具体形式及目标函数的待估计参数，一般先选取单一产出变量，再利用设定的函数来求解效率。而非参数法则不需要假定某种具体的函数形式，只需要通过投入和产出的变量数据对比来确定经济效率，而且可以设置多个产出变量。因此，非参数法（尤其是DEA）在经济效率测度中的应用更为广泛。本书选取非参数法对绿色经济增长指标进行测算。

Farrel（1957）是最早提出用DEA（Data Envelopment Analysis）测度效率的学者，该方法可用于多个决策单元相对效率的评价。经过学者们不断完善，DEA已经从最初的CCR、BBC模型发展到目前数百个模型，包含SBM、DDF、EBM以及ML指数、GML指数等。其中，SBM模型是常用的模型，其将投入和产出变量统一放入目标函数中求解效率，这解决了径向模型不能包含松弛变量的问题。此外，利用方向距离函数还可以实现期望产出最大化和非期望产出最小化的目标。GML指数既可以处理多个投入、产出变量问题，还可以处理非期望产出问题（杨恺钧等，2016）。因此，本书构建SBM-GML指数模型对绿色经济增长进行测度。

SBM-GML指数模型。假设每个地区为一个研究单元（DMU），生产过程投入M种生产要素，产出有N种期望产出和I种非期望产出，则任一期的生产技术集为：

$$P(x)=\Big\{(Y,\ B)\mid \sum_{q=1}^{Q}\lambda_q Y_{qn},\ n=1,\ \cdots,\ N;\ \sum_{q=1}^{Q}\lambda_q Y_{qi},\ i=1,\ \cdots,\ I;$$

$$\sum_{q=1}^{Q}\lambda_q X_{qm},\ m=1,\ \cdots,\ M;\ \sum_{q=1}^{Q}\lambda_q \geqslant 0,\ q=1,\ \cdots,\ Q\Big\} \tag{4-7}$$

其中，Q 表示研究单元个数，Y 表示期望产出，B 表示非期望产出，X 表示投入要素，λ_q 表示第 q 个单元投入与产出的权重，在生产函数规模报酬不变（CRS）时，$\lambda_q \geqslant 0$，当生产函数规模报酬可变（VRS）时，$\sum_{q=1}^{D}\lambda_q = 1$，$\lambda_q \geqslant 0$。

上述生产技术集没有考虑参考技术的同期性，所以测算的结果应该存在误差。为提升测算结果的准确度，Oh（2010）率先提出了全域生产技术集。

$$P^G(x)=\Big\{(Y,\ B)\mid \sum_{t=1}^{T}\sum_{q=1}^{Q}\lambda_q^t Y_{qn}^t \geqslant Y_n^t,\ n=1,\ \cdots,\ N;$$
$$\sum_{t=1}^{T}\sum_{q=1}^{Q}\lambda_q^t B_{qi}^t = B_i^t,\ i=1,\ \cdots,\ I;\ \sum_{t=1}^{T}\sum_{q=1}^{Q}\lambda_q^t X_{qm}^t \leqslant X_m^t,$$
$$m=1,\ \cdots,\ M;\ \sum_{q=1}^{Q}\lambda_q^t = 1,\ \lambda_q^t \geqslant 0,\ q=1,\ \cdots,\ Q\Big\} \tag{4-8}$$

式（4-8）中，$P^G(x) = P^1(x^1) \cup \cdots \cup P^t(x^t)$，即全域生产技术集是每一期生产技术集的并集，各期采用同一个生产前沿面，所以测得的效率具有可比性。

在此基础上可得全域性 SBM 模型。在应用方向距离函数时，谢波德方向距离函数应用广泛，但是该函数没有考虑非期望产出的松弛性问题，有可能低估所评价单元的无效率水平。因此，Fukuyama 等（2009）和 Färe 等（2010）扩展了非径向方向距离函数，弥补了谢波德函数的缺陷。本书借鉴卢升荣（2018）的方法，得到全域性 SBM 模型。

$$S_V^G(S_Q^t,\ Y_Q^t,\ B_Q^t;\ g^X,\ g^Y;\ g^B) = \max_{S^X,\ S^Y,\ S^B}\frac{\frac{1}{M}\sum_{m=1}^{M}\frac{S_m^X}{g_m^X}+\frac{1}{N+1}\left(\sum_{n=1}^{N}\frac{S_n^Y}{g_n^Y}+\sum_{i=1}^{I}\frac{S_i^B}{g_i^B}\right)}{2} \tag{4-9}$$

$$\begin{cases}\sum_{t=1}^{T}\sum_{q=1}^{Q}\lambda_q^t Y_{qn}^t - S_n^Y = Y_{nQ}^t,\ n=1,\ \cdots,\ N\\ \sum_{t=1}^{T}\sum_{q=1}^{Q}\lambda_q^t Y_{qi}^t + S_i^B = B_{iQ}^i,\ i=1,\ \cdots,\ I\\ \sum_{t=1}^{T}\sum_{q=1}^{Q}\lambda_q^t X_{qm}^t + S_m^X = X_{mQ}^i,\ m=1,\ \cdots,\ M\\ \sum_{q=1}^{Q}\lambda_q^t = 1,\ \lambda_q^t \geqslant 0,\ q=1,\ \cdots,\ Q\end{cases}$$

式（4-9）中，S_Q^t，Y_Q^t，B_Q^t 分别表示第 t 期第 Q 单元的投入、期望产出和非期望产出向量，g^X，g^Y，g^B 分别是对应的方向向量，S_m^X，S_n^Y，S_i^B 分别是对应的松弛向量。

GML 指数具有传递性和循环积累的特点，它克服了传统 ML 指数在研究效率时难以进行跨期比较的缺点。因此，本书采用 GML 指数分析方法对环境污染约束下的绿色经济增长进行研究。根据 Oh（2010）构造的 GML 指数方法，在全域性 SBM 模型基础上定义从"t"到"$t+1$"期的 GML 指数：

$$GML_t^{t+1} = \frac{1 + \overrightarrow{S_V^G}(X^t, Y^t, B^t; g^t)}{1 + \overrightarrow{S_V^G}(X^{t+1}, Y^{t+1}, B^{t+1}; g^{t+1})} \tag{4-10}$$

其中，$GML>1$ 时，绿色经济增长提高；$GML<1$ 时，绿色经济增长降低；$GML=1$ 时，绿色经济增长保持不变。

2. 变量选取及测度

DEA 根据各决策单元的投入和产出变量，建立生产前沿面，再通过测度各单元与生产前沿面的偏离程度来计算相对效率值。

本书借鉴樊鹏飞等（2018）和 Wang 等（2021）的计算方法，运用包含非期望产出的非径向 SBM 的研究框架，参考相关学者的研究用绿色经济效率表征绿色经济增长（Xie et al.，2020；Zhao et al.，2022）。绿色经济增长指标体系包含多投入、多产出（包含非期望产出）指标，产出变量包括期望产出与非期望产出两类。根据经济增长事实，用地级市 GDP 代表期望产出，为剔除通货膨胀因素，以 2004 年为基期对名义 GDP 进行折算；非期望产出采用各地级市的工业废水、烟粉尘和二氧化硫的排放量进行表征。投入变量主要包括劳动、资本和能源 3 项指标，分别用城镇单位就业人员、地级市资本存量、地级市能源消费衡量。其中，在核算资本存量时，折旧率选取 9.6%（张军等，2004），而基期资本存量则用基期的固定资产投资的 10 倍表征（Young，2003）；用城市人均电力消费量来衡量地级市能源消费。绿色经济增长指标体系如表 4-5 所示。

利用 MAX-DEA 软件的超效率 SBM-GML 模型测算得出绿色经济增长值。另外，本书也采用 DDF-GML 模型测度绿色经济增长（聂长飞和冯苑，2020；

Su et al.，2021)，并进行稳健性检验。根据测算，从 2004 年到 2019 年，中国绿色经济增长整体呈现上升趋势。2005 年年初，中国绿色经济增长水平相对较低。2019 年中国绿色经济增长水平提高，这与中国的绿色发展理念密切相关。

表 4-5　　绿色经济增长指标体系

变量	指标	具体指标	属性
投入	劳动	城镇单位就业人员	-
	资本	地级市资本存量	-
	能源	地级市能源消费	-
产出	期望产出	以 2004 年为基期进行折算的实际 GDP	+
	非期望产出	工业废水排放量	-
		工业烟粉尘排放量	-
		工业二氧化硫排放量	-

4.2.2 不同区域绿色经济增长的时序特征分析

首先，利用核密度曲线对中国 272 个地级市的绿色经济增长的动态变化特征进行分析（见图 4-7）。第一，整体绿色经济增长的动态变化。从峰值来看，2004—2019 年的绿色经济增长表现出单峰特征，说明总体上绿色经济增长是单一化的；从主峰高度来看，2004—2019 年峰值呈现上升—下降变化，说明绿色经济增长的差异呈现波动变化；从核密度中心来看，变化较小，表明绿色经济增长差异未呈现增长和降低的波动状态；从拖尾现象来看，2004—2019 年的绿色经济增长存在明显的右拖现象，说明绿色经济增长存在较大差异。第二，东部区域绿色经济增长的动态变化。从峰值来看，2004—2019 年的东部绿色经济增长表现出单峰特征，说明东部绿色经济增长是单一化的；从主峰高度来看，2004—2019 年峰值呈现上升—下降变化，说明东部绿色经济增长的差异呈现波动变化；从核密度中心来看，东部绿色经济增长呈现增长和降低的波动状态；从拖尾现象来看，2004—2019 年的东部绿色经济增长存在右拖现象，说明东部绿色经济增长存在较大差异。第三，中部区域

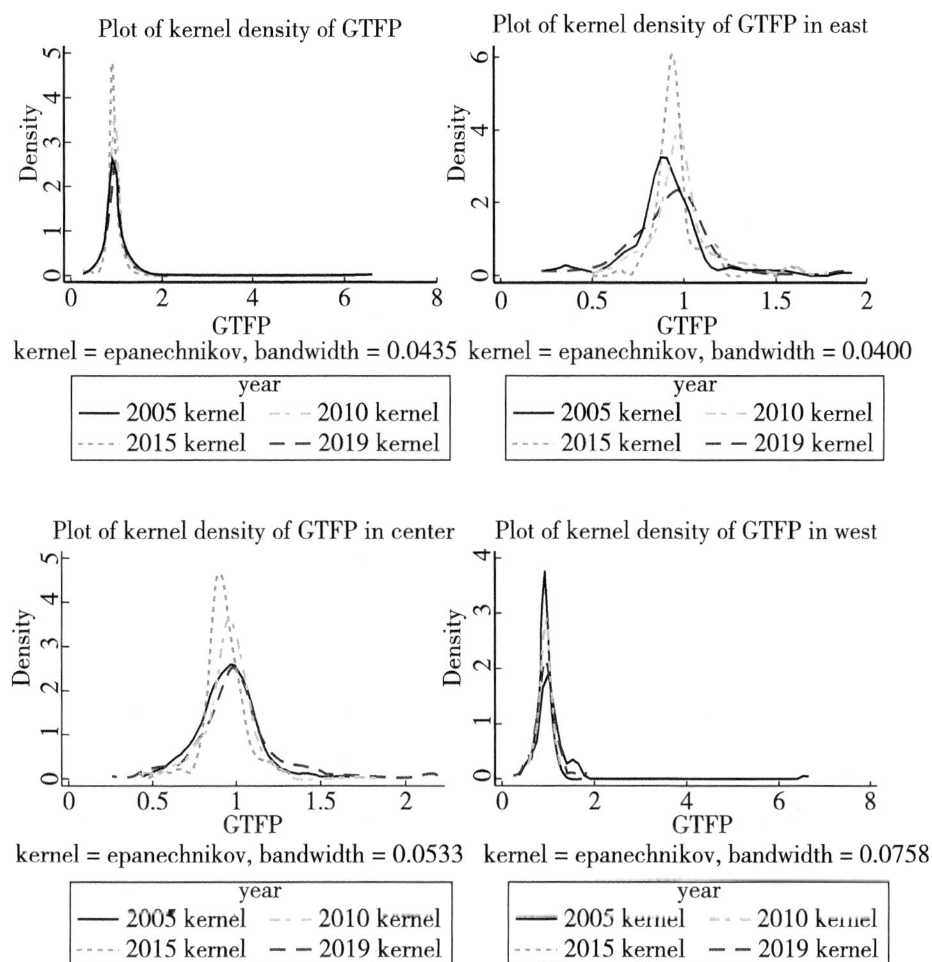

图 4-7 绿色经济增长变化的核密度估计

绿色经济增长的动态变化。从峰值来看，2004—2019 年的中部区域绿色经济增长表现出单峰特征，说明中部绿色经济增长是单一化的；从主峰高度来看，2004—2019 年峰值呈现上升—下降变化，说明中部绿色经济增长的差异呈现波动变化；从核密度中心来看，呈现左移—右移特征，表明中部绿色经济增长呈现降低和增长的波动状态；从拖尾现象来看，2004—2019 年的中部绿色经济增长存在右拖现象，说明中部绿色经济增长存在较大差异。第四，西部区域绿色经济增长的动态变化。从峰值来看，2004—2019 年的西部绿色经济增长表现出单峰特征，说明西部绿色经济增长是单一化的；从主峰高度来看，2004—2019 年峰值呈现上升—下降变化，说明西部绿色经济增长的差异呈现波动变化；从核密度中心来看，未呈现明显移动特征，表明西部绿色经济增长未呈现增长的较大波动状态；从拖尾现象来看，2004—2019 年的西部绿色经济增长存在右拖现象，说明西部绿色经济增长存在较大差异。

其次，不同区域绿色经济增长的时序变化特征。从东部、中部和西部地区的绿色经济增长的时间变化趋势来看（见图 4-8），东部、中部、西部区域的绿色经济增长整体上呈现出先降后升的变化趋势，东部的绿色经济增长整体上小幅领先，中部、西部绿色经济增长此起彼伏，相差不大。2004—2012 年，绿色经济增长总体上表现出下降趋势，而 2013—2019 年，整体表现出上升变化趋势。在以经济增长为核心的考核机制下，地方政府为促进地区经济发展，主要依赖投资拉动经济增长，随着地区经济的增长，能源消耗逐渐增加。并且，非期望产出中的工业废水、二氧化硫和烟粉尘排放大量增加，最终导致绿色经济增长呈现波动下降。传统粗放型经济增长模式容易产生环境污染和生态破坏问题，因此树立人与自然和谐相处的新发展理念，坚持绿色经济增长新模式，是可持续发展的必然要求。2012 年党的十八大把生态文明建设纳入中国特色社会主义事业“五位一体”总体布局，生态环境规制强度逐渐加大，地方政府的生态文明考核机制逐步完善，地方政府环境污染治理投资额逐步增加。

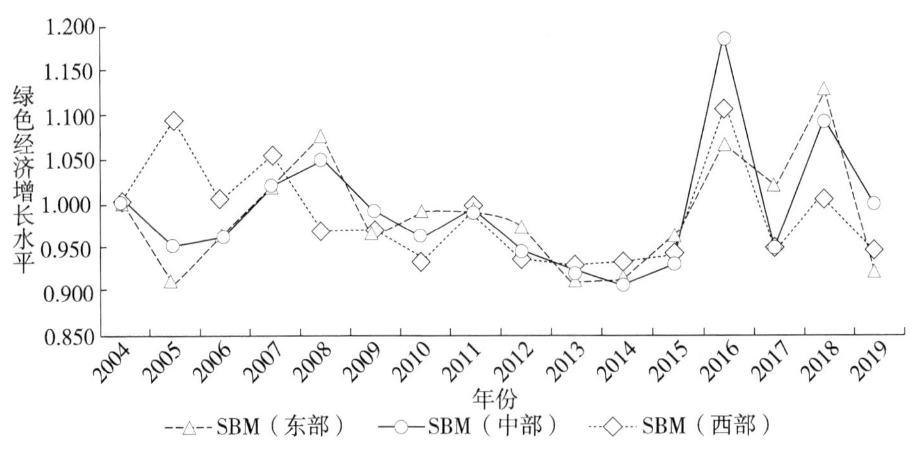

图 4-8　东部、中部、西部绿色经济增长的时间变化趋势

图 4-9 表现了各区域工业污染治理投资完成额的变化趋势，从中可以明显看出，2012 年之前，东部中部地区工业污染治理投资完成额呈缓慢下降趋势，西部地区工业污染治理投资完成额呈缓慢上升趋势；2012 年之后，生态文明建设加强，各区域工业污染治理投资完成额陡然上升，2014 年之后开始缓慢下降，逐步回归常态，平稳发展。

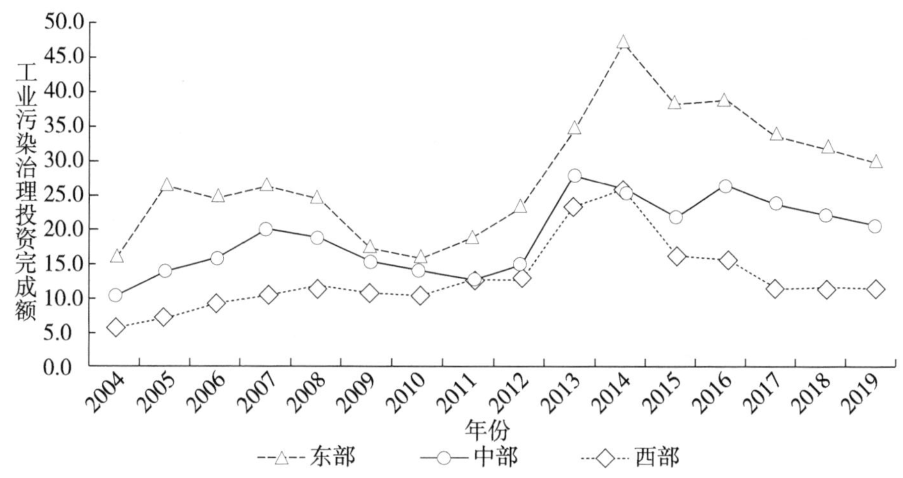

图 4-9　东部、中部、西部工业污染治理投资完成额的变化趋势

工业污染治理投资完成额的变化体现了国家对生态环境改善的信心和决心，随之收紧的环境规制抑制了非期望产出，绿色经济增长提升。在此基础上，各区域绿色经济增长呈现波动上升趋势。

图 4-8 还表明了 2016 年绿色经济增长明显提升。2016 年是国家“十三五”规划开局之年，各地方政府在新发展理念引导下，越发重视绿色经济增长问题，持续推进生态文明建设。各地方政府依据“十三五”规划，积极筹划、建设主体功能区，大力促进资源集约利用方式的推广，并进一步加大环境综合治理力度，降低污染排放（见图 4-10）。在此基础上，积极开展生态保护修复工程，建立健全生态安全保障机制，并大力发展绿色环保产业。

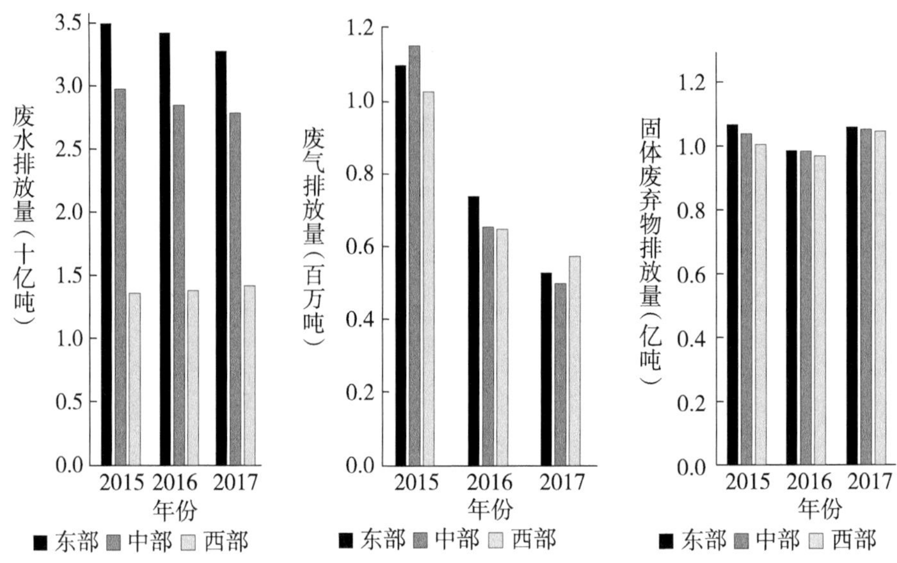

图 4-10　东部、中部、西部废水、废气及固体废弃物排放量

4.3　本章小结

本章对地方政府竞争和绿色经济增长的现状进行了研究。首先对地方政府竞争现状进行分析，采用全排列多边形图示指标法对多维地方政府竞争水平进行测算，对地方政府竞争的演变趋势和区域差异进行分析，研究发现：首先，东部地区经济竞争整体下降趋势，中西部地区经济竞争变化相对较小；而生态竞争、服务竞争和综合竞争整体上表现出逐步上升趋势，且东部地区的生态竞争、服务竞争和综合竞争高于中西部地区，中西部地区的多维地方政府竞争增速较快。其次，本章通过构建 SBM-GML 模型测度了中国 272 个地级市的绿色经济增长水平，并描述了绿色经济增长的现状，同时，考察了绿色经济增长的趋势和区域差异，分析结果表明，绿色经济增长整体上升，极大值点增多，绿色经济增长低效率区域减少；整体来看，南方地区绿色经济增长值高于北方地区。

5 地方政府竞争对绿色经济增长的影响机理检验

前面从理论视角分析了多维地方政府竞争与绿色经济增长之间存在的相互关系，经济竞争因其片面追求 GDP 可能导致环境污染等非期望产出的增加，进而抑制绿色经济增长；生态竞争因其更加关注生态环境，而降低环境污染等非期望产出，进而促进绿色经济增长；服务竞争因其公共基础设施建设增加，从而改善产业结构和人力资本，从而提升绿色经济增长水平。此外，绿色经济增长作为经济发展的新形态，是从传统经济向生态经济转型的重要标志。在众多影响绿色经济增长的变量中，本书着重分析了不同维度下的地方政府竞争对其的影响。根据前面的理论机理分析可知，多维的地方政府竞争可能通过经济集聚、技术创新和产业升级三种作用机理来影响绿色经济增长。那么经济集聚、技术创新和产业升级作为影响绿色经济增长的重要因素，在地方政府竞争影响绿色经济增长中，经济集聚、技术创新和产业升级是不是多维地方政府竞争影响绿色经济增长的机理变量？带着这一问题，本章将通过构建 SYS-GMM 模型检验多维地方政府竞争对绿色经济增长的基本影响逻辑以及重点研究地方政府竞争影响绿色经济增长的机理路径，检验地方政府竞争对绿色经济增长的影响机理。因此，本章作如下安排：首先，模型构建与变量选取；其次，选取 2004—2019 年 272 个地级市数据，使用系统 GMM 方法构建多维地方政府竞争对绿色经济增长的基准回归模型，然后，实证分析了多维地方政府竞争对绿色经济增长的基准回归结果，时间异质性以及地区异质性结果；再次，从经济集聚、技术创新和产业升级的视角，挖掘了多维地方政府竞争对绿色经济增长的影响机理；最后，对上述结果分别执行稳健性检验。

5.1 模型构建与变量选取

5.1.1 模型构建

在气候问题日益凸显和低碳目标背景下，绿色经济增长成为经济发展新形态。关于绿色经济增长的研究较多，大多学者忽略了时间滞后效应产生的系统性偏误。为此，本书引入包含绿色经济增长滞后一期的动态模型。在绿色经济增长压力下，地方政府竞争可能会增强，会出现核心解释变量与被解释变量的反向因果关系。选取恰当的工具变量可以有效地避免内生性问题所带来的影响（傅贻忙等，2019），因此，借鉴 Arellano 和 Bond（1991）提出的广义矩估计法（GMM）对地方政府竞争与绿色经济增长的关系进行实证检验。构建如下的动态面板模型：

$$GTFP_{it} = \alpha \cdot GTFP_{it-1} + \beta_0 + \beta_1 \cdot Comp_{it} + \beta_2 \cdot X_{it} + u_i + v_t + \varepsilon_{it} \quad (5-1)$$

式（5-1）中的下标 i 和 t 分别表示地级市和年份；β 表示待估计参数；u_i 和 v_t 分别表示个体固定效应与时间固定效应；ε 是随机干扰项；被解释变量 *GTFP*（*Green Total Factor Productivity*）表示绿色经济增长，表征绿色经济增长水平；核心解释变量 *Comp* 表示地方政府竞争，作为一个指标体系，包含经济竞争指标、生态竞争指标、服务竞争指标；X 为一组控制变量，主要包含经济集聚、技术创新、产业升级、市场化、金融发展水平、信息化水平、人力资本水平、互联网普及率、人口密度等。

为了研究多维地方政府竞争对绿色经济增长的作用机理，本书拟进一步从经济集聚、技术创新和产业升级三个维度研究多维地方政府竞争对绿色经济增长的影响。此外，学者们对产业升级、经济集聚和技术创新对绿色经济增长的作用作了大量的调查和分析，也得出了诸多鲜明的研究结果。因此，参考林伯强和谭睿鹏（2019）的研究，对多维地方政府竞争对经济集聚、技术创新和产业升级的影响进行建模，以此来考察地方政府竞争对绿色经济增长影响的作用机理，模型如下：

$$Mediator_{it} = \gamma \cdot Mediator_{it-1} + \alpha \cdot Comp_{it} + \beta \cdot X_{it} + u_i + v_t + \varepsilon_2 \quad (5-2)$$

其中，*Mediator* 表示经济集聚、技术创新和产业升级等机理变量。*X* 为一组控制变量，与式（5-1）所表征的公式一样。

5.1.2 变量选取

科学选取变量，对研究结果具有重要影响。根据前文分析和构建的基本模型，本书在实证分析部分用到的变量主要包含被解释变量、核心解释变量、机理变量和控制变量四类。

1. 被解释变量：绿色经济增长

本书主要研究绿色经济增长问题，因此，根据第 4 章构建的 SBM-GML 指数模型测算的绿色经济增长表征绿色经济增长水平，用 *GTFP* 表示。

2. 核心解释变量：地方政府竞争

根据前文对地方政府竞争的分析，地方政府竞争是包含经济竞争、生态竞争和服务竞争在内的多维综合竞争。因此，在地方政府竞争对绿色经济增长影响的研究中，核心解释变量是多维度的地方政府竞争，包含综合竞争（*Comp*）、经济竞争（*Comp*1）、生态竞争（*Comp*2）和服务竞争（*Comp*3），具体指标利用第 4 章全排列多边形图示指标法测算的多维度地方政府竞争数据表示，进行实证分析。

3. 机理变量

本研究选取经济集聚、技术创新和产业升级三个指标作为机理变量考察地方政府竞争对绿色经济增长的影响机理，下面介绍各机理变量的主要特征。

首先是经济集聚。经济集聚是指某地理空间范围内经济活动相对集中的现象，经济集聚变化反映了经济活动在空间上的差异。自改革开放以来，经济快速发展，取得经济发展的"中国奇迹"，其中经济集聚作为一个典型事实，对绿色经济增长具有重要影响（林伯强和谭睿鹏，2019）。图 5-1 说明了东部、中部、西部区域的经济集聚变化趋势。

其次是技术创新。技术创新可以实现新旧动能转换，推进产业升级，技术创新能力对经济发展质量存在显著的正向作用（范柏乃等，2021），是促进

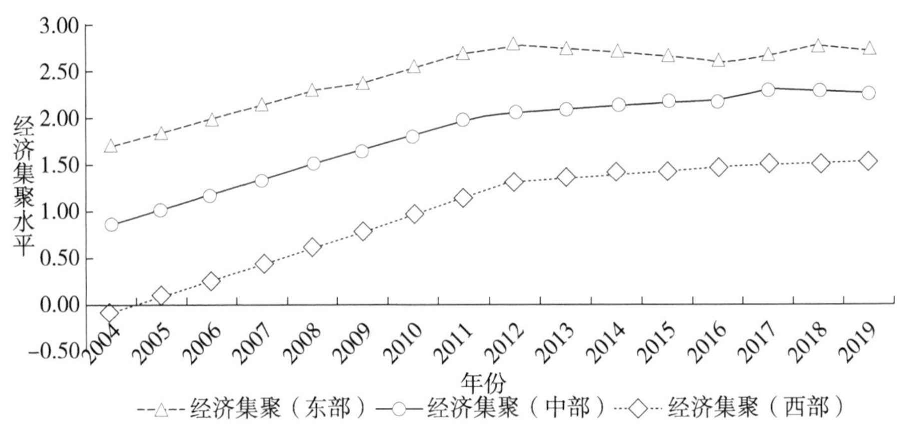

图 5-1 东部、中部、西部区域的经济集聚变化趋势

绿色经济增长的重要推动因素。在资本投入、人员投入和研发机构增长的情况下，技术创新水平不断提升，地方政府对高等院校和科研院所的科学技术研发投入促进专利数量增加，有利于技术创新水平的不断进步。教育投入将提高技术效率，并且在教育水平不断提升的作用下，人力资本水平不断提升，高质量人力资本不仅作为生产要素参与生产，更是通过促进产业集聚推动技术创新来促进地区实现高质量经济增长（王智勇和李瑞，2021）。技术创新提高了生产要素的投入产出比，改变了资源利用率，提高了生产率。因此，技术创新对绿色经济增长应该具有重要的积极推动作用，本书借鉴范晓莉和李秋芳（2022）等相关学者的研究，选用复旦大学寇宗来等发布的城市创新指数作为技术创新的衡量指标，进而考察技术创新在地方政府竞争对绿色经济增长影响中所起的间接影响效应。

图 5-2 说明东中西不同区域的技术创新水平呈现上升趋势，且呈现东部>中部>西部的特征，中部和西部的创新差距逐步缩小。高等院校和科研院所是实现创新的重要主体，其利用人才培养与科学研究的同时提高技术创新，尤其是基础领域创新，另外，企业作为创新的重要主体。东部地区在高等院校教育质量、科研院所研究水平以及企业研发水平等都较中西部更好，其技术创新水平也更高。而且，东部地区与中西部地区的技术创新差距呈现增大趋势。

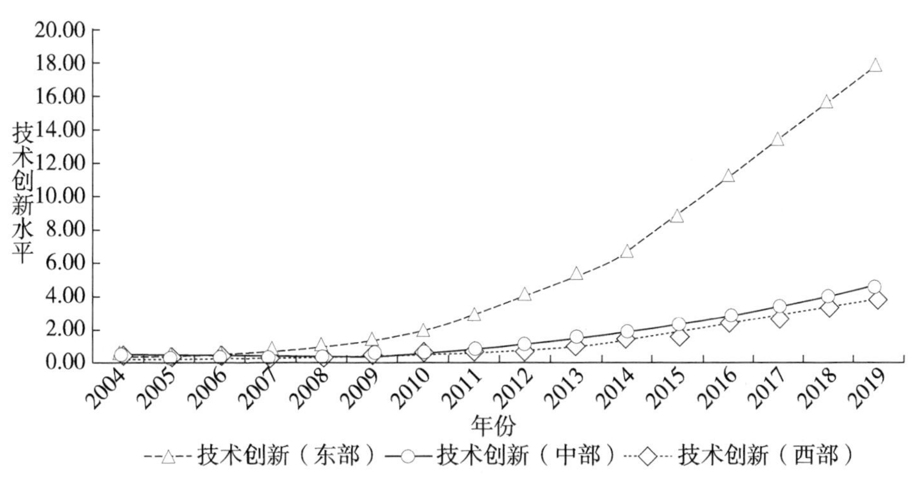

图 5-2 东部、中部、西部区域的技术创新变化趋势

从技术市场成交额来看，如表 5-1 所示，东部>中部>西部，技术市场成交额拉动了技术需求，促进了技术创新。技术市场为企业技术创新提供了外部知识条件，很多企业的技术创新并不是完全由内部研发，很多企业通过技术市场获得所需知识。在知识爆炸的时代，知识和技术成为第一生产力，知识和技术不仅促进了社会进步，还提高了技术的效率。另外，技术市场提供了大量信息交流的平台，为创新主体提供新动向，并且刺激企业技术需求，技术供需不断提升，促进技术创新不断升级。因此，东部>中部>西部的技术市场成交特征也是促进技术创新形成东部>中部>西部特征的重要原因。

表 5-1 东部、中部、西部区域的技术市场成交额 （单位：亿元）

年份	东部	中部	西部	年份	东部	中部	西部
2001	51.47	21.13	8.91	2008	187.13	58.39	19.50
2002	59.10	22.87	10.09	2009	213.22	60.22	21.59
2003	72.69	26.65	13.32	2010	269.59	75.11	31.50
2004	92.63	27.75	14.58	2011	324.65	92.09	43.89
2005	112.50	36.45	12.63	2012	410.54	121.52	69.50
2006	128.47	37.71	13.80	2013	475.53	171.55	91.81
2007	157.83	46.64	14.71	2014	517.97	188.11	112.58

续表

年份	东部	中部	西部	年份	东部	中部	西部
2015	602.15	242.42	122.27	2018	1043.46	467.87	266.22
2016	699.24	282.75	144.54	2019	1346.09	649.59	306.74
2017	814.10	352.27	167.80	2020	1729.34	860.33	347.58

资料来源：国家统计局网站。

最后是产业升级。自改革开放以来，地方政府在拉动经济快速增长中长期忽视环境成本，绿色创新缓慢，造成目前绿色经济增长转型压力，产业结构升级则有助于缓解绿色经济转型压力，产业结构升级对绿色经济增长具有显著的正向影响。对于产业结构升级，本书利用第三产业产值与第二产业产值之比来度量产业结构升级（Sun et al.，2021），考察产业升级在地方政府竞争影响绿色经济过程中所起的间接影响效应。

图 5-3 刻画了不同区域的产业升级变化趋势，2008 年之前，东部地区产业升级表现出稳定发展特征，2008 年之后，东部地区表现出产业升级稳步提升的特征；2008 年之前，中部和西部地区产业升级高于东部，2008 年之后，中部和西部地区的产业升级水平落后于东部；2012 年之前，中西部地区产业升级水平不断下降，2012 年之后，中西部地区产业升级水平逐步提升；2019 年东部、中部和西部地区产业升级水平趋于一致。

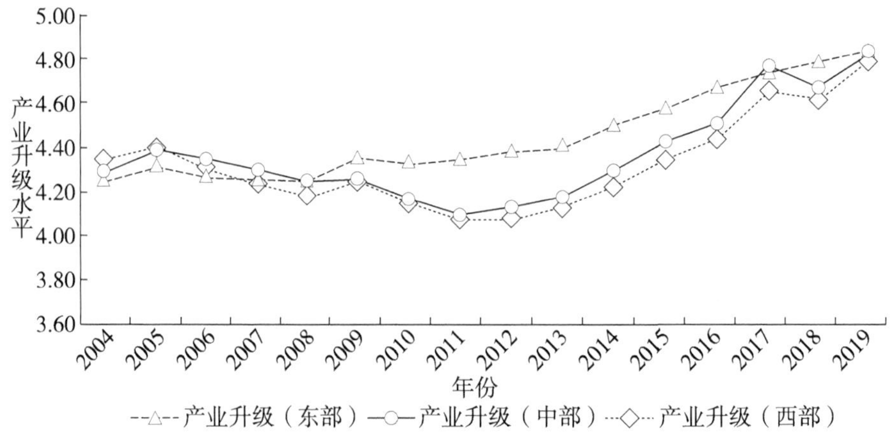

图 5-3　东部、中部、西部区域的产业升级变化趋势

东部地区经济发达，人力资本和技术创新领先于中西部，东部地区市场活跃，经济繁荣，开放程度高，在经济规律作用下，生产要素不断从一二产业向第三产业转移，产业升级不断提升。2008 年之前，中西部地区产业升级高于东部地区，说明中西部地区第二产业发展相对滞后，而第三产业发展比重较高，受 2008 年国际金融危机的影响，第二产业向西转移趋势明显，从而中西部表现出产业升级下降的趋势。对中西部地区来说，在粗放型经济发展模式下，追求发展工业等行业，导致产业升级在 2012 年前不断下降；在生态文明建设指引下，中西部地区开始注重产业转型，2012 年以后，产业升级不断提升。

4. 控制变量

考虑对绿色经济增长的影响，本书选取除地方政府竞争以外的其他变量作为控制变量，以分析地方政府竞争对绿色经济增长的边际影响。主要选取市场化水平（*market*）、金融发展水平（*finance*）、人力资本水平（*hum*）、信息化水平（*infor*）、互联网普及率（*inter*）、人口自然增长率（*popu*）、经济发展水平（*pgdp*）等变量对地方政府竞争影响绿色经济增长进行控制。

对市场化水平指标，本书选取私营和个体企业的从业人员占常住人口的比例衡量各地级市的市场化水平（*market*）（邵帅等，2013）；借鉴 Wang 等（2021）的做法，选取各地区金融机构存贷款余额与地区 GDP 的比值表示金融发展水平（*finance*）；此外，人力资本对绿色增长也有贡献，如一些学者基于罗默的内生经济增长模型考虑了环境污染与人力资本的关系，借鉴 Wang 等（2021）的做法，选取在校大学生数量表示人力资本水平（*hum*）；参考仲深和杜磊（2018）用地区邮电业务量表示信息化水平（*infor*）；参考宋德勇和杨秋月（2019）选取互联网用户数衡量互联网普及率（*inter*）；参考徐瑾（2021）的研究，选取人口自然增长率（*popu*），考察人口增长对绿色经济增长的影响程度；参考徐璋勇和朱睿（2020）的研究，选取人均 GDP 衡量经济发展水平。

5.1.3 数据来源

本研究所用数据来自历年的《中国城市统计年鉴》《中国统计年鉴》、各省份历年统计年鉴以及历年政府的国民经济和社会发展统计公报等，最终数据为2004—2019年的272个地级市的面板数据，为剔除单位量纲的影响，对各变量取对数，个别变量的极少缺失值采用插值法进行补充（Yuan et al.，2020）。表5-2呈现了研究变量的描述性统计结果。

表5-2　变量描述性统计

变量	Variable	*Obs.*	*Mean*	*Std. Dev.*	Min	Max
绿色经济增长	*GTFP*	4352	0.9877	0.2435	0.1346	6.5703
综合竞争	*Comp*	4352	−1.0056	0.1203	−1.3065	−0.6196
经济竞争	*Comp*1	4352	−1.8492	0.5240	−5.1247	−0.5870
生态竞争	*Comp*2	4352	−1.6028	0.5515	−4.6592	−0.5540
服务竞争	*Comp*3	4352	−1.5801	0.5235	−3.5193	−0.3857
经济集聚	*eaggl*	4352	1.7899	1.3191	−3.1403	5.5077
产业升级	*indup*	4352	4.3877	0.4639	2.2400	9.0100
技术创新	*patent*	4352	0.2392	1.9712	−4.6052	7.4073
人力资本水平	*hum*	4352	4.5177	1.1082	−0.4500	7.1800
信息化水平	*infor*	4352	1.9295	1.1515	−0.8200	23.7500
互联网普及率	*inter*	4352	6.6903	1.1289	−0.5000	9.9000
人口自然增长率	*popu*	4352	5.6766	5.3834	−16.6400	113.0000
市场化水平	*market*	4352	3.7897	0.3460	1.6000	4.6900
金融发展水平	*finance*	4352	0.7939	0.7924	−1.0100	21.3000
经济发展水平	*pgdp*	4352	10.3148	0.7844	4.6000	13.1300

5.2　地方政府竞争对绿色经济增长影响的基准结果分析

为检验多维地方政府竞争对绿色经济增长的影响，首先对两者进行基准回归。回归结果见表5-3。结果表明，地方政府综合竞争显著促进了绿色经济增长，经济竞争显著抑制了绿色经济增长，而生态竞争和服务竞争都显著促进了绿色经济增长。研究结果证实了本书的前四个假设（H1—H4被验证），并验证了地方政府竞争对绿色经济增长影响的基本逻辑：地方政府竞争具有多维性，地方政府的综合竞争促进了绿色经济增长，地方政府的经济竞争主要抑制了绿色经济增长，地方政府的生态竞争和服务竞争促进了绿色经济增长。实证结果表明各模型中多维地方政府竞争的系数至少在1%的显著性水平上成立。在基准回归中，对个体效应和时间效应进行了控制，并且*AR*（2）和*Hansen test*值证明回归结果具有可靠性。

表5-3　　基准回归结果

Variable	（1）*GTFP*	（2）*GTFP*	（3）*GTFP*	（4）*GTFP*
L. GTFP	-0.120***	-0.118***	-0.114***	-0.118***
	(0.002)	(0.002)	(0.002)	(0.002)
Comp	0.194***	—	—	—
	(0.014)	—	—	—
*Comp*1	—	-0.006***	—	—
	—	(0.002)	—	—
*Comp*2	—	—	0.034***	—
	—	—	(0.003)	—
*Comp*3	—	—	—	0.038***
	—	—	—	(0.004)
控制变量	是	是	是	是
Constant	1.512***	1.095***	1.286***	1.355***
	(0.047)	(0.024)	(0.031)	(0.031)
AR（2）	-0.78	-0.65	-0.59	-0.71
	[0.435]	[0.519]	[0.556]	[0.475]
Hansen test	266.69	265.43	261.20	266.59
	[0.999]	[0.991]	[1.000]	[0.999]
Obs.	4080	4080	4080	4080
N.	272	272	272	272

注：圆括号内是标准误差，方括号内是 *p* 值；*** $p<0.01$，** $p<0.05$，* $p<0.1$。

基准回归结果表明地方政府综合竞争促进了绿色经济增长。工业化发展前期和中期，各地政府大多忽略了生态环境问题而主要鼓励经济增长，由此产生的“为增长竞争”模式会因经济发展而促进整体社会福利提升，但是随着经济发展水平的提升和生态环境的恶化，“为和谐竞争”逐步成为各地政府的共识，地方政府竞争模式的变迁为经济增长方式转变带来政策支持。“为增长竞争”一方面加速了中国经济快速发展，另一方面加剧了环境污染。伴随考核规则的改变，地方政府竞争转向“为环保竞争”。创新驱动发展战略的实施，地方政府“为创新竞争”模式逐渐兴起。为进一步提升创新能力，地方政府竞争“为人才竞争”新现象不断涌现。总之，伴随经济社会发展的变化地方政府竞争模式也在动态变化，从以经济高速增长的经济竞争为主逐渐转向为高质量发展的竞争（刘志彪，2018），地方政府竞争越来越多元化、综合化。

基准回归结果也表明地方政府经济竞争表现出对绿色经济增长显著的抑制作用。经济竞争的着眼点在于追求 GDP 绩效，为了提高经济赶超能力，地方政府在财政支出中偏向生产性支出，并大力吸引 FDI，增加固定资产投资，导致经济竞争的资金投入主要偏向生产性领域。同时，为了进一步提升经济发展水平，实施赶超战略，减税让利是地方政府的一贯做法，通过税收减免和退税等政策，吸引企业投资，提升经济绩效。由于税收竞争空间较小，在绿色绩效评价体系下，地方政府竞争方式逐步由税收竞争转向外部支出竞争，经典的财政分权理论表明，财政分权导致地方政府间竞争加剧，从而导致地方政府财政支出增加。虽然经济竞争促进了经济高速增长，而随之产生的环境污染和生态破坏等负面效应逐渐成为阻碍经济可持续发展的威胁。地方政府经济竞争强化了地方保护主义，往往表现出短期目标行为，导致出现忽略长期发展潜力而追求短期经济增长的“寅吃卯粮”行为。一方面引发环境“逐底竞争”和市场的“逆向选择”，对本地生态环境造成巨大负面冲击，给区域协同治理带来困难；另一方面强化地区经济对粗放扩张式增长的路径依赖，抑制绿色经济增长。

基准回归结果还表明地方政府生态竞争表现出对绿色经济增长显著的促进作用。生态竞争衡量了地区发展的绿色化和生态化水平，体现了地方政府的绿色投资能力和环境规制水平，有利于绿色经济增长。环境规制作为地方政府的一种行政手段，是生态竞争中最为有效的治理工具。伴随《生态文明建设目标评价考核办法》（2016）等文件的出台，绿色发展和生态文明建设已被中央政府纳入地方政府考核指标体系，为获得更高的绩效评价，地方政府逐渐把经济发展和环境保护放在一起考虑。地方政府环境规制的战略互动本质上也是一种竞争手段。地方政府生态竞争主要通过环境污染治理与减排和绿色技术创新促进绿色经济增长。第一，在生态竞争视角下，“向上竞争”的环境规制将提高资源利用效率，减少污染排放，对区域绿色发展产生积极影响。为降低区域污染物排放强度，促进绿色经济增长，地方政府致力于提升产业水平，推进产业改造。引导生产要素从低效部门流向高效部门，推动产业结构升级。为限制高污染行业发展，地方政府发挥税费制度对资源环境保护的积极作用，通过财政税收政策、环境保护监测等引导行业调整能源结构、提高资源利用率，鼓励使用清洁能源和先进生产技术，降低污染排放。政府环境支出作为中国进行环境治理的重要手段，可以引导社会投资方向和企业的环境行为，进而影响经济发展和环境保护，具有明显的正外部性。Langpap和 Shimshack（2010）认为，公共监督等非正式环境法规对绿色经济增长具有重要影响。第二，环境规制的波特效应表明，企业会提升技术创新水平，利用增加的收益加大污染治理，带来企业的“技术进步效应”。一方面，环境规制能够倒逼企业增强环保意识，向企业传递环境监管信息，鼓励企业向低能耗和环保科技等方向投资，并指明潜在的技术改进方向；另一方面，环境规制增加了企业生产成本，给企业带来技术创新的外部压力。综上分析，在环境规制水平提升、绿色支出增加的情况下，地方政府的生态竞争促进了绿色经济增长。

基准回归结果还表明地方政府服务竞争表现出对绿色经济增长显著的促进作用。服务竞争是地方政府越来越重视的竞争方式。“人民对美好生活的向往”是新时期中国地方政府的奋斗目标之一，只有全面推动公共服务高质量发展，不断提升公共服务水平，才能不断增进人民福祉，因而地方政府的服务竞争应逐渐加大。在“用脚投票”机制下，企业和个人的选择权激励地方政府不断提升公共服务水平，吸引流动性生产要素。在宏观政策的指引下，各地区政府大力发展高新技术产业，地方政府逐步将其发展战略从招商引资逐步过渡到“筑巢引凤”，实施抢人大战，事实上，人才争夺战是服务竞争的客观表现。相关学者研究发现城市公共服务在吸引人口流入中发挥重要作用（杨晓军，2017），因此，各地政府为吸引劳动资源，不断加强公共服务基础设施建设。伴随地方政府职能从管理型向服务型转变，逐渐增加公共服务的有效供给，通过公共服务水平提升带动人力资本水平提升，带动技术创新，从而促进区域绿色经济增长（侯林岐和张杰，2020）。

在经济竞争、生态竞争和服务竞争的综合作用下，为促进绿色发展和高质量发展而出现的综合竞争也将有效促进绿色经济增长。

5.3 地方政府竞争影响绿色经济增长的异质性分析

地方政府竞争对绿色经济增长产生显著影响。考虑到地方政府竞争的动态变化特征，并且2012年党的十八大把生态文明建设纳入中国特色社会主义事业“五位一体”总体布局，地方政府竞争的内涵进一步丰富，经济增长向高质量发展转变，因此，考察地方政府竞争对绿色经济增长影响的时间异质性具有必要性。同时，中国幅员辽阔，各地区呈现出不平衡发展态势，地区差异明显（林伯强和谭睿鹏，2019）。因此，考察地方政府竞争对绿色经济增长影响的空间异质性也具有必要性。综上分析，本节将从时间和空间两个视角对地方政府竞争影响绿色经济增长的异质性进行研究，进一步厘清地方政府竞争作用于绿色经济增长的机理与路径。

5.3.1 时间异质性分析

2012年党的十八大报告提出建设生态文明的战略目标。伴随绿色经济观念的深入，尤其是2012年以来，在生态文明建设指导下，地方政府竞争的内涵进一步深化，地方政府竞争对绿色经济增长的影响是否存在时间异质性？带着这一问题，本节进行了时间异质性分析，表5-4展示了综合竞争和经济竞争的时间异质性结果，表5-5展示了生态竞争和服务竞争的时间异质性结果。

2012年之前与2012年之后经济竞争对绿色经济增长均存在显著的负向影

响，但是相较于2012年之后，2012年之前经济竞争对绿色经济增长具有更强的负向影响，2012年之后，经济竞争对绿色经济增长的负向影响程度降低，表明全面贯彻生态文明建设理念以后，地方政府经济竞争力度逐渐减弱，而生态竞争逐步加强，经济竞争对绿色经济增长的影响相对变小；与经济竞争不同，2012年之前与2012年之后生态竞争、服务竞争和综合竞争对绿色经济增长均存在显著的正向影响，且2012年之后，生态竞争对绿色经济增长的正向影响程度变大，服务竞争和综合竞争对绿色经济增长的正向影响程度降低。

地方政府的综合竞争呈现出对绿色经济增长影响程度下降的特征。从国家层面来看，2012年党的十八大把生态文明建设纳入中国特色社会主义事业"五位一体"总体布局，生态文明建设加强，绿色发展、循环发展、低碳发展兴起，逐渐从源头扭转生态恶化的趋势，最终形成节约资源和保护环境的生态经济格局，生态竞争对绿色经济增长的影响逐渐增大。地方政府公共服务供给不断增加，服务竞争水平不断上升，服务竞争对绿色经济增长的影响是正向的，只是边际影响程度较2012年之前下降。在经济竞争、生态竞争和服务竞争的综合作用下，地方政府综合竞争对绿色经济增长的影响程度较2012年之前下降。"十二五"规划中明确把绿色发展作为重要内容。随后，《国家新型城镇化规划（2014—2020年）》以及《生态文明建设目标评价考核办法》等文件的出台促进了经济发展从粗放模式向绿色集约的高质量模式转变。综上分析，多维地方政府竞争对绿色经济增长影响的时间异质性比较明显。

表5-4　　综合竞争和经济竞争的时间异质性结果

Variable	(1)	(2)	(1)	(2)
	2004—2011年	2012—2019年	2004—2011年	2012—2019年
L. GTFP	−0.126***	−0.061***	−0.122***	−0.083***
	(0.003)	(0.003)	(0.003)	(0.004)
Comp	0.242***	0.138***	—	—
	(0.017)	(0.028)	—	—
*Comp*1	—	—	−0.013***	−0.003
	—	—	(0.002)	(0.003)

续表

Variable	(1)	(2)	(1)	(2)
	2004—2011 年	2012—2019 年	2004—2011 年	2012—2019 年
控制变量	是	是	是	是
Constant	1.740***	1.370***	1.168***	1.075***
	(0.052)	(0.068)	(0.040)	(0.044)
AR (2)	-0.59	0.54	-0.51	0.36
	[0.552]	[0.591]	[0.612]	[0.721]
Hansen test	259.90	266.43	258.18	264.96
	[0.974]	[0.991]	[0.994]	[1.000]
Obs.	1904	2176	1904	2176
N.	272	272	272	272

注：圆括号内是标准误差，方括号内是 p 值；*** p<0.01，** p<0.05，* p<0.1。

从经济竞争来看，2010 年中国 GDP 跻身世界第二，中国经济从高速增长逐渐向中高速增长转变，地方政府的经济竞争压力逐渐降低，从而，经济竞争对绿色经济增长的抑制作用降低。自 2012 年以来，中国政府继续推进市场化改革，党的十八大强调发挥市场在资源配置中的基础性作用，而党的十八届三中全会进一步强调市场在资源配置中起“决定性”作用。党的十九大和党的二十大继续强调市场在资源配置中的决定性作用，使市场在资源配置中的地位进一步提升，地方政府的经济竞争相对下降，从而经济竞争对绿色经济增长的影响相对降低。

表 5-5　　　　生态竞争和服务竞争的时间异质性结果

Variable	(1)	(2)	(1)	(2)
	2004—2011 年	2012—2019 年	2004—2011 年	2012—2019 年
L. GTFP	-0.114***	-0.061***	-0.124***	-0.066***
	(0.003)	(0.002)	(0.004)	(0.003)
Comp2	0.011***	0.045***	—	—
	(0.003)	(0.005)	—	—

续表

Variable	(1)	(2)	(1)	(2)
	2004—2011 年	2012—2019 年	2004—2011 年	2012—2019 年
Comp3	—	—	0.114***	0.018*
	—	—	(0.008)	(0.010)
控制变量	是	是	是	是
Constant	1.330***	1.308***	2.003***	0.992***
	(0.038)	(0.054)	(0.059)	(0.076)
AR（2）	-0.37	0.52	-0.54	0.41
	[0.715]	[0.603]	[0.589]	[0.680]
Hansen test	258.56	266.03	254.10	263.92
	[0.989]	[0.992]	[0.986]	[1.000]
Obs.	1904	2176	1904	2176
N.	272	272	272	272

注：圆括号内是标准误差，方括号内是 p 值；*** $p<0.01$，** $p<0.05$，* $p<0.1$。

从生态竞争来看，2012 年之后生态竞争增强，环境污染治理投资额逐年增加，与之相对应的是环境基础设施增加，环境从业人员数量逐年增加。地方政府的环境治理能力逐年增强，在生态绩效考核引导下，地方政府的生态竞争增大。但是，2012 年以后在环境污染排放增加，GDP 增速放缓的情况下，地方政府的生态竞争对绿色经济增长的整体影响程度降低。

从服务竞争来看，地方政府为提高人力资本水平，加大公共服务基础设施建设，不断提升宜居水平和基础教育能力。但是，2012 年以后，中国人口结构逐步变化，劳动人口占比逐渐下降，人口红利逐步消失，教育红利成为竞争热点（周健，2021），地方政府的人才争夺愈演愈烈，企业运行成本逐渐增加，地方政府的服务竞争对绿色经济增长影响程度下降。

5.3.2 区域异质性分析

鉴于中国东部、中部和西部地区具有显著差异，本节从区域角度探索地方政府竞争对绿色经济增长的异质性影响。检验结果如表 5-6 和表 5-7 所示。

表 5-6　　综合竞争和经济竞争的区域异质性结果

Variable	(1)	(2)	(3)	(1)	(2)	(3)
	EAST	MID	WEST	EAST	MID	WEST
L. GTFP	−0. 107 ***	−0. 171 ***	−0. 083 ***	−0. 079 ***	−0. 172 ***	−0. 076 ***
	(0. 007)	(0. 019)	(0. 009)	(0. 020)	(0. 010)	(0. 023)
Comp	0. 528 ***	0. 117 *	0. 331 ***	—	—	—
	(0. 058)	(0. 067)	(0. 098)	—	—	—
*Comp*1	—	—	—	−0. 044 ***	−0. 006	−0. 035 ***
	—	—	—	(0. 011)	(0. 012)	(0. 011)
控制变量	是	是	是	是	是	是
Constant	2. 245 ***	0. 851 ***	2. 061 ***	0. 986 ***	0. 624 ***	1. 166 ***
	(0. 116)	(0. 205)	(0. 183)	(0. 114)	(0. 077)	(0. 127)
AR (2)	0. 29	0. 54	−1. 51	−1. 25	0. 44	−1. 33
	[0. 768]	[0. 587]	[0. 131]	[0. 213]	[0. 662]	[0. 184]
Hansen test	90. 80	95. 71	67. 40	91. 34	92. 35	69. 75
	[1. 000]	[1. 000]	[1. 000]	[1. 000]	[1. 000]	[1. 000]
Obs.	1372	1470	1140	1470	1470	1140
N.	98	98	76	98	98	76

注：圆括号内是标准误差，方括号内是 p 值；*** $p<0.01$，** $p<0.05$，* $p<0.1$。

表 5-6 展示了综合竞争和经济竞争的区域异质性结果。从综合竞争来看，综合竞争对绿色经济增长的影响程度呈现出东部最高、西部次之、中部最低的特征。从经济竞争来看，东部、西部的经济竞争对绿色经济增长产生负向影响，中部不显著。表 5-7 展示了生态竞争和服务竞争的区域异质性结果。从生态竞争来看，生态竞争对绿色经济增长的影响程度表现出东部最高、西部次之、中部最低的特征。从服务竞争来看，服务竞争对绿色经济增长的影响程度呈现出东部最高、西部次之、中部最低的特征，且中西部不显著。以上异质性分析结果验证了本书的假设 H8，即多维地方政

府竞争对绿色经济增长的影响呈现显著的时间异质性和区域异质性。

表 5-7 生态竞争和服务竞争的区域异质性结果

Variable	(1)	(2)	(3)	(1)	(2)	(3)
	EAST	MID	WEST	EAST	MID	WEST
L. GTFP	-0.089 ***	-0.179 ***	-0.106 ***	-0.086 ***	-0.183 ***	-0.095 ***
	(0.015)	(0.011)	(0.035)	(0.019)	(0.013)	(0.022)
Comp2	0.084 ***	0.003	0.011	—	—	—
	(0.009)	(0.013)	(0.011)	—	—	—
Comp3	—	—	—	0.087 ***	0.015	0.041
	—	—	—	(0.013)	(0.026)	(0.030)
控制变量	是	是	是	是	是	是
Constant	1.470 ***	0.715 ***	1.613 ***	1.468 ***	0.730 ***	1.709 ***
	(0.091)	(0.110)	(0.178)	(0.144)	(0.219)	(0.239)
AR (2)	-1.60	0.48	-1.62	-1.53	0.39	-1.58
	[0.110]	[0.629]	[0.105]	[0.125]	[0.693]	[0.114]
Hansen test	90.21	96.16	69.23	85.22	95.45	65.90
	[1.000]	[1.000]	[1.000]	[1.000]	[1.000]	[1.000]
Obs.	1470	1470	1140	1470	1470	1140
N.	98	98	76	98	98	76

注：圆括号内是标准误差，方括号内是 p 值；*** $p<0.01$，** $p<0.05$，* $p<0.1$。

多维地方政府竞争对绿色经济增长的影响在辽阔大地呈现明显异质性。本研究试图从基础条件、宏观政策、区域开放程度三个角度进行分析说明。

首先，从基础条件来看，中国幅员辽阔，各区域的经济发展条件存在极大差异（何爱平和安梦天，2019），这为地方政府竞争的异质性影响提供了解释基础。从自然条件来看，中国自东向西，自然条件逐渐恶化，降水量逐步减少，薄弱的生态环境禀赋难以适应高污染、高耗能行业发展，导致工业基础相对薄弱，决定了西部地区经济社会发展滞后于东部和中部。从经济基础来看，东部地区具有较好的经济发展基础条件。东部和中部地区人口密集，市场活跃，为经济发展提供了充足的劳动力资源，为改革开放以来东部地区率先发展奠定了坚实的劳动资源基础。而西部地区，人口相对较少，劳动力资源相对匮乏，不利于劳动密集型产业发展，因此承接产业转移面临较大困境。从资本要素来看，东部地区资本存量高于中部和西部，投资呈现出从东向西递减态势，为经济发展提供了差异性资本基础。

在自然条件和经济基础的作用下，多维地方政府竞争对绿色经济增长的影响呈现显著异质性。从经济竞争来看，经济发展程度东部最高、中部次之、西部最低，地方政府经济竞争对绿色经济增长的影响呈现出中部最高、西部次之、东部最低的特征；从生态竞争来看，脆弱的生态环境对环境规制的要求更高，而西部地区经济发展相对滞后，环境治理投资相对较少，在这一背景下，地方政府作为公共品的供给者，必然会加大对生态环境的影响，最终产生生态竞争对绿色经济增长的影响程度低于东部地区结果；从服务竞争来看，人才作为创新的源泉已经成为经济社会发展的重要资源，东部地区基础教育水平和高等教育都比中西部先进，西部地区人才匮乏，为进一步提升人力资本水平，地方政府作出了大量努力，最终产生服务竞争对绿色经济增长的影响程度呈现东部最高、西部次之、中部最低的特征；在经济竞争、生态竞争和服务竞争的综合作用下，呈现出综合竞争对绿色经济增长的影响程度东部最高、西部次之、中部最低的特征。

其次，从宏观政策来看，中国采取了渐进式改革策略，从改革开放到西部大开发，以及中部崛起，中国宏观政策对地方政府竞争产生了异质性影响。只有在完全竞争的理想状态下，才存在均衡发展。作为发展中国家，中国各区域不具备均衡发展的条件，不可能实现均衡发展。中国的改革开放是非均衡发展策略，非均衡发展战略是邓小平经济发展理论的重要组成部分，集中力量优先发展一批基础条件较好的地区，让一部分先发展起来的地区带动后发展地区，实现最终达到共同富裕的目标。改革开放从东部沿海向西部内陆“梯进式”推进，东部率先发展的策略助力东部地区在短时间内实现了跨越式发展。然而，伴随改革开放的不断深入，区域间发展差异的鸿沟逐渐扩大。为缩小区域发展差异，1999 年中共十四届五中全会通过的《中共中央关于国有企业改革和发展若干重大问题的决定》中明确提出要实施西部大开发战略，这一战略为西部地区加速推进经济增长、实现经济赶超带来信心。2006 年，中部崛起战略形成，提出使中部地区在发挥承东启西和产业发展优势中崛起。中国经济发展的策略从非均衡向均衡转化，受城乡二元结构的影响，随着工业化推进和城镇化水平提升，大量农业人口纷纷涌进城市，逐步转变为产业工人，呈现农业部门向工业部门源源不断输送劳动力的特征。从区域上看，表现出人口流动的“孔雀东南飞”特征。从经济竞争来看，地方政府在宏观政策的激励下，东部地区率先获得发展机遇，劳动、资本等生产要素迅速集聚，而西部和中部的发展相对滞后，地方政府在经济赶超的压力下，加速推进地方经济增长，经济竞争对绿色经济增长的影响程度呈现中部最高、西部次之、东部最低的特征；从生态竞争和服务竞争来看，脆弱的生态资源禀赋客观上要求西部地区必须完善生态环境相关基础设施建设，改善宜居环境。只有加强生态竞争和服务竞争，才能大力吸引人才，提升人力资本水平，生态竞争和服务竞争对绿色经济增长的影响程度呈现东部最高、西部次之、中部最低的特征；在经济竞争、生态竞争和服务竞争的综合作用下，地方政府的综合竞争对绿色经济增长的影响程度呈现东部最高、西部次之、中部最低的特征。

最后，从区域开放程度来看，不论是对外开放程度还是区际交流，东部地区都远远高于中西部地区，经济社会的交流紧密程度加速推进了东部地区的市场化发展，然而中西部地区的落后和闭塞进一步阻碍了开放水平和区际交流。共建“一带一路”倡议提出以来，西部地区的开放程度和区际交流进一步提升，经济社会发展才迈入快车道。从经济竞争来看，西部地区对外商直接投资的需求更加旺盛，在西部相对落后的地区增加投资带来的收益更大，因此经济竞争对绿色经济增长的影响程度中部最高、西部次之、东部最低；从生态竞争和服务竞争来看，东部地区更大水平的对外开放，进一步拉动了东部地区的快速发展；西部地区在共建“一带一路”倡议的带动下，地方政府的投资引导多偏向新能源和清洁生产领域，对太阳能光伏产业和风力发电等产业支持较大，同时禁止高污染、高能耗、高排放的“三高”项目批复，西部地区地方政府加大对基础教育、宜居环境的投资，最终地方政府生态竞争和服务竞争对绿色经济增长的影响程度呈现出东部最高、西部次之、中部最低的特征；结合以上分析，可得综合竞争对绿色经济增长的影响程度呈现东部最高、西部次之、中部最低的特征，假设 H9 被验证。

5.3.3 因变量异质性分析

基准回归模型考察了地方政府竞争对绿色经济增长的条件均值回归，仅分析了各维度地方政府竞争对绿色经济增长的平均影响，无法反映地方政府竞争对不同水平下绿色经济增长影响的全貌。关于这一问题，Koenker 和 Bassett（1978）最早提出分位数回归的方法。因此，借鉴其研究思路，本研究对地方政府竞争与绿色经济增长关系进行分位数回归，在作为基准回归参照的同时，深入研究地方政府竞争对绿色经济增长的影响。

1. 分位数回归模型构建

分位数回归是指在被解释变量的不同分位点上，核心解释变量对被解释变量的影响分析。传统的均值回归只会得出一条均值回归线，而通过分位数回归模型，则能够构建出多个分位点上的曲线，以得出更为丰富的变量之间的信息。本书分析的地方政府竞争涉及 272 个地级市，各维度地方政府竞争差异明显，因此，为更全面反映各维度地方政府竞争对绿色经济增长的影响，本书采用分位数回归对地方政府竞争影响绿色经济增长的机理进行经验数据验证。

分位数回归的基本原理是随机变量的条件分布，假设随机变量 Y 的条件分布为 $F(Y \leqslant y_\theta)$ ，并且 $0 < \theta < 1$，这说明分位数 y_θ 把随机变量 Y 的条件分布分成两部分，小于分位数 y_θ 的部分占比是 θ ，而大于分位数 y_θ 的部分占比是 $(1 - \theta)$。如果分位数 y_θ 与随机变量 X 之间存在线性关系，即 $y_\theta = \beta_\theta \cdot X + \mu_\theta$ ，那么随机变量 X 与随机变量 Y 之间的关系可以表述为 $Y = \beta_\theta \cdot X + \varepsilon_\theta$ ，此时，随机变量 Y 就是随机变量 X 的分位数回归函数。

一旦给定了分位点 θ ，回归系数 β_θ 的估计值应该满足下面目标函数的最小值：

$$Q(\beta_\theta) = \sum_{i:\ y_i \geqslant x_i' \cdot \beta_\theta} \theta \left| y_i - x_i' \cdot \beta_\theta \right| + \sum_{i:\ y_i < x_i' \cdot \beta_\theta} (1 - \theta) \left| y_i - x_i' \cdot \beta_\theta \right| \tag{5-3}$$

所以，对于不同的分位点 θ ，可以得到不同的回归曲线，随着分位点 θ 的变化，就可以得到随机变量 Y 的条件分布的所有曲线，因此，分位数回归能全面反映变量之间的关系。

2. 分位数回归结果分析

本研究将通过分位数回归模型，对两者之间的关系作进一步验证，从而确保地方政府竞争对不同水平下绿色经济增长的影响。借鉴已有的相关研究（徐建中和王曼曼，2018），本研究选取具有代表性的四个分位点 25%、50%、75%和 90%进行回归分析，回归结果见表 5-8 和表 5-9。

表 5-8　　地方政府综合竞争和经济竞争的分位数回归结果

Variable	25%	50%	75%	90%	25%	50%	75%	90%
	GTFP	*GTFP*	*GTFP*	*GTFP*	*GTFP*	*GTFP*	*GTFP*	*GTFP*
Comp	0. 151***	0. 137***	0. 077	0. 123	—	—	—	—
	(0. 043)	(0. 031)	(0. 055)	(0. 161)	—	—	—	—
*Comp*1	—	—	—	—	0. 023***	0. 018***	-0. 019**	-0. 072***
	—	—	—	—	(0. 006)	(0. 004)	(0. 008)	(0. 022)
控制变量	是	是	是	是	是	是	是	是
N.	4352	4352	4352	4352	4352	4352	4352	4352

注：圆括号内是标准误差；*** $p<0.01$，** $p<0.05$，* $p<0.1$。

表 5-9　　地方政府生态竞争和服务竞争的分位数回归结果

Variable	25%	50%	75%	90%	25%	50%	75%	90%
	GTFP	*GTFP*	*GTFP*	*GTFP*	*GTFP*	*GTFP*	*GTFP*	*GTFP*
*Comp*2	-0. 005	-0. 002	0. 020**	0. 059**	—	—	—	—
	(0. 007)	(0. 005)	(0. 009)	(0. 024)	—	—	—	—
*Comp*3	—	—	—	—	-0. 005	0. 004	0. 037**	0. 075*
	—	—	—	—	(0. 013)	(0. 009)	(0. 016)	(0. 045)
控制变量	是	是	是	是	是	是	是	是
N.	4352	4352	4352	4352	4352	4352	4352	4352

注：圆括号内是标准误差；*** $p<0.01$，** $p<0.05$，* $p<0.1$。

从地方政府综合竞争的分位数回归结果可知，在25%分位点上时，地方政府综合竞争对绿色经济增长的边际影响为0.151；在50%分位点上时，地方政府综合竞争对绿色经济增长的边际影响为0.137；在75%分位点上时，地方政府综合竞争对绿色经济增长的边际影响为0.077；在90%分位点上时，地方政府综合竞争对绿色经济增长的边际影响为0.123。整体来看，在不同的分位数下，地方政府综合竞争对绿色经济增长的影响呈现出先减后增的“V”型特征。在绿色经济增长水平越高的时候，对地方政府综合竞争的要求也进一步提高。在经济发展初期，“为增长竞争”的治理模式开始逐步被“为和谐竞争”的方式所取代。综合竞争越强，地区的经济得到发展，生态环境和公共服务水平得到改善，科技水平和创新能力不断提升，进而有利于绿色经济增长。

从经济竞争的分位数回归结果可知，随着绿色经济增长水平的不断提高，地方政府的经济竞争对绿色经济增长的影响由正转负。在25%分位点上时，地方政府经济竞争对绿色经济增长的边际影响为0.023；在50%分位点上时，地方政府经济竞争对绿色经济增长的边际影响为0.018；在75%与90%分位点上时，地方政府经济竞争对绿色经济增长的边际影响只有-0.019和-0.072，地方政府经济竞争对绿色经济增长的抑制作用愈加明显。经济竞争的分位数回归说明了在不同的绿色经济增长水平上，地方政府经济竞争对绿色经济增长的影响具有明显差异，当绿色经济增长水平较低时，地方政府经济竞争促进了绿色经济增长；绿色经济增长水平达到一定阈值时，地方政府经济竞争对绿色经济增长的影响将主要呈现抑制作用。

从生态竞争的分位数回归结果可知，在25%分位点上时，地方政府生态竞争对绿色经济增长的影响为负且不显著；在50%分位点上时，地方政府生态竞争对绿色经济增长的影响为负且不显著；在75%分位点上时，地方政府生态竞争对绿色经济增长的边际影响为0.020；在90%分位点上时，地方政府生态竞争对绿色经济增长的边际影响提高到0.059。这说明绿色经济增长水平越高的情况下，生态经济对其的促进作用也就越强，反之，在绿色经济增长水平越低的情况下生态经济对其的控制作用也就越强。而伴随经济社会发展，中央政府开始对绿色和环保产生更高的要求，在生态竞争视角下，“向上竞争”

的环境规制将提高资源利用效率，减少污染排放，对区域经济绿色增长水平产生积极影响。因而，为获得更高的绩效评价，地方政府将经济发展和环境保护纳入统一考核体系，各地区对生态环境的重视程度提高。而在绿色经济增长水平较高的地区，其本身具有一定的绿色发展基础。该地方政府也更能通过生态经济竞争鼓励低能耗和高科技产业投资，改善地区的生产技术，形成绿色生产和消费的闭环体系，从而对地区的绿色发展产生正向的促进作用。

从地方政府服务竞争的分位数回归结果可知，不同绿色经济增长水平下，地方政府服务竞争对绿色经济增长的改善程度不同，随着分位点的上升，服务竞争对绿色经济增长的边际效应由小变大，且呈现出逐渐强化的趋势，这进一步表明地方政府基本公共服务建设的有益性。因此，在“用脚投票”作用机制下，做好公共服务已成为地方政府大力吸引流动性生产要素的重要因素。但是绿色经济增长水平低的情况下，地方的公共服务投入所产生的效果较差，因而难以形成对地区绿色经济增长的有效促进，此时需要不断加大对地方的公共服务的投资，弥补公共服务的短板，充分为绿色经济增长赋能。服务竞争只有达到一定水平时，才能有效地吸纳人口、技术、科技、资金等要素进入，进而提升区域生产效率，提升人力资本水平，促进技术创新，从而促进区域绿色经济增长。此外，一旦地方的绿色经济增长达到一定的水平，那么继续加强对其公共服务领域的投入，服务竞争的边际产出将会持续上升。

5.4　地方政府竞争影响绿色经济增长的稳健性检验

地方政府竞争对绿色经济增长的回归结果是否可靠，需要进行稳健性分析。本研究采用更换被解释变量测度方法、剔除特殊样本等方法对稳健性进行检验。

5.4.1　更换被解释变量测度方法

参考 Su 等（2021）的做法，先更换被解释变量的测度方法，用 DDF-GML 模型测算绿色经济增长，然后进行实证检验。检验结果如表 5-10 第

(1) 至第 (4) 列所示，综合竞争、生态竞争和服务竞争对绿色经济增长仍然表现出显著的促进作用，经济竞争对绿色经济增长仍然表示出显著的抑制作用，并且以上结果均通过了1%水平的显著性检验。

该稳健性检验一方面说明本研究中绿色经济增长的测度方法本身具有科学合理性，另一方面验证了多维地方政府竞争对绿色经济增长影响的逻辑分析的可靠性。

表 5-10　　地方政府竞争影响绿色经济增长基准回归的稳健性检验结果

Variable	(1)	(2)	(3)	(4)	(5)	(6)	(7)	(8)
	DDF	*DDF*	*DDF*	*DDF*	*GTFP*	*GTFP*	*GTFP*	*GTFP*
L. VAR	-0. 124***	-0. 126***	-0. 118***	-0. 122***	-0. 085***	-0. 087***	-0. 087***	-0. 088***
	(0. 003)	(0. 003)	(0. 006)	(0. 006)	(0. 003)	(0. 002)	(0. 002)	(0. 002)
Comp	0. 075***	—	—	—	0. 184***	—	—	—
	(0. 008)	—	—	—	(0. 022)	—	—	—
*Comp*1	—	-0. 005***	—	—	—	-0. 015***	—	—
	—	(0. 001)	—	—	—	(0. 003)	—	—
*Comp*2	—	—	0. 017***	—	—	—	0. 033***	—
	—	—	(0. 002)	—	—	—	(0. 003)	—
*Comp*3	—	—	—	0. 025***	—	—	—	0. 041***
	—	—	—	(0. 002)	—	—	—	(0. 004)
控制变量	是	是	是	是	是	是	是	是
Constant	1. 350***	1. 194***	1. 299***	1. 369***	1. 440***	1. 018***	1. 303***	1. 350***
	(0. 024)	(0. 011)	(0. 018)	(0. 019)	(0. 062)	(0. 029)	(0. 044)	(0. 034)
AR (2)	-1. 34	-1. 29	-1. 21	-1. 27	-0. 26	-0. 23	-0. 27	-0. 30
	[0. 181]	[0. 197]	[0. 224]	[0. 203]	[0. 796]	[0. 816]	[0. 790]	[0. 760]
Hansen test	266. 99	267. 40	265. 09	267. 54	257. 82	262. 74	266. 72	266. 53
	[0. 999]	[0. 988]	[0. 999]	[0. 999]	[1. 000]	[1. 000]	[0. 999]	[0. 999]
Obs.	4080	4080	4080	4080	3808	3808	3808	3808
N.	272	272	272	272	272	272	272	272

注：圆括号内是标准误差，方括号内是 p 值；*** p<0. 01，** p<0. 05，* p<0. 1。

5.4.2　剔除特殊样本

2008年，美国金融危机引起全球范围内经济衰退，中国多地FDI和国际贸易受到影响。借鉴李永友等（2021）的研究方法，对2008年特殊样本进行剔除，然后进行稳健性检验，检验结果如表5-10第（5）至第（8）列所示。在剔除2008年这一特殊年份后，综合竞争、生态竞争和服务竞争对绿色经济增长表现出显著的促进作用，经济竞争对绿色经济增长仍然表示出显著的抑制作用，并且以上结果均在1%水平上显著。

这说明在2008年美国金融危机的冲击下，多维地方政府竞争对绿色经济增长的基本影响关系并未受到强烈影响，即在复杂多变的国际环境下，多维地方政府竞争对绿色经济增长的影响是稳健的。由此可以推断，在当前国际关系复杂多变的严重冲击下，中国地方政府之间的多维竞争将继续发挥其作用，从而对中国未来绿色经济增长产生稳定的影响。此稳健性结果也为地方政府如何优化竞争行为提供了思路，这同样反映了国家积极推进构建新发展格局的必要性。

5.4.3　剔除异常值

测量数据在其采集与传输过程中，由于环境干扰或人为因素有可能造成个别数据不切合实际或丢失，这种数据称为异常值。无论是人工观测的数据还是由数据采集系统获取的数据，都不可避免叠加上“噪声”干扰，为了提高数据的质量，必须对数据进行一定处理。因而，为了恢复数据的客观真实性以便将来得到更为稳健的分析结果，有必要对原始数据进行处理，剔除异常值。本研究通过对所估计变量进行前后各1%的缩尾处理，以剔除异常值的影响（见表5-11）。表5-11揭示在进行剔除异常值后，多维地方政府竞争各变量的方向性和显著性与基准回归结果并无明显差异，因此，验证了结果的稳健性。

表 5-11　　剔除异常值稳健性检验结果

Variable	(1)	(2)	(3)	(4)
	GTFP	*GTFP*	*GTFP*	*GTFP*
L. GTFP	-0.001	-0.003	-0.015***	-0.015***
	(0.004)	(0.005)	(0.005)	(0.004)
Comp	0.139***	—	—	—
	(0.018)	—	—	—
*Comp*1	—	-0.007***	—	—
	—	(0.002)	—	—
*Comp*2	—	—	0.024***	—
	—	—	(0.002)	—
*Comp*3	—	—	—	0.015***
	—	—	—	(0.003)
控制变量	是	是	是	是
Constant	1.231***	1.012***	1.119***	1.147***
	(0.045)	(0.024)	(0.028)	(0.027)
AR (2)	0.47	0.37	0.21	0.16
	[0.640]	[0.709]	[0.837]	[0.871]
Hansen test	265.26	266.76	267.76	264.41
	[1.000]	[0.991]	[0.999]	[1.000]
Obs.	3868	3862	3867	3873
N.	272	272	272	272

注：圆括号内是标准误差，方括号内是 p 值；*** $p<0.01$，** $p<0.05$，* $p<0.1$。

5.5 地方政府竞争影响绿色经济增长的机理检验

前文已经证明，多维地方政府竞争对绿色经济增长有显著影响，因此，本节从经济集聚、技术创新和产业升级的视角分析多维地方政府竞争对绿色经济增长的影响机理。本节继续利用 SYS-GMM 模型对上述效应进行回归，以考察经济集聚、技术创新和产业升级的作用机理。

5.5.1 经济集聚的作用机理检验

从检验结果来看，表 5-12 展示了多维地方政府竞争中综合竞争和经济竞争是否能通过经济集聚所产生的作用机理来影响绿色经济增长。

表 5-12 中第（1）列表示综合竞争对绿色经济增长的基准估计结果，综合竞争的估计系数为正，并且在 1%的水平上显著，表明综合竞争对绿色经济增长的提高具有显著促进作用。表 5-12 中第（2）列综合竞争的估计系数显著为负，并且在 1%的水平上显著，表明综合竞争对经济集聚存在显著抑制作用。因而，综合竞争能通过抑制经济集聚进而对绿色经济增长产生冲抵效应。表 5-12 中第（3）列表示经济竞争对绿色经济增长的基准估计结果，经济竞争的估计系数为负，并且在 1%的水平上显著，表明经济竞争对绿色经济增长的提高具有显著抑制作用。表 5-12 中第（4）列经济竞争的估计系数显著为正，并且在 1%的水平上显著，表明经济竞争对经济集聚存在显著促进作用。因而，经济竞争能通过促进经济集聚来抑制绿色经济增长。

表 5-12　经济集聚的作用机理结果（综合竞争和经济竞争）

Variable	(1)	(2)	(1)	(2)
	GTFP	*eaggl*	*GTFP*	*eaggl*
L. VAR	-0.117***	0.967***	-0.116***	0.960***
	(0.002)	(0.000)	(0.002)	(0.000)
Comp	0.242***	-0.071***	—	—
	(0.020)	(0.016)	—	—
*Comp*1	—	—	-0.012***	0.052***
	—	—	(0.002)	(0.002)
控制变量	是	是	是	是
Constant	1.817***	0.246***	1.257***	0.501***
	(0.045)	(0.032)	(0.009)	(0.015)

续表

Variable	(1)	(2)	(1)	(2)
	GTFP	*eaggl*	*GTFP*	*eaggl*
AR (2)	-0.67	-0.10	-0.59	-0.11
	[0.502]	[0.922]	[0.552]	[0.915]
Hansen test	26.64	269.89	268.70	269.66
	[1.000]	[1.000]	[1.000]	[1.000]
Obs.	4080	4080	4080	4080
N.	272	272	272	272

注：圆括号内是标准误差，方括号内是 *p* 值；*** $p<0.01$，** $p<0.05$，* $p<0.1$。

表 5-13 中第（1）列表示生态竞争对绿色经济增长的基准估计结果，生态竞争的估计系数大于 0，并且在 1%的置信水平上显著，表明生态竞争对绿色经济增长的提高具有显著促进作用。表 5-13 中第（2）列生态竞争的估计系数显著为负，并且在 1%的水平上显著，表明生态竞争对经济集聚存在显著抑制作用。因而，生态竞争能通过抑制经济集聚进而对绿色经济增长产生冲抵效应。表 5-13 第（3）列表示服务竞争对绿色经济增长的基准估计结果，服务竞争的估计系数为正，并且在 1%的水平上显著，表明服务竞争对绿色经济增长的提高具有显著促进作用。表 5-13 中第（4）列服务竞争的估计系数小于 0，并且在 1%的置信水平上显著，表明服务竞争对经济集聚存在显著抑制作用。

表 5-13　　经济集聚的作用机理结果（生态竞争和服务竞争）

Variable	(1)	(2)	(1)	(2)
	GTFP	*eaggl*	*GTFP*	*eaggl*
L. VAR	-0.114***	0.967***	-0.115***	0.963***
	(0.003)	(0.001)	(0.002)	(0.001)
Comp2	0.011***	-0.038***	—	—
	(0.002)	(0.002)	—	—
Comp3	—	—	0.062***	-0.087***

续表

Variable	(1)	(2)	(1)	(2)
	GTFP	*eaggl*	*GTFP*	*eaggl*
	—	—	(0.003)	(0.003)
控制变量	是	是	是	是
Constant	1.353***	0.154***	1.694***	-0.209***
	(0.026)	(0.023)	(0.027)	(0.023)
AR (2)	-0.59	-0.10	-0.66	-0.09
	[0.555]	[0.922]	[0.511]	[0.927]
Hansen test	264.59	269.88	266.27	267.06
	[1.000]	[1.000]	[1.000]	[1.000]
Obs.	4080	4080	4080	4080
N.	272	272	272	272

注：圆括号内是标准误差，方括号内是 p 值；*** $p<0.01$，** $p<0.05$，* $p<0.1$。

经济集聚的作用机理分析结果表明经济竞争通过促进经济集聚而增强了对绿色经济增长的抑制作用，综合竞争、生态竞争和服务竞争则通过限制经济集聚而抑制了对绿色经济增长的促进作用。

地方政府为追求经济增长，在投资、税收以及对外资的利用上都会采取相应的优惠措施。在经济增长目标的激励下地方政府的经济竞争，有利于产业集聚的提升。地方政府的生态竞争更多体现在环境规制上，工业经济集聚也可能存在污染排放的规模效应造成污染物排放增加而成为影响环境质量下降的主要原因（刘素霞等，2021），在生态竞争影响下，环境规制程度的提高，对企业来说，将提高生产成本，增加环境税负，抑制工业行业集聚。地方政府的服务竞争更多体现在公共基础设施建设和人才吸引等方面，服务竞争为产业集聚提供了公共基础和人才支撑，促进了新兴产业和第三产业发展，抑制了工业经济集聚。在经济竞争、生态竞争和服务竞争的综合作用下，地方政府的综合竞争对经济集聚表现出显著的抑制作用。

一般来说，经济集聚带来经济规模效应，一方面，经济集聚带来了规模经济效应，提升了企业利润率，有利于企业增加研发支出，推进技术创新；

另一方面，经济集聚带来外部规模经济，推进了技术创新的扩散效应，有利于推进整体技术水平提升，最终有利于绿色经济增长。然而，本研究发现经济集聚抑制了绿色经济增长。可能的原因有以下几点。第一，地方政府竞争容易形成地方保护，地方政府偏向补贴流动性要素，同时增加基本公共服务吸引投资，地方保护的经济集聚造成资源配置效率下降，同行业集聚过度产生集聚的拥挤效应，导致市场僵化、要素配置扭曲。并且工业集聚通常与污染集聚“荣辱与共”，两者相互促进，产生经济集聚可能抑制绿色经济增长的现实困境。第二，集聚有专业化集聚和多样化集聚之分，专业化集聚可能形成市场垄断，企业缺乏创新动力，导致技术水平进步缓慢。在专业化集聚较强时，导致产业链的前后项联系割裂，可能造成产能过剩，对绿色经济增长的影响产生阻碍作用。而多样化集聚也可能因为资源配置效率降低、技术创新缓慢而阻碍绿色经济增长。第三，经济集聚对绿色经济增长可能存在非线性关系。例如，资源型产业集聚与全要素生产率增长并非线性的关系，通常呈现出一种倒“U”型关系（孙慧和朱俏俏，2016），此外一旦产业集聚超过一定的限度，拥挤效应会超过集聚效应，从而抑制绿色经济增长，且研究表明产业集聚与绿色经济增长之间可能存在正“U”型关系（赵任洁，2019）。经济集聚对绿色经济增长的影响可能存在非线性关系，目前尚未体现出经济集聚对绿色经济增长的正向影响。

5.5.2 技术创新的作用机理检验

从检验结果来看，表 5-14 和表 5-15 说明技术创新是地方政府竞争对绿色经济增长影响的一个作用机理。

表 5-14 中第（1）列表示综合竞争对绿色经济增长的基准估计结果，综合竞争的估计系数为 0.242，并且在 1%的水平上显著，表明综合竞争显著促进了绿色经济增长。表 5-14 中第（2）列综合竞争的估计系数显著为 0.102，并且在 1%的水平上显著，表明综合竞争对技术创新存在显著促进作用。因而，综合竞争能通过显著促进技术创新来促进绿色经济增长。表 5-14 中第（3）列表示经济竞争对绿色经济增长的基准估计结果，经济竞争的估计系数

为-0.012，并且在1%的水平上显著，表明经济竞争对绿色经济增长的提高具有显著抑制作用。表5-14中第（4）列经济竞争的估计系数为0.028，并且在1%的置信水平上显著，表明经济竞争显著促进了技术创新。然而，在经济竞争的背景下，虽然其会促进绿色经济增长，但是技术创新以服务于扩大生产规模和扩大产能为主，以此来增加经济产出，而此类技术创新往往会忽视环境成本，进而对绿色经济增长产生抑制作用。

表5-14　　技术创新的作用机理结果（综合竞争和经济竞争）

Variable	(1)	(2)	(1)	(2)
	GTFP	*patent*	*GTFP*	*patent*
L. VAR	-0.117***	0.981***	-0.116***	0.990***
	(0.002)	(0.001)	(0.002)	(0.001)
Comp	0.242***	0.102***	—	—
	(0.020)	(0.018)	—	—
*Comp*1	—	—	-0.012***	0.028***
	—	—	(0.002)	(0.001)
控制变量	是	是	是	是
Constant	1.817***	-0.056*	1.257***	-0.129***
	(0.045)	(0.032)	(0.009)	(0.017)
AR（2）	-0.67	0.95	-0.59	0.96
	[0.502]	[0.342]	[0.552]	[0.339]
Hansen test	264.6	271.55	268.70	271.22
	[1.000]	[1.000]	[1.000]	[0.987]
Obs.	4080	4080	4080	4080
N.	272	272	272	272

注：圆括号内是标准误差，方括号内是 p 值；*** $p<0.01$，** $p<0.05$，* $p<0.1$。

表5-15中第（1）列表示生态竞争对绿色经济增长的基准估计结果，生态竞争的估计系数为0.011，并且在1%的置信水平上显著，表明生态竞争对绿色经济增长的提高具有显著促进作用。表5-15中第（2）列生态竞争的估计系数为0.018，并且通过1%水平的显著性检验，表明生态竞争对技术创新

存在显著促进作用。因而，生态竞争能通过显著促进技术创新来促进绿色经济增长。表 5-15 中第（3）列表示服务竞争对绿色经济增长的基准估计结果，服务竞争的估计系数为 0.062，并且在 1%的置信水平上显著，表明服务竞争对绿色经济增长的提高具有显著促进作用。表 5-15 中第（4）列服务竞争的估计系数为 0.029，并且在 1%的水平上显著，表明服务竞争对技术创新存在显著促进作用。因而，服务竞争能通过显著促进技术创新来促进绿色经济增长。

表 5-15　　技术创新的作用机理结果（生态竞争和服务竞争）

Variable	(1)	(2)	(1)	(2)
	GTFP	*patent*	*GTFP*	*patent*
L. VAR	-0.114^{***}	0.982^{***}	-0.115^{***}	0.981^{***}
	(0.003)	(0.001)	(0.002)	(0.001)
Comp2	0.011^{***}	0.018^{***}	—	—
	(0.002)	(0.002)	—	—
Comp3	—	—	0.062^{***}	0.029^{***}
	—	—	(0.003)	(0.005)
控制变量	是	是	是	是
Constant	1.353^{***}	-0.134^{***}	1.694^{***}	-0.092^{***}
	(0.026)	(0.021)	(0.027)	(0.029)
AR (2)	-0.59	0.59	-0.66	0.59
	[0.555]	[0.342]	[0.511]	[0.342]
Hansen test	264.59	271.10	266.27	271.24
	[1.000]	[1.000]	[1.000]	[1.000]
Obs.	4080	4080	4080	4080
N.	272	272	272	272

注：圆括号内是标准误差，方括号内是 p 值；*** $p<0.01$，** $p<0.05$，* $p<0.1$。

技术创新的作用机理结果表明，多维度的地方政府竞争对技术创新均存在显著的促进作用，进而显著影响绿色经济增长。多维地方政府竞争加速了物质资本、人力资本等生产要素在各地区之间的流动，而要素的有序流动和聚集则能够在一定程度上对技术创新产生促进作用。各地方政府间经济竞争通常会加大财政支出偏向和招商引资力度。其中地方政府对企业技术创新的补贴政策是地方政府吸引企业落户的一种重要工具，这种政策一方面能够增强本地区的经济竞争能力，另一方面可以加速本地区技术创新水平的提升。对外商直接投资的吸引，则通过外资企业带来的技术溢出效应促进本地区企业加强学习、模仿，进而提高企业管理能力和技术水平，促进技术创新。而地方政府间的生态竞争则是以绿化环境改善和环境规制为主要抓手。环境绿化改善了企业营商环境，为人才集聚创造了良好的宜居环境，有利于技术人才集聚。另外，环境规制在短期内可能因增加企业成本而挤占企业研发费用，但是长期内会因波特效应而激励企业加大研发力度，推动企业技术进步。而从实证结果上看，地方政府生态竞争能够激发企业研发动力，促进技术创新，说明环境规制的短期技术抑制作用较小，主要呈现了技术创新的波特效应。地方政府间服务竞争是一种地区软实力的竞争，主要体现在基础设施建设方面和公共服务供给方面。一方面，良好的基础设施建设能够改善营商环境，促进本地区对各种要素形成聚集效应，激发企业创新潜力；另一方面，服务竞争的关键就是对人才的争夺，人力资本是知识和技术的重要载体，人力资本水平的提升将促进本地区的技术创新，从而对绿色经济增长具有正向影响。

尽管有研究发现技术创新对绿色经济增长可能存在能源回弹效应（杨莉莉和邵帅，2015），进而短期内可能抑制绿色经济增长，并且有研究发现技术创新对绿色经济增长可能存在“U”型关系，即在技术创新初始阶段，技术创新对绿色经济存在抑制效应，而随着技术创新持续增强，且越过阈值后，技术创新将促进绿色经济增长。例如，在经济竞争的背景下，技术创新可能主要以盲目扩大生产规模和扩大产能为主，以此增加经济产出和产值，而此类技术创新往往会忽视环境成本，进而对绿色经济增长产生抑制作用。此外，对于综合竞争、服务竞争和生态竞争而言，技术创新加速了各地区经济增长方式的转变。研发创新和技术进步是助力本地区绿色经济增长的关键动力，绿色经济增长的核心就是依赖于技术创新对传统制造业的改造，从而加速其向集约型增长方式进行转变，进而采取创新驱动发展战略打造本地区的绿色经济增长点。技术创新是提升能源效率的主要原因，也是实现绿色经济增长的关键动力。持续引导企业走绿色发展之路，帮助其建设能耗少、污染低、生产过程绿色化的生产线，提升企业绿色竞争力，促进本地区的绿色经济增长。在国家大力实施创新驱动发展战略的时代背景下，各微观企业都在积极响应国家战略，希望通过技术创新增强企业竞争力，抢占市场份额。而微观企业普遍的技术创新则加速了绿色技术的迭代和升级。企业在各种地方政府主导的政策引导下积极进行技术改造和转型，特别是随着地方政府间生态竞争的加剧，高耗能企业的环境成本的大幅上升倒逼其通过技术创新，进行绿色转型，进而促进地区的绿色经济增长。最后，创新驱动发展战略和生态文明建设战略的实施要求地方政府必须因地制宜地打造技术含量高、污染排放少的新型特色产业，最终实现地区经济的绿色增长。

5.5.3 产业升级的作用机理检验

从检验结果来看，表 5-16 和表 5-17 说明产业升级是地方政府竞争对绿色经济增长影响的一个作用机理。

表 5-16 中第（1）列表示综合竞争对绿色经济增长的基准估计结果，综合竞争的估计系数为正，并且在 1%的水平上显著，表明综合竞争对绿色经济增长的提高具有显著促进作用。表 5-16 中第（2）列综合竞争的估计系数显著为正，并且在 5%的水平上显著，表明综合竞争对产业升级存在显著促进作用。因此，综合竞争能通过显著促进产业升级来促进绿色经济增长。表 5-16 中第（3）列表示经济竞争对绿色经济增长的基准估计结果，经济竞争的估计系数为负，并且在 1%的水平上显著，表明经济竞争对绿色经济增长的提高具有显著抑制作用。表 5-16 中第（4）列经济竞争的估计系数显著为负，并且在 5%的水平上显著，表明经济竞争显著抑制了产业升级。因此，经济竞争能通过显著抑制产业升级来抑制绿色经济增长。

表 5-16 产业升级的作用机理结果（综合竞争和经济竞争）

Variable	(1)	(2)	(1)	(2)
	GTFP	*indup*	*GTFP*	*indup*
L. VAR	-0.117***	0.621***	-0.116***	0.675***
	(0.002)	(0.144)	(0.002)	(0.141)
L2. VAR	—	-0.273**	—	0.294**
	—	(0.130)	—	(0.133)
Comp	0.242***	0.238**	—	—
	(0.020)	(0.105)	—	—
*Comp*1	—	—	-0.012***	-0.026**
	—	—	(0.002)	(0.011)
控制变量	是	是	是	是
Constant	1.817***	0.454	1.257***	-0.557***
	(0.045)	(0.305)	(0.009)	(0.124)
AR (2)	-0.67	0.70	-0.59	0.66
	[0.502]	[0.485]	[0.552]	[0.512]
Hansen test	266.64	268.24	268.70	268.32
	[1.000]	[1.000]	[1.000]	[1.000]
Obs.	4080	3808	4080	3808
N.	272	272	272	272

注：圆括号内是标准误差，方括号内是 p 值；*** $p<0.01$，** $p<0.05$，* $p<0.1$。

表 5-17 中第（1）列生态竞争的估计系数显著为正，并且在 1%的水平上显著，表明地方政府竞争显著抑制了绿色经济增长。表 5-17 中第（2）列表示生态竞争对绿色经济增长的基准估计结果，生态竞争的估计系数显著为正，并且在 1%的置信水平上显著，表明生态竞争对产业升级具有显著促进作用。因而，生态竞争能通过显著促进产业升级来促进绿色经济增长。表 5-17 中第（3）列表示服务竞争对绿色经济增长的基准估计结果，服务竞争的估计系数显著为正，并且在 1%的置信水平上显著，表明服务竞争对绿色经济增长的提高具有显著促进作用。表 5-17 中第（4）列服务竞争的估计系数显著为正，并且在 1%的水平上显著，表明服务竞争对产业升级存

在显著促进作用。因而，服务竞争能通过显著促进产业升级来促进绿色经济增长。

表 5-17　　产业升级的作用机理结果（生态竞争和服务竞争）

Variable	(1)	(2)	(1)	(2)
	GTFP	*indup*	*GTFP*	*indup*
L. VAR	−0.114***	0.672***	−0.115***	0.674***
	(0.003)	(0.139)	(0.002)	(0.140)
L2. VAR	—	0.284**	—	0.292**
	—	(0.132)	—	(0.132)
Comp2	0.011***	0.034***	—	—
	(0.002)	(0.008)	—	—
Comp3	—	—	0.062***	0.052***
	—	—	(0.003)	(0.019)
控制变量	是	是	是	是
Constant	1.353***	−0.199*	1.694***	−0.114
	(0.026)	(0.114)	(0.027)	(0.153)
AR（2）	−0.59	0.73	−0.66	0.69
	[0.555]	[0.465]	[0.511]	[0.489]
Hansen test	264.59	265.65	266.27	268.63
	[1.000]	[0.999]	[1.000]	[0.986]
Obs.	4080	3808	4080	3808
N.	272	272	272	272

注：圆括号内是标准误差，方括号内是 p 值；*** $p<0.01$，** $p<0.05$，* $p<0.1$。

以产业升级作为作用机理的结果表明，尽管经济竞争对产业升级具有抑制作用，但是生态竞争、服务竞争和综合竞争都正向促进了产业升级，而且产业升级正向促进了绿色经济增长。地区产业升级依赖于关键生产要素的投入，政府竞争是影响产业结构调整的重要因素。政府投入能对市场机理起到干预补充作用，对产业升级具有重要影响。然而，政府投入的支出偏向不同对产业升级也产生了不同影响，科学、教育、文化和卫生支出的竞争有利于产业结构升级，经济建设支出的竞争会阻碍产业升级。而生态竞争和服务竞争主要是地方政府为了在环境和公共服务方面拥有竞争优势，而作出的对生态环境保护以及基础设施建设等方面的努力，为产业发展带来良好的营商环境，从而有利于产业升级。在经济竞争、生态竞争和服务竞争的综合作用下，综合竞争表现出了产业升级的正向作用。

此外，绿色经济增长与产业结构息息相关，产业结构状态的优化可以大大促进地区经济的绿色发展。从产业结构升级来看，按照产业演进规律，第二产业逐渐向第三产业演进，在产业演进过程中，各产业内部的结构也在不断优化升级，各类生产要素逐渐转向高附加值行业。产业演进的过程也是产业升级的过程，资源型产业和高能耗行业将提升集约生产效率，促进节能减排，有利于推进环境治理和生态保护。产业演进催生大批新兴产业，吸引劳动力资源向新兴产业集聚，不但能够提升人力资本水平，还将提升居民收入水平。尽管产业政策对绿色经济增长的影响具有滞后性，但是地方政府竞争能促进产业政策出台，加大对绿色经济增长的影响。例如，产业结构对环境质量的提升具有重要的促进作用，调整产业结构是降低环境非期望产出的关键。因而，在地方政府综合竞争的影响下，产业升级最终促进了绿色经济增长。

综合以上分析，地方政府竞争对绿色经济增长的影响机理进行了验证，假说 H5—H7 被验证。

5.6 本章小结

在有为政府和有效市场的激励下，多维地方政府竞争对绿色经济增长具有显著的影响。首先，在选取绿色经济增长、多维地方政府竞争和一系列控制变量作为考察变量的基础上，本章构建了系统 GMM 模型考察多维地方政府竞争对绿色经济增长的影响。其次，本章实证检验了多维地方政府竞争对绿色经济增长的时间异质性和区域异质性影响，以及多维地方政府竞争对不同分位下绿色经济增长水平的异质性影响。再次，本章对多维地方政府竞争对绿色经济增长的影响进行了稳健性分析。最后，本章从经济集聚、技术创新和产业升级的视角考察了多维地方政府竞争对绿色经济增长的作用机理。

研究结果表明，第一，地方政府经济竞争显著抑制了绿色经济增长，地方政府的综合竞争、生态竞争和服务竞争显著促进了绿色经济增长，验证了地方政府竞争影响绿色经济增长的基本逻辑。第二，多维地方政府竞争对绿色经济增长产生显著的时间异质性、空间异质性和因变量异质性影响。第三，通过更换被解释变量测度方法和剔除特殊样本等方法对多维地方政府竞争影响绿色经济增长的基准回归结果进行了稳健性检验，结果表明回归结果可靠。第四，多维地方政府竞争能通过经济集聚、技术创新和产业升级所产生的作用机理来影响绿色经济增长。

6 地方政府竞争影响绿色经济增长的非线性和动态检验

第5章分析结果表明不同维度的地方政府竞争显著影响了绿色经济增长，地方政府竞争是影响绿色经济增长的重要力量。然而，基于线性关系的检验可能存在较大局限性，并且基于时间和区域的异质性分析表明各维度地方政府竞争对经济绿色发展的影响并不是一成不变的，而是具有显著的差异性，这也意味着地方竞争和绿色发展之间可能存在非线性的关系。为探究地方政府竞争对绿色经济增长是否存在非线性关系，本章将通过构建动态门槛模型，检验地方政府竞争对绿色经济增长影响的门槛效应，试图探究地方政府的最优竞争区间，以期为地方政府的适度竞争提供借鉴方案。此外，当前实现经济绿色增长是环境系统的一项重要工作。地方政府行为最具代表性的政府竞争也被视为实现这一目标的重要工具，因而重点分析不同维度的地方政府竞争与绿色经济增长内部动态机理，对政策制定和实施具有重要意义。经过前文的分析，可以得知不同维度的地方政府竞争能够对绿色经济增长呈现出显著的影响，但这只是一种长期的静态分析，根据传统经济理论对地方政府竞争和绿色经济增长的分析框架可知还需要进行“冲击—传导”的动态分析，才能较为全面地理解不同维度的地方政府竞争对绿色经济增长的影响。因此，应用PVAR模型，进一步分析多维地方政府竞争能够对绿色经济增长产生的动态效应。

6.1 地方政府竞争对绿色经济增长影响的非线性效应

6.1.1 动态门槛模型构建

上文研究表明地方政府竞争显著影响了绿色经济增长，但不同维度地方政府竞争对绿色经济增长是否存在非线性的门槛特征？参考陈宇科等（2022）的研究，引入动态门槛模型。门槛模型最早由 Hansen（1999）提出。基于第5章基本回归模型，以各维度地方政府竞争为门槛变量，构建动态门槛模型：

$$GTFP_{it} = \alpha \cdot GTFP_{it-1} + \beta_0 + \beta_1 \cdot Comp_{it}[Comp \leqslant I(q)] + \beta_2 \cdot Comp_{it}[Comp > I(q)] + \beta_3 \cdot X_{it} + u_i + v_t + \varepsilon_{it} \quad (6\text{-}1)$$

其中，括号内的地方政府竞争 *Comp* 是门槛变量，$I(q)$ 是门槛值，$I(\cdot)$ 表示指标函数，X 是一系列控制变量，变量释义与第5章基本模型（5-1）中的变量释义相同。

6.1.2 动态门槛模型检验

运用 Stata17 软件对数据进行处理可以得到关于地方政府的综合竞争、经济竞争、生态竞争和服务竞争分别对绿色经济增长影响的门槛效应检验，检验结果如表6-1所示。结果表明在1%的显著性水平上，综合竞争、经济竞争、生态竞争和服务竞争均存在单一的门槛值。综合竞争对绿色经济增长的门槛值为-1.052，经济竞争对绿色经济增长的门槛值为-1.779，生态竞争对绿色经济增长的门槛值为-2.01，服务竞争对绿色经济增长的门槛值为-1.29。因此，各维度地方政府竞争对绿色经济增长具有显著的门槛效应，客观地反映了不同维度、不同程度的地方政府竞争水平对绿色经济增长影响的差异。

表 6-1　动态门槛模型自抽样检验结果

门槛变量	门槛值	*p* 值	Wald 统计量	95%置信区间
Comp	-1. 052	0. 000	9. 775***	[-1. 200, -0. 795]
*Comp*1	-1. 779	0. 000	2. 916***	[-2. 783, -1. 080]
*Comp*2	-2. 01	0. 000	0. 088***	[-2. 679, -0. 955]
*Comp*3	-1. 29	0. 000	1. 319***	[-2. 536, -0. 803]

6. 1. 3　动态门槛模型结果分析

表 6-2 和表 6-3 为地方政府的综合竞争、经济竞争、生态竞争和服务竞争对绿色经济增长分别关于自身门槛的估计结果。

1. 地方政府综合竞争门槛效应结果分析

由表 6-2 第（1）列可知，当地方政府综合竞争值低于或等于-1. 052 时，地方政府综合竞争的回归系数为 0. 440，说明当地方政府综合竞争水平较低时，地方政府综合竞争对绿色经济增长有显著的促进作用；当地方政府综合竞争值高于-1. 052 时，地方政府综合竞争的回归系数为 0. 472，表明地方政府综合竞争处于这一阶段时，地方政府综合竞争对绿色经济增长有显著的促进作用，且随着地方政府综合竞争不断加强，地方政府综合竞争对绿色经济增长的促进作用变大，这说明地方政府综合竞争对绿色经济增长具有明显的门槛效应；从整体来看，地方政府综合竞争对绿色经济增长有显著的促进作用。

地方政府综合竞争对绿色经济增长的影响可能存在“趋劣竞争”和“趋良竞争”两种作用机理：当地方政府经济竞争发挥主导作用时，地方政府综合竞争对绿色经济增长产生“趋劣竞争”，抑制绿色经济增长；而当地方政府生态竞争和服务竞争发挥主导作用时，地方政府综合竞争对绿色经济增长产生“趋良竞争”，促进绿色经济增长。当“趋良竞争”的作用大于“趋劣竞争”的作用时，地方政府综合竞争将促进绿色经济增长。本研究发现地方政府综合竞争对绿色经济增长呈现促进作用，说明地方政府综合竞争在对绿色经济增长产生影响的过程中主要发挥了“趋良竞争”作用，并且随着地方政府综合竞争水平的不断提高，地方政府综合竞争对绿色经济增长的促进作用加强。

这一结果也说明地方政府本身作为市场经济的重要参与主体，是市场配置资源的重要补充，尤其是伴随中国市场化水平不断提升，地方政府在市场经济中的指导地位越发重要，应加强地方政府的综合竞争。

表 6-2　　动态门槛模型回归结果（综合竞争和经济竞争）

变量	（1）*GTFP*	（2）*GTFP*
L. GTFP	-0.271***	-0.417***
	(0.015)	(0.112)
Comp（*Comp*≤-1.052）	0.440***	—
	(0.127)	—
Comp（*Comp*>-1.052）	0.472***	—
	(0.130)	—
*Comp*1（*Comp*1≤-1.779）	—	-0.215*
	—	(0.115)
*Comp*1（*Comp*1>-1.779）	—	-0.507***
	—	(0.169)
控制变量	是	是
常数项	0.039***	0.059***
	(0.003)	(0.014)
AR（2）	0.06	0.650
	[0.953]	[0.514]
Hansen test	223.85	57.50
	[0.162]	[0.100]
N.	3775	3775

注：圆括号内是标准误差，方括号内是 p 值；*** $p<0.01$，** $p<0.05$，* $p<0.1$。

2. 地方政府经济竞争门槛效应结果分析

由表 6-2 第（2）列可知，当地方政府经济竞争值低于或等于-1.779 时，地方政府经济竞争的回归系数为-0.215，说明当地方政府经济竞争水平较低时，地方政府经济竞争对绿色经济增长有显著的抑制作用；当地方政府经济竞争值高于-1.779时，地方政府经济竞争的回归系数为-0.507，表明地方政府经济竞争处于这一阶段时，地方政府经济竞争对绿色经济增长也有显著的抑制作用，且随着地方政府经济竞争不断加强，地方政府经济竞争对绿色经济增长的抑制性加强，这说明地方政府经济竞争对绿色经济增长具有明显的门槛效应；从整体看，地方政府经济竞争对绿色经济增长有显著的抑制作用。

地方政府为促进区域经济增长，通过设定经济增长目标增加经济压力，借助增长竞争、税收竞争、引资竞争和投资竞争等激励区域发展。地方政府竞争最突出的表现是对流动要素的争夺，为了实现区域经济高速发展，此时地方政府经济竞争存在“趋劣竞争”。“趋劣竞争”说明地方政府在通过竞争促进经济增长的过程中，地方政府为了尽可能地引进资金，会放松环境规制，从而在一定程度上使本地区成为“污染天堂”，抑制了区域绿色经济发展，随着地方政府经济竞争的水平不断提高，“趋劣竞争”的作用越来越显著，故随着地方政府经济竞争的水平达到一定门槛时，地方政府经济竞争对绿色经济发展的抑制力加大。事实上，中国长期以GDP为中心的局面很难在短期内改变，并且经济增长仍然是地方政府评估当前政治绩效的优先事项（Pu & Fu，2018），因此，优化地方政府的经济竞争是一项促进绿色经济增长的重要机理。

3. 地方政府生态竞争门槛效应结果分析

由表6-3第（1）列可知，当地方政府生态竞争值小于或等于-2.01时，地方政府生态竞争的回归系数为0.041，说明当地方政府生态竞争水平较低时，地方政府生态竞争对绿色经济增长有显著的促进作用；当地方政府生态竞争值大于-2.01时，地方政府生态竞争的回归系数为0.040，表明地方政府生态竞争处于这一阶段时，地方政府生态竞争对绿色经济增长有显著的促进作用，且随着地方政府生态竞争的提升，地方政府生态竞争对绿色经济增长的促进作用未发生显著变化，仅仅降低0.001的边际影响；从整体来看，地方政府生态竞争对绿色经济增长有显著的促进作用。

地方政府生态竞争的加强通过提高整体绿化水平、增加人均绿化面积、加大环境规制力度、提高污染物处理效率等方面进行竞争，该竞争属于“趋良竞争”。表明随着各地深入践行“两山”理论，地方政府逐渐加强环境保护为主题的竞争，不断加大环境规制力度，淘汰高消耗、高污染的落后产能，显著减少了污染排放；严格的环境规制有助于环境污染的外部效应的内部化，能够促进企业技术创新，使用更加清洁、环保的技术和设备，同时企业通过技术创新还可以实现利润的增加，实现全要素生产率的提高，促进绿色经济增长。

但是，随着生态竞争加强，经济资源向生态领域倾斜时，可能造成资源配置效率降低，一定程度上削弱地方政府生态竞争对绿色经济增长的促进作用。因此，地方政府在加强生态竞争的过程中，不宜完全抛弃经济增长的重要地位。地方政府的生态竞争与经济竞争和服务竞争是协调推进的，不能只单独发展一个维度的竞争，而忽略其他维度的竞争。

表 6-3　　　　动态门槛模型回归结果（生态竞争和服务竞争）

变量	（1）*GTFP*	（2）*GTFP*
L. GTFP	-0.106^{***}	-0.110^{***}
	(0.002)	(0.003)
*Comp*2（*Comp*2≤-2.01）	0.041^{***}	—
	(0.008)	—
*Comp*2（*Comp*2>-2.01）	0.040^{***}	—
	(0.010)	—
*Comp*3（*Comp*3≤-1.29）	—	0.209^{***}
	—	(0.015)
*Comp*3（*Comp*3>-1.29）	—	0.225^{***}
	—	(0.016)
控制变量	是	是
常数项	0.062^{***}	0.050^{***}
	(0.001)	(0.002)
AR（2）	-1.330	-1.570
	[0.185]	[0.116]
Hansen test	264.34	245.70
	[0.858]	[0.256]
N.	3775	3775

注：圆括号内是标准误差，方括号内是 p 值；*** $p<0.01$，** $p<0.05$，* $p<0.1$。

4. 地方政府服务竞争门槛效应结果分析

由表6-3第（2）列可知，当地方政府服务竞争值低于或等于-1.29时，地方政府服务竞争的回归系数为0.209，说明当地方政府服务竞争水平较低时，地方政府服务竞争对绿色经济增长有显著的促进作用；当地方政府服务竞争值高于-1.29时，地方政府服务竞争的回归系数为0.225，表明地方政府服务竞争处于这一阶段时，地方政府服务竞争对绿色经济增长有显著的促进作用，且随着地方政府服务竞争不断加强，地方政府服务竞争显著地促进了绿色经济增长，这说明地方政府服务竞争对绿色经济增长具有明显的门槛效应；从整体来看，地方政府服务竞争对绿色经济增长有显著的促进作用。

地方政府服务竞争的加强通过提升医疗服务水平、增加基础设施、增加公交车辆等基础服务手段提升地方公共服务能力。公共服务能力提升是优化营商环境的重要影响因素，地方政府积极优化营商环境，不但激发了企业家精神的卓越外溢效应，也可以带动地区经济活力，促进技术密集型和知识密集型产业发展。同时，高质量的公共服务也是吸引人力资源流入的重要手段，因此地方政府为吸引人才流入必须不断提升公共服务能力。随着地方政府服务竞争的水平不断提高，对人才的吸引力逐步加大，人才流入对于实现地方绿色经济增长具有显著的促进作用。一方面，人力资本是产业结构转型的重要保证，能够显著影响产业结构升级优化，实现企业向创新程度更高的产业转型，进而转变发展方式，提高绿色经济增长；另一方面，人力资本所带动的产业结构升级通常具有较高的生产效率，促进经济绿色增长。故随着服务竞争水平的不断增大，服务竞争对绿色经济增长具有显著的门槛效应，且随着服务竞争达到一定门槛值时，服务竞争对绿色经济增长的促进作用增加。

综上分析，地方政府各维度的竞争对绿色经济增长均呈现出显著的门槛效应，进一步表明地方政府竞争对绿色经济增长表现出非线性影响。地方政府经济竞争对绿色经济增长的抑制作用具有动态变化，当地方政府经济竞争高于门槛值的时候，地方政府经济竞争的“趋劣竞争”效应增强，地方政府经济竞争对绿色经济增长的抑制作用增强。地方政府生态竞争高于门槛值时，地方政府竞争对绿色经济增长依然具有正向促进作用，说明生态竞争整体上对绿色经济增长有促进作用，但是当生态竞争不断加强时，可能会因为资源配置效率的降低而一定程度上降低对绿色经济增长的影响。地方政府服务竞争高于门槛值时，地方政府服务竞争对绿色经济增长依然具有正向促进作用，表明地方政府提供良好的基本公共服务会进一步优化营商环境，有助于吸引人才，对绿色经济增长产生重要的影响。地方政府综合竞争高于门槛值时，地方政府综合竞争的“趋良竞争”效应加强，进一步提高了对绿色经济增长的促进作用。

6.1.4 动态门槛结果的进一步分析

为了进一步探析多维地方政府竞争强度的大小分布情况和时空演化规律，分别以多维地方政府竞争门槛值作为评判标准，进行划分研究，表 6-4 为中国 272 个地级市地方政府竞争水平超过门槛值的个数。

表 6-4　以门槛值为依据的地级市划分

地方政府竞争水平	地级市个数（2004 年）	地级市个数（2019 年）
$Comp<-1.052$	207	42
$Comp\geq-1.052$	65	230
$Comp1<-1.779$	126	138
$Comp1\geq-1.779$	146	134
$Comp2<-2.01$	169	9
$Comp2\geq-2.01$	103	263
$Comp3<-1.29$	259	169
$Comp3\geq-1.29$	13	103

由表 6-4 可知，地方政府综合竞争水平 2004 年超过门槛值-1.052 的有 65 个地级市，到 2019 年有 230 个地级市超过了门槛值，整体增加了 165 个地级市。表明从 2004 年到 2019 年地方政府综合竞争水平不断提高，地方政府之间的综合竞争呈现愈演愈烈的态势，即随着社会经济的不断发展，地方政

府竞争维度不断深化，与此同时地方政府之间的综合竞争程度不断深化，地方政府对资源重视的程度不断提高，地方政府面对考核压力时，通过不断提高经济竞争水平、生态竞争水平、服务竞争水平促进当地经济发展、生态文明建设，达到上级政府的考核要求。

由表 6-4 可知，地方政府经济竞争水平 2004 年超过门槛值-1.779 的有 146 个地级市，到 2019 年有 134 个地级市超过了门槛值，地方政府经济竞争水平超过门槛值的个数有所下降。随着各地深入践行“两山”理论，中央对地方政府考核机制的不断深化，地方政府竞争不再是单一的经济竞争，对于经济竞争的重视程度变得相对较弱，更加重视经济可持续发展与高质量发展。

由表 6-4 可知，地方政府生态竞争水平 2004 年超过门槛值-2.01 的有 103 个地级市，到 2019 年有 263 个地级市超过了门槛值，地方政府生态竞争水平超过门槛值的个数呈明显上升趋势。生态文明建设逐步成为地方政府发展的重要考核依据，由生态竞争水平的演化趋势可以验证地方政府对生态文明建设重视程度不断提高。

由表 6-4 可知，地方政府服务竞争水平 2004 年超过门槛值-1.29 的有 13 个地级市，到 2019 年有 103 个地级市超过了门槛值，地方政府服务竞争水平超过门槛值的个数呈明显上升趋势。地方政府服务竞争水平的提高表明地方政府对人才的重视程度不断提高，通过提高公共基础设施、人才政策福利等吸引人才流入。

综上分析，2019 年地方政府综合竞争和生态竞争水平跨越门槛值的地级市数量远超过未跨越门槛值的地级市数量；而经济竞争和服务竞争跨越门槛值的地级市数量少于未跨越门槛值的地级市数量，且相对持平。这说明，各地的经济竞争仍然较强，而服务竞争亟须加强，生态竞争整体来看符合绿色经济增长预期。因此，假说 H9 被验证。

因此，动态门槛模型结果表明，多维地方政府竞争对绿色经济增长的影响存在显著的非线性效应。

6.2 地方政府竞争对绿色经济增长影响的动态效应

6.2.1 PVAR 模型构建

本节构建 PVAR 模型，探讨不同维度下地方政府竞争与绿色经济增长是否具有动态相关关系，为后续相关政策的分析提供依据。

1. PVAR 模型的理论基础

由于 VAR 模型在应用过程中存在很大的局限性，其只有在变量数量较少的情况下，得到的结果才能真实可靠。而面板数据的优点是可以收集大量的样本观测值，因此解决 VAR 模型局限性的有效措施是将面板与 VAR 模型相结合，由此产生了面板向量自回归（PVAR）模型。Holtz-Eakin（1988）首次使用 PVAR 模型来分析面板数据内生变量之间的相互作用，PVAR 模型继承了 VAR 模型的优点，将研究变量视为内生变量，将每个内生变量作为系统中所有内生变量滞后值的函数，从而提供丰富的结构，捕捉更多的数据特征。此外，PVAR 模型允许数据中存在个体效应和异方差性。由于大量横截面数据的存在，PVAR 模型允许滞后系数随时变化，放宽了对数据时间平稳性的要求，即该模型不仅可以有效解决个体异质性问题，还可以充分考虑个体和时间效应。因此，PVAR 的一般模型可以表示为：

$$Y_{i,t} = \tau_i + \sum_{k=1}^{m} \boldsymbol{\Phi}_{l,k} Y_{i,t-k} + \sum_{k=1}^{m} \boldsymbol{\psi}_{l,j} X_{i,t-j} + \boldsymbol{\gamma}_i + \boldsymbol{\sigma}_t + \boldsymbol{\mu}_{i,t} \tag{6-2}$$

其中，$Y_{i,t}$ 是截面个体在时间点的可观测变量向量，$X_{i,t-j}$ 是可观察的确定性严格外生变量的向量，$\boldsymbol{\Phi}_{l,k}$ 和 $\boldsymbol{\psi}_{l,j}$ 是要估计的系数矩阵，$\boldsymbol{\gamma}_i$ 和 $\boldsymbol{\sigma}_t$ 是个体的不可观测个体和时间固定效应矩阵，$\boldsymbol{\mu}_{i,t}$ 是随机误差项。在实际应用中，滞后内生和外生变量的待估计系数矩阵往往是不随时间改变的。因此上述模型可以改写为：

$$Y_{i,t} = \tau_i + \sum_{k=1}^{m} \boldsymbol{\Phi}_k Y_{i,t-k} + \sum_{k=1}^{m} \boldsymbol{\psi}_j X_{i,t-j} + \boldsymbol{\gamma}_i + \boldsymbol{\sigma}_t + \boldsymbol{\mu}_{i,t} \tag{6-3}$$

2. PVAR 模型假设

假设 1：对于任意数量的个体 N 和周期长度 T, $Y_{1,t}$，$Y_{2,t}$，…，$Y_{N,T}$ 是一个可观察的变量。

假设 2：对于任何 $i=1$，…，N，$t=1$，…，T。$\mu_{i,t}$ 是一个独立同分布的随机变量，其随机误差项满足零期望。协方差矩阵为 $\boldsymbol{\Omega}$。

假设 3：当 $s<t$，$Y_{i,t}$，$X_{i,t}$ 和 $\boldsymbol{\gamma}_i$ 与随机误差项正交，即

$$E[Y_{i,s}]=E[X_{i,s}]=E[\boldsymbol{\gamma}_i]=0,\ (s<t) \tag{6-4}$$

根据以上假设，为下一步 PVAR 模型的系数、滞后期等参数的识别奠定了基础。

3. PVAR 模型识别

模型辨识是指对模型中的系数、滞后期等参数进行估计和判断。为了保证变量的平稳性，本研究对目标变量均进行一阶差分处理，式（6-3）经过一阶差分可得：

$$\Delta Y_{i,t}=\Delta\sum_{k=1}^{m}\boldsymbol{\Phi}_k Y_{i,t-k}+\Delta\sum_{k=1}^{m}\boldsymbol{\psi}_j X_{i,t-j}+\Delta\boldsymbol{\mu}_{i,t} \tag{6-5}$$

根据假设 3，我们知道当 $s<t-1$，其期望就变为：

$$E[\Delta Y_{i,s}]=E[\Delta X_{i,s}]=E[\boldsymbol{\gamma}_i]=0,\ (s<t-1) \tag{6-6}$$

假设 $Y_{i,t}^{j}$ 是经济变量向量 $Y_{i,t}$ 中的第 j 个变量。$Y_{i,t}$ 的一阶差分模型用一个向量表示：

$$\Delta Y_{i,t}^{j}=\sum_{k=1}^{m}\boldsymbol{\Phi}_k^{j}\Delta Y_{i,t-k}+\sum_{l=1}^{m}\boldsymbol{\psi}_j^{j}\Delta X_{i,t-l}+\boldsymbol{v}_{i,t}^{j} \tag{6-7}$$

其中，$\boldsymbol{v}_{i,t}^{j}$ 是内生变量 $Y_{i,t}^{j}$ 的单方程一阶差分模型的随机误差项。因此，从假设 3 的正交性条件来看，式（6-7）有一个工具变量向量。

$$\Delta\boldsymbol{Z}_{i,J}=[1,\ \Delta Y_{i,t-2}'+\Delta Y_{i,t-3}'\cdots\Delta X_{i,2}',\ \Delta X_{i,t-2}'+\Delta X_{i,t-3}'\cdots\Delta X_{i,2}'] \tag{6-8}$$

即式（6-7）中的工具变量个数为 $2t-3$。

4. PVAR 模型参数估计

本研究主要探讨具有共同确定性事件趋势的时间和个体固定效应 PVAR 模型。PVAR 模型的结论可以简单推导出来（Marra & Colantonio，2021）。因

此，本研究重点研究固定效应 PVAR 模型的 GMM 估计，固定效应 PVAR 模型如下：

$$(I_m - \phi L)(Y_{i,t} - \boldsymbol{\gamma}_i - \boldsymbol{\sigma}_t - \delta) = \mu_{i,t} \tag{6-9}$$

式（6-9）的 GMM 估计过程如下：

$$\Delta Y_{i,t} - \delta = \phi(\Delta Y_{i,t-1} - \delta) + \Delta\mu_{i,t} (t = 2, 3, \cdots, T) \tag{6-10}$$

$$E\{[(\Delta Y_{i,t} - \delta) - \phi(\Delta Y_{i,t-1} - \delta)] Q_{i,t}^T\} = 0, (t = 2, 3, \cdots, T) \tag{6-11}$$

其中，$Q_{i,t}^T = (1, Y_{i,0}^T, Y_{i,1}^T, \cdots, Y_{i,t-2}^T)^T$；

令 $\Delta Y_i = (Y_{i,2}, Y_{i,3}, \cdots, Y_{i,T})^T$，$\Delta\mu_i = (\mu_{i,2}, \mu_{i,3}, \cdots, \mu_{i,T})^T$，$\Delta Y_{i-1} = (Y_{i,1}, Y_{i,2}, \cdots, Y_{i,T-1})^T$，$\boldsymbol{R}_i = [Y_{i,1}, l_{T-1}]$，$\boldsymbol{\Lambda}_i = [\phi, \boldsymbol{\psi}]$，$\boldsymbol{\psi} = [I_m - \phi]\delta$；

$$\Delta Y_i = \boldsymbol{R}_i \boldsymbol{\Lambda} + \Delta\mu_i \tag{6-12}$$

同时，式（6-12）乘以左侧工具变量矩阵：

$$\boldsymbol{Q}_i = \begin{bmatrix} Q_{i2} & 0 & \cdots & 0 \\ 0 & Q_{i3} & \cdots & 0 \\ \vdots & \vdots & & \vdots \\ 0 & 0 & \cdots & Q_{iT} \end{bmatrix}$$

$$\boldsymbol{Q}_i \Delta Y_i = \boldsymbol{Q}_i \boldsymbol{R}_i \boldsymbol{\Lambda} + \boldsymbol{Q}_i \Delta\mu_i \tag{6-13}$$

通过求解最小化，可得：

$$\min_{\lambda} \sum_{i=1}^{N} (\boldsymbol{Q}_i \otimes I_m) Vec(\Delta Y_i) - (\boldsymbol{Q}_i \boldsymbol{R}_i \otimes I_m) Vec(\boldsymbol{\Lambda}) \tag{6-14}$$

求解得到 $\boldsymbol{\Lambda}$，

$$\Sigma \boldsymbol{\Lambda}_i = \begin{bmatrix} 2\Omega & -\Omega & \cdots & 0 \\ -\Omega & 2\Omega & \cdots & 0 \\ \vdots & \vdots & & \vdots \\ 0 & 0 & \cdots & 2\Omega \end{bmatrix} \tag{6-15}$$

此外，通过求解矩条件方程。

$$E[(\Delta Y_{i,t} - \delta) - \phi(\Delta Y_{i,t-1} - \delta)] - 2\boldsymbol{\Omega} = 0, (t = 2, 3, \cdots, T) \tag{6-16}$$

因此，$\mu_{i,t}$ 的协方差矩阵 $\boldsymbol{\Omega}$ 能被估计。如果特征式（6-11）的所有根都在单位圆之外，即模型式（6-12）是趋势平稳的PVAR过程，那么当N→∞，上述GMM估计是一致的，服从渐近正态分布。

最后，本研究借助PVAR模型分析了多维地方政府竞争与绿色经济增长的关系。由以式（6-17）表示：

$$Y_{i,t}=\alpha_{i,0}+\sum_{j=1}^{p}\alpha_{i,n}Y_{i,t-j}+\gamma_i+\theta_t+\varepsilon_{i,t} \tag{6-17}$$

式中，i代表区域，t代表时间，j代表滞后期，γ_i代表个体效应，θ_t代表时间效应，$\varepsilon_{i,t}$代表随机扰动项。根据前文的估计，PVAR模型研究了多维地方政府竞争与绿色经济增长之间的关系。$\alpha_{i,0}$代表截距常系数向量，$\alpha_{i,n}$表示除自身外其余解释变量的常系数向量。

6.2.2 面板单位根检验

在使用PVAR模型对变量之间的关系进行估计之前，有必要对所有的数据系列进行平稳性测试，以避免由于伪回归和统计上的虚假关系导致结果出现偏差（范宇翔和管治华，2020）。因此，为了避免单一方法带来的检验误差和保证估计结果的准确性，本研究采用IPS检验、ADF和Fisher检验三种方法同时检验$\Delta GTFP$、$\Delta Comp$、$\Delta Comp1$、$\Delta Comp2$、$\Delta Comp3$是否存在单位根（肖曙光和杨洁，2018）。每个变量的面板单位根检验结果如表6-5所示。表6-5结果表明，经过一阶差分后，面板数据中存在单位根的原假设至少在1%的显著性水平上被拒绝，上述变量是平稳序列。一阶差分后的变量能满足PVAR模型的使用要求。

表6-5　变量的单位根检验结果

变量	ADF	p-value	IPS	p-value	Fisher	p-value
$\Delta GTFP$	-69.4217	0.0000	-38.1204	0.0000	-37.8415	0.0000
$\Delta Comp$	-43.8129	0.0000	-34.0703	0.0000	-30.0837	0.0000
$\Delta Comp1$	-50.9539	0.0000	-34.5614	0.0000	-28.3485	0.0000
$\Delta Comp2$	-45.8616	0.0000	-31.8853	0.0000	-34.4431	0.0000
$\Delta Comp3$	-28.2907	0.0000	-25.9014	0.0000	-24.8626	0.0000

6.2.3 面板协整检验

在利用 PVAR 模型进行数据系列分析时，传统上要求所用的数据必须是平稳的，即没有随机趋势或确定趋势，否则会产生“伪回归”问题。但是，在现实中的时间系列通常是非平稳的，可以对其进行差分把它变平稳，但这样会失去变量的大量信息，而这些信息对分析问题来说又是必要的，所以用协整来解决此问题。协整允许刻画两个或多个序列之间的平稳关系（Shao et al.，2021）。同时，由于 Kao 检验要求所有面板的协整向量都相等，而 Pedroni 检验和 Westerlund 检验的备择假设为所有面板单位都存在协整关系，即无论使用何种面板协整检验，其原假设都是各变量间不存在协整关系（何文海和张永姣，2021）。因此，经过面板单位根的平稳性检验后，本研究利用 Kao、Westerlund 和 Pedroni 方法对绿色经济增长（$\Delta GTFP$）、综合竞争（$\Delta Comp$）、经济竞争（$\Delta Comp1$）、生态竞争（$\Delta Comp2$）和服务竞争（$\Delta Comp3$）这五个变量进行协整检验，检验结果如表 6-6 所示。对于所有变量，原假设在 1% 的显著性水平上被拒绝，表明变量之间存在长期协整关系。因此，可以构建 PVAR 模型。

表 6-6 变量的协整检验结果

检验项	Statistic	*p*-value
Kao 检验	-41.5205	0.0000
Pedroni 检验	-59.8068	0.0000
Westerlund 检验	-6.0682	0.0000

6.2.4 滞后阶数的确定

确定变量的平稳性之后，需要确定适合构建 PVAR 模型的滞后期。本研究根据 Akuchi 信息准则（AIC）、Bayesian 信息准则（BIC）和 Hannan-Quinn 信息准则（HQIC）确定模型的最优滞后阶数（刘辉群和彭传立，2022）。最优滞后阶数确定结果如表 6-7 和表 6-8 所示。对于滞后阶数的选择不宜过大，否则会降低模型的自由度，造成模型数据不必要的损失，而太小的滞后阶数会降低模型测试结果的准确性。因此，在进行选择最优滞后阶数时应基于通过更多测试标准的原则（刘朝阳和柳小慧，2021）。

$\Delta Comp$ 对 $\Delta GTFP$ 的回归结果表明，AIC、BIC 和 HQIC 的滞后 1 阶的系数分别为 -2.665*、-1.708* 和 -2.324*，为滞后 10 阶中的最小值，因此 $\Delta Comp$ 对 $\Delta GTFP$ 中最优滞后阶为滞后 1 阶。$\Delta Comp1$ 对 $\Delta GTFP$ 的回归结果表明，AIC、BIC 和 HQIC 的滞后 1 阶的系数分别为 1.241、2.198 和 1.582，为滞后 10 阶中的最小值，因此 $\Delta Comp1$ 对 $\Delta GTFP$ 中最优滞后阶为滞后 1 阶。$\Delta Comp2$ 对 $\Delta GTFP$ 的回归结果表明，AIC 滞后 10 阶中的最小值是 0.721*（滞后 6 阶），BIC 滞后 10 阶中的最小值是 1.906*（滞后 1 阶），HQIC 滞后 10 阶中的最小值是 1.181*（滞后 4 阶）。根据 AIC、BIC 和 HQIC 的判断准则，当三者滞后不一致时，BIC/HQIC 倾向于选择比较精简的模型，AIC 倾向于比较“丰满”的模型，且通常 BIC/HQIC 优于 AIC。因此最终选择滞后 4 阶作为最优阶。$\Delta Comp3$ 对 $\Delta GTFP$ 的回归结果表明，AIC 和 HQIC 的滞后 3 阶的系数分别为-0.227*和 0.174*，BIC 滞后 2 阶的系数为 0.848*，为滞后 10 阶中的最小值，因此综合分析后，$\Delta Comp3$ 对 $\Delta GTFP$ 中最优滞后阶为滞后 3 阶。

表 6-7　　变量的最优滞后阶数确定（综合竞争和经济竞争）

Lag	$\Delta Comp$			$\Delta Comp1$		
	AIC	BIC	HQIC	AIC	BIC	HQIC
1	-2.665*	-1.708*	-2.324*	1.241*	2.198*	1.582*
2	-2.657	-1.626	-2.288	1.289	2.319	1.657
3	-2.591	-1.475	-2.189	1.398	2.513	1.799
4	-2.587	-1.371	-2.148	1.360	2.576	1.800
5	-2.532	-1.195	-2.046	1.436	2.773	1.922
6	-2.474	-0.990	-1.931	1.521	3.005	2.064
7	-2.439	-0.772	-1.825	1.652	3.320	2.266

续表

Lag	ΔComp			ΔComp1		
	AIC	BIC	HQIC	AIC	BIC	HQIC
8	-2.274	-0.369	-1.568	1.983	3.888	2.689
9	-1.940	0.284	-1.107	2.334	4.558	3.167
10	-1.474	1.205	-0.460	2.806	5.486	3.820

表 6-8　　　变量的最优滞后阶数确定（生态竞争和服务竞争）

Lag	ΔComp2			ΔComp3		
	AIC	BIC	HQIC	AIC	BIC	HQIC
1	0.950	1.906*	1.291	-0.0439	0.912	0.297
2	0.921	1.951	1.290	-0.182	0.848*	0.187
3	0.856	1.972	1.258	-0.227*	0.889	0.174*
4	0.741	1.957	1.181*	-0.177	1.040	0.263
5	0.729	2.066	1.215	-0.0980	1.239	0.388
6	0.721*	2.205	1.264	0.0301	1.514	0.573
7	0.782	2.450	1.396	0.0951	1.763	0.709
8	0.927	2.832	1.634	0.240	2.145	0.947
9	1.200	3.424	2.033	0.574	2.798	1.406
10	1.646	4.326	2.660	1.068	3.747	2.082

6.2.5 脉冲响应分析

PVAR模型本质上是一个由变量组成的系统，在对模型进行估计时，分析的重点不仅是一个变量的变化对另一个变量的影响，还包括一个变量变化时整个模型系统的动态响应。具体来说，就是先给出一个单位正标准差对误差项的影响，然后观察内生变量在后续期间的变化，这种方法就是脉冲响应函数（IRF）。

本研究对绿色经济增长（Δ*GTFP*）、综合竞争（Δ*Comp*）、经济竞争

（$\Delta Comp1$）、生态竞争（$\Delta Comp2$）和服务竞争（$\Delta Comp3$）进行脉冲响应分析，并给每个变量 1 个标准差冲击，将滞后期设置为 10 个周期。脉冲响应函数结果如图 6-1 至图 6-4 所示。在 100 次蒙特卡罗模拟之后，绘制了对应于每个变量的脉冲响应。蒙特卡罗模拟以 100 次重复产生的每侧错误率为 5%，脉冲响应图是基于 100 次蒙特卡罗模拟的结果绘制的。其中，中间的线是 IRF 曲线，而外围的线则分别代表 5%和 95%的分位数线。绿色经济增长（$\Delta GTFP$）、综合竞争（$\Delta Comp$）、经济竞争（$\Delta Comp1$）、生态竞争（$\Delta Comp2$）和服务竞争（$\Delta Comp3$）的响应趋势在 10 个周期后收敛到 0，这表明 PVAR 模型是稳健的。

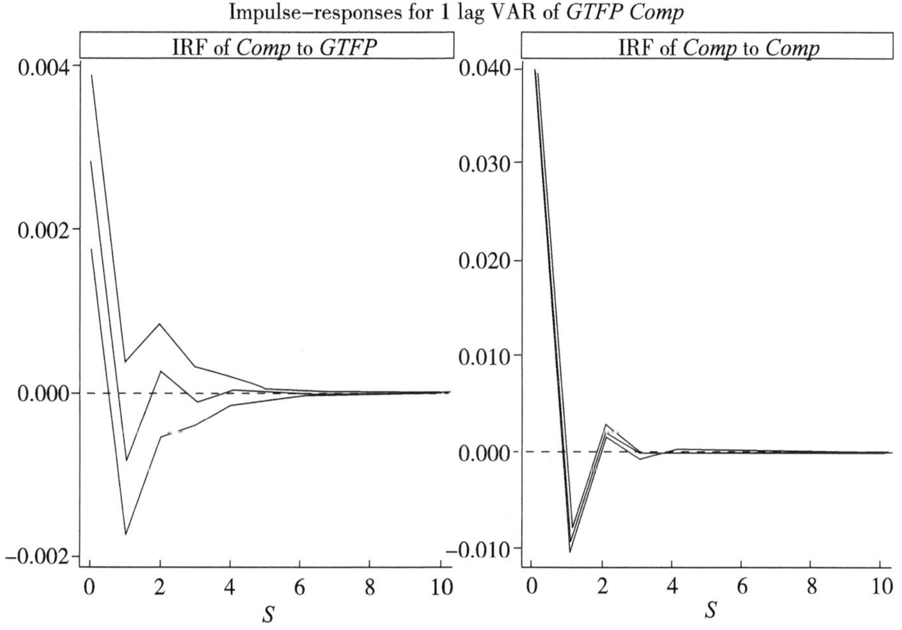

图 6-1 地方政府综合竞争对绿色经济增长的脉冲响应结果

图 6-1 表明，当绿色经济增长受到综合竞争 1 个单位正标准差冲击时，综合竞争对绿色经济增长的冲击效应呈现出“V”型态势，即在第 0 期时，综合竞争的冲击为正且最大，随后在第 1 期为负，到 2 期时冲击为负，随后在第 6 期该影响收敛于 0。上述情况说明，综合竞争对绿色经济增长的整体

影响效应为正，综合竞争有利于绿色经济增长。当综合竞争受到自身 1 个单位正标准差冲击时，就其冲击大小而言，经济竞争在第 0 期对自身的冲击达到最大，随后迅速衰减，在第 1 期转变为最强的负向冲击，在第 2 期和第 3 期依次转变为正向和负向冲击，最终在第 4 期收敛于 0。因此，假设 H10 被验证。

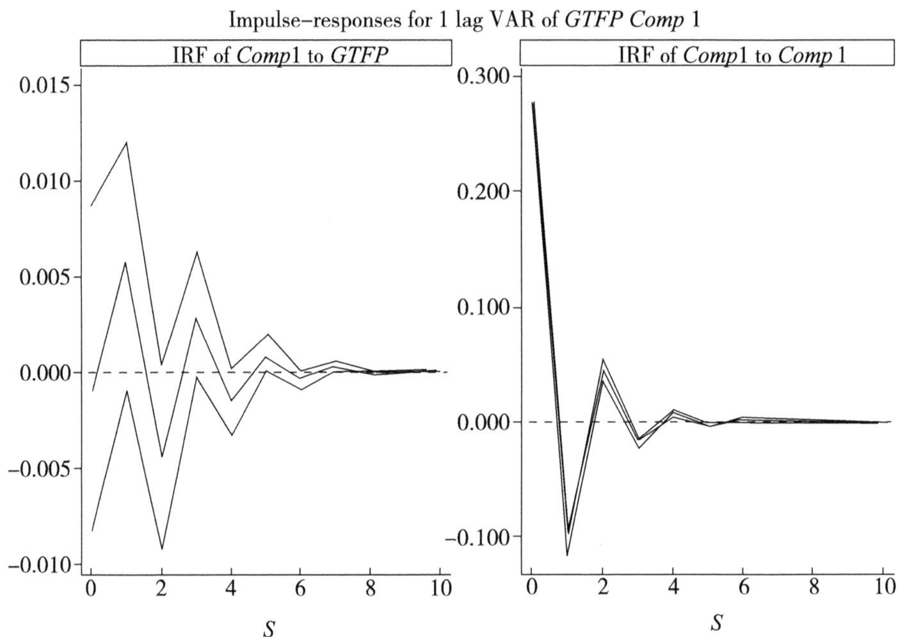

图 6-2　地方政府经济竞争对绿色经济增长的脉冲响应结果

图 6-2 表明，当绿色经济增长受到经济竞争 1 个单位正标准差冲击时，经济竞争对绿色经济增长的冲击效应呈现出波动状态，即在第 0 期时，该项冲击为负，随后在第 1 期为正，到第 2 期时冲击达到负向最大，随后在第 3 期以及第 4 期正向和负向冲击交替出现，最终在第 7 期收敛于 0。这表明，经济竞争就像一把“双刃剑”，在带来经济发展的同时虽然会产生由生产规模扩张带来的非期望产出，由此抑制绿色经济增长，但是也会增加政府对环境治理的投入，促进绿色经济增长。但是整体来看，该种正负效应交替出来也意味着地方政府对经济竞争尺度的把控是影响绿色经济增长的关键。

当经济竞争受到自身 1 个单位正标准差冲击时，就其冲击大小而言，经济竞争在第 0 期对自身的冲击达到最大，随后迅速衰减，在第 1 期转变为最强的负向冲击，在第 2 期和第 3 期依次转变为正向和负向冲击，最终在第 5 期收敛于 0。

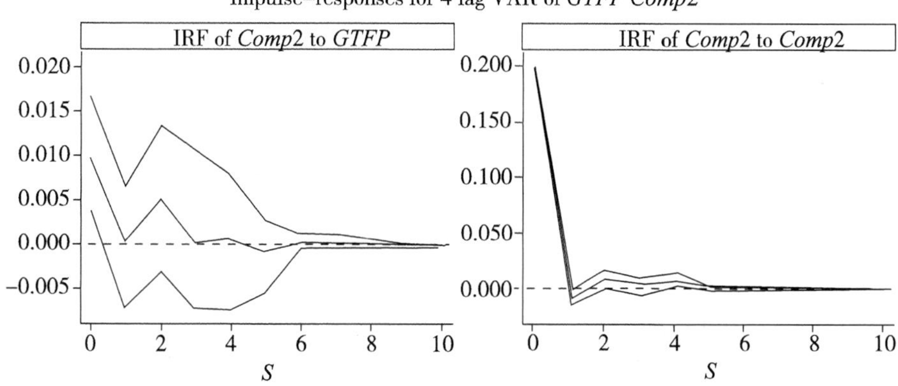

图 6-3 地方政府生态竞争对绿色经济增长的脉冲响应结果

图 6-3 表明，绿色经济增长在自身受到 1 个单位正标准差冲击后表现出显著的强响应。在第 1 期之前，其自身所受到的冲击效应为正，而第 1—2 期所受到的冲击效应为负，在第 2 期后冲击效应逐渐为正，且直至呈现出接近于 0 的收敛趋势，整体呈现出 “V” 型特征。这也反映出绿色经济增长对自己本身的短期正向冲击效应反应明显，而随后会出现剧烈的反弹，但从长期来看其正向冲击仍然保持稳定。

图 6-3 表明，当绿色经济增长受到生态竞争 1 个单位正标准差冲击时，生态竞争对绿色经济增长的整体冲击产生的效应为正，其呈现出 “W” 型的波动状态，第 2 期达到峰值，然后缓慢下降，在第 6 期后逐渐收敛到 0。可见，生态竞争给绿色经济增长带来的正向冲击是长久且可以持续的，生态竞争给绿色经济增长带来了促进作用，但该影响随着时间的推移会逐渐减弱，这也验证了基准回归结果中的结论。

当生态竞争受到自身 1 个单位正标准差冲击时，其冲击效应在第 1 期之前为正，且在第 0 期达到峰值，随后迅速逆转为负向冲击。随后在第 1 期后负向冲击效应迅速反弹，然后缓慢上升为正向冲击，最终在第 5 期逐渐收敛到 0。可见，生态竞争给本身带来的冲击效应也会呈现出突变的特征，且随着时间的推移，该影响呈现正—负—正的短期不稳定态势。

图 6-4 表明，当绿色经济增长受到服务竞争 1 个单位正标准差冲击时，服务竞争对绿色经济增长的冲击效应呈现出“W”型的波动状态，即在第 0 期时，该项冲击为正，随后在第 1 期为负，到第 2 期时影响达到最大，随后正向影响逐渐呈现出波动衰退的趋势。整体而言，服务竞争能给绿色经济增长带来持续性的正向冲击。当服务竞争受到自身 1 个单位正标准差冲击时，服务竞争对其本身的冲击效应始终为正，从冲击大小来看，在当前其冲击达到最大，而在第 1 期最小，随后迅速反弹呈现出波动下降趋势。

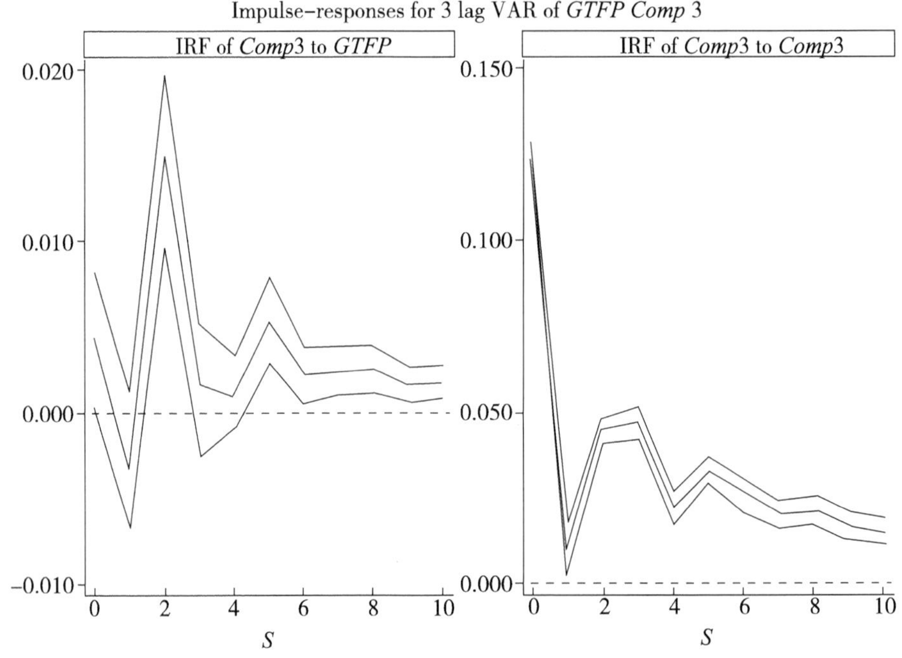

图 6-4　地方政府服务竞争对绿色经济增长的脉冲响应结果

通过 PVAR 模型分析表明多维地方政府竞争对绿色经济增长的影响呈现显著的动态协调效应。

6.3　本章小结

本章利用2004—2019年272个地级市的面板数据，通过动态门槛模型和PVAR模型，对不同维度下地方政府竞争影响绿色经济增长的问题进行了进一步的探讨。从动态门槛模型来看，地方政府的综合竞争、经济竞争、生态竞争和服务竞争对绿色经济增长均呈现显著的门槛效应，验证了多维地方政府竞争对绿色经济增长的非线性效应。从PVAR模型的结果分析中可知，不同维度下的地方政府竞争与绿色经济增长均通过了显著性水平为1%的平稳性检验以及协整检验，脉冲响应分析表明多维地方政府竞争与绿色经济增长呈现长期的动态协调性，验证了多维地方政府竞争对绿色经济增长的动态效应。

7 地方政府竞争对绿色经济增长的空间影响检验

通过前文的数据分析，基于2004—2019年的相关数据，测度了中国地方政府竞争对绿色经济增长的影响，为进一步对两者之间的关系进行分析，本研究结合已有的学术研究成果和相关理论，选择合适的方式，尝试从空间的视角，选择合适的方法和实证模型，对地方政府竞争和绿色经济增长的空间关系作进一步的拓展分析。

7.1 绿色经济增长的空间效应检验方法

传统的计量经济学是建立在观察对象独立的基础上，但现实中，多数观测对象之间往往具有紧密的联系，正如Tobler教授所认为的，任何事物都是与其他事物相关的，只不过相近的事物关联更紧密。因而空间计量经济学打破了传统计量模型关于样本相互独立的基本假设，通过添加数据的空间关系，可以更加贴近现实地描绘地方政府竞争与绿色经济增长之间的关系。

7.1.1 空间权重矩阵设定

空间相关性分析是时间相关性在地理空间上的拓展表达，在度量空间相关性之前首先需要解决地理空间结构的数字表达，为解决这个问题，就需要选择相应的地理空间矩阵（何雄浪和叶连广，2020）。空间权重矩阵是进行空间计量分析的基础，以数字化的表达来定义区域在空间上的关系，能够展现出各个区域经济属性值在空间上的相互依赖程度。空间权重矩阵是进行空间计量分析的基础，以数字化的表达来定义区域在空间上的关系，能够展现出各个区域经济属性值在空间上的相互依赖程度。一般学者采用较多的空间权重矩阵有邻接矩阵、地理距离权重矩阵、经济距离权重矩阵、经济—地理距离权重矩阵等。考虑到中国城市的地理空间分布的差异性，本研究采用反距离权重矩阵（$\boldsymbol{W}$）来度量韧性的关联程度，权重的具体形式如下：

$$\begin{bmatrix} w_{11} & \cdots & w_{1n} \\ \vdots & & \vdots \\ w_{n1} & \cdots & w_{nn} \end{bmatrix} \tag{7-1}$$

其中，$\boldsymbol{W}$ 矩阵中的元素 w_{ij} 的具体赋值方式如下：

$$w_{ij} = \begin{cases} \dfrac{1}{d}，\text{当区域 } i \text{ 与区域 } j \text{ 相邻} \\ 0，\text{当区域 } i \text{ 与区域 } j \text{ 不相邻} \end{cases} \tag{7-2}$$

式中，$\boldsymbol{W}$ 为地区 i 和地区 j 的反地理距离权重矩阵，d 为地区 i 与地区 j 的地理距离。因地球并不是标准的球体，以赤道半径作为地球半径本身存在一定误差。所以使用投影后的平面坐标来计算城市之间的地理距离。

7.1.2 空间自相关检验方法

全局莫兰指数（Global Moran′s I）检验用于判断中国各地区绿色经济增长是否存在空间依赖性。采用较为成熟的空间自相关模型进行检验，找出它们之间在空间上的关联与差异性，从而得出经济上的分布规律。指标莫兰指数计算公式如下：

$$Moran's\ I = \frac{\sum_{i=1}^{N}\sum_{j=1}^{N}\boldsymbol{W}_{ij}(Y_i - \bar{Y})(Y_j - \bar{Y})}{S^2\sum_{i=1}^{N}\sum_{j=1}^{N}\boldsymbol{W}_{ij}} \tag{7-3}$$

其中，$S^2 = \frac{1}{N}\sum_{i=1}^{N}(Y_i - \bar{Y})^2$，$\bar{Y} = \frac{1}{N}\sum_{i=1}^{N}Y_i$。$Y_i$ 表示地区 i 的绿色经济增长，N 表

示样本总量，W_{ij} 为空间权重矩阵。

莫兰指数取值范围是［-1，1］，取值大于0意味着正相关且取值越大经济属性因相似而聚集程度越高；小于0表示负相关，且取值越小表示经济属性因相异而聚集的程度越高；等于0表示不存在空间自相关性（邵帅等，2019）。对于莫兰指数可以通过标准统计量 Z 检验各区域是否存在显著空间自相关关系，Z 计算公式如下：

$$Z=\frac{I-E(I)}{\sqrt{VAR(I)}}=\frac{\sum_{j\neq 1}^{n}W_{ij}(d)(x_j-\bar{x}_i)}{\sqrt{w_i(n-1-w_i)/(n-2)}}\quad (j\neq i) \tag{7-4}$$

其中，$E(I)$ 和 $VAR(I)$ 分别是莫兰指数的理论期望和理论方差，且通常显著性水平为0.05。当 $Z>1.96$，表明高值与高值聚集，低值与低值聚集，此时空间集聚；当 $Z<-1.96$ 时，表明高值与低值集聚，低值与高值集聚，呈现空间异常特征。而当 $|Z|<1.96$ 时，空间自相关不显著。

全局空间自相关虽然可以分析研究时期内地区绿色经济增长的空间集散效应，但尚不能辨别不同空间区域绿色经济增长的高低值集聚情况。局部空间自相关可以有效识别绿色经济增长水平的空间依赖性和异质性（刘涛和曹广忠，2012），具体测算公式如下：

$$G_i^*(d)=\frac{\sum W_{ij}X_j}{\sum X_i} \tag{7-5}$$

式中，$G_i^*(d)$ 为局部集聚指数；W_{ij} 为空间权重矩阵；X_i 和 X_j 分别代表区域 i 和区域 j 的绿色经济增长。对 $G_i^*(d)$ 进行 Z 检验，若 Z 显著为正，说明绿色经济增长在空间上呈现高值集聚区域；若 Z 显著为负，则为低值集聚区域。由此可将绿色经济增长水平分为高—高集聚、高—低集聚、低—高集聚及低—低集聚四类。

7.1.3 标准差椭圆分析方法

利用空间统计方法研究社会经济要素的地理空间分布已引起国内外学者的关注。标准差椭圆（SDE）是空间统计的重要方法，对于反映地区空间分布特征，解释空间经济关系有着极其有效的作用，这种方法最早由 Lefever（1926）提出，目前已经在社会科学领域拥有较为广泛的应用，用于揭示经济变量的空间分布特征（孙攀和陈晓峰，2021）。

标准差椭圆（SDE）分析通过以中心、长轴、短轴、方位角为基本参数的空间分布椭圆定量描述研究对象的空间分布整体特征。其中，空间分布椭圆以地理要素空间分布的平均中心为中心，分别计算其在 x 轴和 y 轴上的标准差，以此定义包含要素分布的椭圆的轴。使用该椭圆可以查看要素的分布是否被拉长。标准差椭圆（SDE）分析可以充分利用研究对象的空间要素，从多个方面来研究分析地区的空间特征，包括中心性、展布性、方向性、空间形态等。标准差椭圆（SDE）分析的不同要素代表着经济发展的不同特征，如中心表示地区的空间要素在地理位置上的分布位置，方位角反映其分布的主趋势方向（即正北方向顺时针旋转到椭圆长轴的角度），长轴表征地理要素在主趋势方向上的离散程度。

使用这种方法首先需要确定好区域的具体的点，一般是通过分别计算 x 轴与 y 轴方向上的标准距离来确定，而椭圆的轴是通过把平均中心看作起点对 x 坐标与 y 坐标的标准差进行计算确定的；所以，此椭圆被命名为标准差椭圆（SDE）。

椭圆的中心坐标为：

$$\bar{X}_w = \frac{\sum_1^n w_i x_i}{\sum_1^n w_i},\quad \bar{Y}_w = \frac{\sum_1^n w_i y_i}{\sum_1^n w_i} \tag{7-6}$$

其中，x_i、y_i 为要素的坐标，w_i 表示权重，$\{\bar{X}_w, \bar{Y}_w\}$ 为要素的平均中心，n 为要素总数。

椭圆的方向：

$$\tan\theta = \frac{A + B}{C} \tag{7-7}$$

$$A = \sum_{i=1}^{n} w_i^2 \tilde{x}_i^2 - \sum_{i=1}^{n} w_i^2 \tilde{y}_i^2$$

$$B=\sqrt{\left(\sum_{i=1}^{n}w_i^2\tilde{x}_i^2-\sum_{i=1}^{n}w_i^2\tilde{y}_i^2\right)^2+4\left(\sum_{i=1}^{n}w_i^2\tilde{x}_i\tilde{y}_i\right)^2}$$

$$C=2\sum_{i=1}^{n}w_i^2\tilde{x}_i\tilde{y}_i$$

其中，θ 为椭圆的方位角，$\tilde{x}_i$ 与 $\tilde{y}_i$ 为 x、y 坐标同平均中心的偏差。

x 轴与 y 轴的标准差分别为：

$$\sigma_x=\sqrt{\frac{\sum_{i=1}^{n}(w_i\tilde{x}_i\cos\theta-w_i\tilde{y}_i\sin\theta)^2}{\sum_{i=1}^{n}w_i^2}}$$

$$\sigma_y=\sqrt{\frac{\sum_{i=1}^{n}(w_i\tilde{x}_i\sin\theta-w_i\tilde{y}_i\cos\theta)^2}{\sum_{i=1}^{n}w_i^2}}$$

一般椭圆方程为：

$$\left(\frac{x}{\sigma_x}\right)^2+\left(\frac{y}{\sigma_y}\right)^2=s \tag{7-8}$$

其中，s 是置信度，可以根据卡方概率表查询。

长短半轴的解释。标准差椭圆（SDE）的长短半轴各不相同，其中，长半轴表示的是数据分布的方向，短半轴表示的是数据分布的范围。长短半轴的比例称为扁率，代表着长短半轴数据的差异，扁率越大，则数据的方向性越明显，扁率越小，数据方向特征越不明显，当长短半轴完全相等，椭圆就变成了圆，此时其表示没有任何的方向性特征。此外，短半轴代表着数据的分布离散程度，短半轴越大，数据的离散程度越大。

变动的解释。在实际的椭圆分析中，一般包括以下几种情况。第一，空间范围减小。即此时标准差椭圆内部要素增长快于外部要素，说明了该属性有不断集聚的趋势。第二，中心向某特定方向移动。即某一要素在某一方向快速增长。第三，某一半轴增长，另外半轴不变。即说明这一半轴方向上的要素增长快于另外方向。第四，方位角减小。此种情况表示西北部要素影响增强。

7.2 时空地理加权回归模型的构建

地理加权回归是对普通线性回归模型的拓展，两者最大的不同在于地理加权回归考虑了地理空间因素对模型回归结果的影响，变量的回归系数会随着地理位置的变化而变化，因而每一个样本点都存在一系列的局部变量回归系数。地理加权回归（GWR）模型的基本公式为：

$$y_t = \beta_0(u_i, v_i) + \sum_{k=1}^{p} \beta_k(u_i, v_i) X_{ik} + \varepsilon_i \quad i = 1, 2, \cdots, n \tag{7-9}$$

式中，(u_i, v_i) 为第 i 个样本点的坐标，X_{ik} 为第 i 个样本点的第 k 个解释变量，回归系数 $\beta_k(u_i, v_i)$ 是地理坐标（ u, v ）的函数，不同样本点的随机误差相互独立，协方差为 0。为方便表述，将模型简化为：

$$y_t = \beta_{i0} + \sum_{k=1}^{p} \beta_{ik} X_{ik} + \varepsilon_i \quad i = 1, 2, \cdots, n \tag{7-10}$$

地理加权回归模型解决了模型的空间非平稳性问题，但没有考虑模型的时间效应，时空地理加权回归（GTWR）模型的提出者为黄波（2010）教授，该模型在地理加权回归模型的基础上将时间特性纳入考量，将时间维度引入地理加权回归模型，将原有的地理空间坐标与时间相结合，构建了时空三维坐标（ u_i, v_i, t_i ），模型设定如下：

$$y_t = \beta_{i0}(u_i, v_i, t_i) + \sum_{k=1}^{p} \beta_k(u_i, v_i, t_i) X_{ik} + \varepsilon_i \quad i = 1, 2, \cdots, n \tag{7-11}$$

时空地理加权回归的核心是时空权重矩阵，需要选取不同的时空权重函数对数据的时空关系进行描述，时空距离为 d_{ij}^{ST} 为：

$$\mathrm{d}_{ij}^{ST} = \sqrt{a[(u_i - u_j)^2 + (v_i - v_j)^2] + \beta(t_i - t_j)^2} \tag{7-12}$$

时空权重函数形式如下：

$$w_{ij}^{ST} = \exp\left\{ - \left(\frac{a[(u_i - u_j)^2 + (v_i - v_j)^2] + \beta(t_i - t_j)^2}{b_{ST}^2} \right) \right\} \tag{7-13}$$

式中，(u_i, v_i, t_i) 为中国城市的经纬度和时间，b_{ST} 为时空权函数的带宽，并通过交叉验证最优带宽。

7.3 地方政府竞争对绿色经济增长的空间溢出效应的结果分析

7.3.1 空间相关性结果

1. 全局自相关

为检验中国经济绿色增长效率的空间集聚性质，通过 Stata17 软件测算了 2005—2019 年中国 272 个地区经济绿色增长的全局莫兰指数值（如表 7-1 所示），从表中可以看出，除了少部分年份之外，中国绿色经济增长的全局莫兰指数值均在 10%或更低的显著性水平下通过假设检验并呈现出时序波动。表明中国绿色经济增长水平接近地区具有空间集聚现象和空间依赖性，即绿色经济增长水平较高的地区与其他绿色经济增长水平较高地区相邻近，绿色经济增长水平较低的地区与其他绿色经济增长水平较低的地区之间趋于临近。整体而言，研究期间内，中国各地区的绿色经济增长存在正向的空间集聚现象。这一结果验证了假设 H11。

表 7-1 绿色经济增长的空间相关性检验

反距离矩阵			
年份	全局莫兰指数值	Z 值	p 值
2005	0. 016	5. 148	0. 000
2006	0. 002	1. 102	0. 270
2007	0. 008	2. 330	0. 020
2008	0. 016	3. 736	0. 000
2009	0. 002	1. 007	0. 314
2010	0. 005	1. 596	0. 110
2011	0. 016	3. 714	0. 000
2012	−0. 003	0. 201	0. 841
2013	−0. 004	−0. 003	0. 997
2014	0. 013	3. 138	0. 002

续表

反距离矩阵			
年份	全局莫兰指数值	Z 值	p 值
2015	0.009	2.313	0.021
2016	0.005	1.590	0.112
2017	0.014	3.234	0.001
2018	0.005	1.852	0.064
2019	0.006	1.747	0.081

由以上分析可知，中国绿色经济增长具有较显著的空间正相关性，绿色经济增长存在一定的空间集聚现象。中国先后出台一系列的法律法规，如《中华人民共和国水污染防治法》《中华人民共和国大气污染防治法》以及《中华人民共和国环境保护法》等，均规范了各省份之间的污染排放行为，减弱了相邻地区之间的污染排放问题。因此，中国各地区的绿色经济增长的空间集聚处于一个较高的水平。尤其党的十八大以来，中国高度重视生态文明建设，统筹推进经济建设、政治建设、文化建设、社会建设、生态文明建设的总体布局，各地各部门深入打好污染防治攻坚战，推动形成绿色发展方式和生活方式。中国各地区的环境污染治理的力度不断加大，对环境治理的投入不断增多，绿色经济增长的空间关联性也逐步增长。因而虽然 2012 年和 2013 年的莫兰指数为负，但是在 2013 年后，各地区绿色增长效率的莫兰指数基本为正，地区之间的绿色经济增长空间集聚越发明显。

2. 局部自相关

采用莫兰指数散点图可以分析空间对象的局部差异、局部地区的聚类和空间异质性特征。横坐标为绿色经济增长，纵坐标为某相邻地区的绿色经济增长的观测值，因而横轴可以反映地区的绿色经济增长水平与整个区域的平均水平之间的高低情况，纵轴则可以反映某地区的周边与整个区域水平之间的绿色经济增长高低情况。当横纵坐标观测值为 0，则表示该地区为低绿色经济增长区域；当横纵坐标观测值大于 0，则表示其为高绿色经济增长区域。其中第一象限代表了高观测值的区域单元被高值的区域所包围的空间联系形式；第二象限代表了低观测值的区域单元被高值的区域所包围的空间联系形式；

第三象限代表了低观测值的区域单元被低值的区域所包围的空间联系形式；第四象限代表了高观测值的区域单元被低值的区域所包围的空间联系形式。

利用 Stata17 软件绘制了中国各地区 2005 年和 2019 年绿色经济增长局部莫兰指数散点图（如图 7-1 所示）。在散点坐标系中，x 坐标表示标准化后的各地区绿色经济增长指数，y 坐标表示空间加权后的绿色经济增长指数。从图中可以将每个地区的绿色经济增长集群划分为四个象限：第一个象限（HH）表示绿色经济增长水平较高的地区被同样绿色经济增长水平较高的地区所包围。第二象限（LH）意味着绿色经济增长水平较低的地区被绿色经济增长水平较高的地区所包围。第三象限（LL）表示绿色经济增长水平较低的地区被同样绿色经济增长水平较低的地区所包围。第四象限（HL）表示绿色经济增长水平较高的地区被绿色经济增长水平较低的地区所包围。从图中可以看出，所有象限中，第一和第三象限中地区所占的比例最高，这说明了中国地区的绿色经济增长呈现“高—高”和“低—低”的集聚特征。特别是第三象限的地区数量众多，说明了中国绿色经济低增长水平的地区占相当大的比例，地区绿色经济增长水平表现出较强的负相关性特征，部分地区出现了“污染俱乐部”现象。可能的原因是，在以 GDP 和经济增长为重点的激励和绩效考核中，部分地区在环境管理中存在“逐底竞争”，地方政府和企业片面追求经济效益，而忽略了生态效益，导致大量地区的绿色经济增长水平较低。随着时间的推移，地区集聚程度更加分散，说明了各地区的绿色经济增长水平之间的差距呈现逐渐扩大趋势。

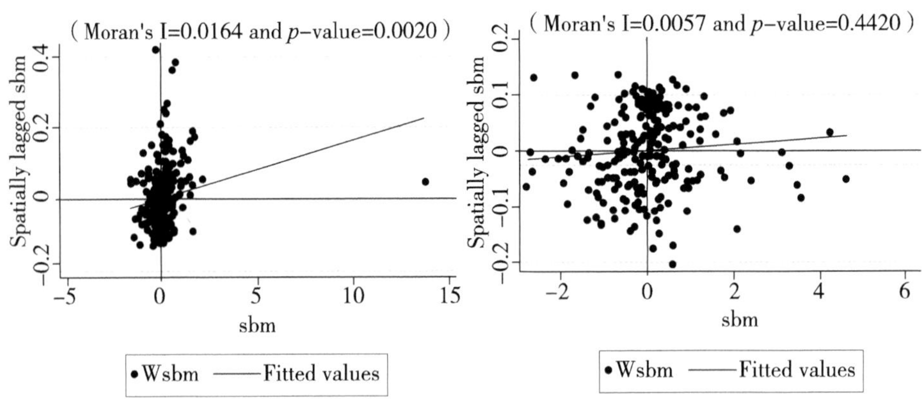

图 7-1　2005 年和 2019 年中国绿色经济增长局部莫兰散点

7.3.2 标准差椭圆分析结果

为更加直观分析中国各地区绿色经济增长变化的转移趋势及其特征，采用几何重心（即标准差椭圆）方法进一步探究绿色经济增长的时空变动特征。

表 7-2 反映了 2004—2019 年中国各地区绿色经济增长重心的经纬度、移动距离和移动方向的详细属性。从表 7-2 中可以发现，中国各地区绿色经济增长重心的经度大体上呈波动式变化趋势，2019 年重心处于 2004 年重心的东南方向，而中国各地区绿色经济增长重心的纬度同样存在着明显的“升—降”循环往复的波动特征，但总体上呈现出由西北向东南变化的趋势。可能的原因是中国各地区绿色经济增长水平不平衡，其中西部地区经济仍未从根本上减轻对资源环境的依赖，资源消耗多、环境污染重、生态损失大。而东部，特别是东南地区经济发展水平整体较西部地区更快，东部沿海地区绿色发展优势明显。随着产业政策优化、可持续发展规划等系列措施，东部地区绿色经济增长产生了积极响应，因而中国各地区绿色经济增长的重心整体向东南移动。

在利用中国各地区绿色经济增长重心偏移的基础上，本研究进一步利用标准差椭圆方法探究中国各地区绿色经济增长的空间集聚演变特征。从表 7-2 中可以发现，中国历年的标准差椭圆以绿色经济增长重心为中心点，处于中部地区略偏北，靠近湖北和河南两省，绿色经济增长的集聚特征呈现东北—西南分布。其中，长半轴表示的是数据分布的方向，短半轴表示的是数据分布的范围。短半轴代表数据的分布离散程度，短半轴越大，数据的离散程度越大。从短半轴与长半轴比值的形状指数看，中国各地区绿色经济增长呈现“增大—减小”的循环往复的波动特征，但是整体的波动幅度较小，说明了绿色经济增长集聚趋势较为稳定。从标准差椭圆变化方向，可知中西部地区和东部地区的绿色增长在整体上还存在一定差距，且在中西部大量地区绿色经济增长水平差异较大。例如，中西部部分城市是严重的煤烟型污染区，其能源利用以煤炭为主，二氧化硫等废气排放浓度高、污染面积大，加剧了生态环境脆弱性和敏感性，制约了地区经济绿色增长效率水平的提升。而东部地区绿色转型实现程度较高，生产方式、消费结构绿色化转型速度较快，进一步加大了与中西部地区绿色经济增长水平的差距。

表 7-2　　2004—2019 年中国绿色经济增长重心与 SDE 相关参数

重心属性				标准差椭圆属性			
年份	经度	纬度	移动距离	长半轴	短半轴	方位角	移动方向
2004	114.18	32.89	—	11.16	7.75	49.17	—
2005	113.72	32.83	43.45	10.94	7.73	51.44	西南
2006	114.01	32.96	30.67	11.08	7.94	51.44	东北
2007	114.05	32.81	17.08	11.11	7.78	49.00	东南
2008	114.47	33.01	45.05	11.13	7.50	47.89	东北
2009	114.10	32.78	42.95	11.06	7.71	47.87	西南
2010	114.38	32.91	29.86	11.29	7.69	48.08	东北
2011	114.29	32.95	9.49	11.57	7.73	49.61	西北
2012	114.23	32.80	17.58	11.05	7.59	48.29	西南
2013	114.15	32.86	10.01	11.34	7.76	50.18	西北
2014	114.08	32.70	18.94	11.06	7.61	48.73	西南
2015	114.20	32.89	23.90	11.21	7.56	47.80	东北
2016	114. 47	32.02	98.48	11.20	7.65	47.91	东南
2017	114.09	32.94	102.58	11.21	8.09	54.90	西北
2018	114.47	32.24	85.53	11.35	7.58	47.21	东南
2019	114.16	32.91	79.91	11.17	7.86	51.01	西北

注：(1) 短半轴、长半轴以及重心移动距离的单位为千米，方位角的单位为度。(2) 此表中“移动方向”是指椭圆的移动方向，该移动方向与椭圆重心的移动方向是一致的。

7.3.3 时空地理加权回归结果

本研究从多维地方政府竞争视角分析地方政府竞争对绿色经济增长的空间效应。

在利用 GTWR 模型之前，需要对各变量进行标准化处理，同时通过共线性检验以避免结果出现伪回归的问题。通过检验，所有变量的方差膨胀因子值均小于 5，表明变量之间的多重共线性问题在可控范围内。本研究基于

Arcgis10.2 软件，对 2004—2019 年中国城市绿色经济增长的影响因素进行时空地理加权回归分析。

1. 地方政府综合竞争对绿色经济增长的空间效应分析

表 7-3 表示地方政府综合竞争对不同时期各城市绿色经济增长的影响程度。表中列出了模型结果的最小值、1/4 分位数、中位数、3/4 分位数、最大值的描述性统计，以及相应的检验结果。

由表 7-3 可知，地方政府综合竞争对绿色经济增长影响表现出不同的作用效果，地方政府综合竞争系数的最小值为-0.0066，最大值为 0.5212，而 1/4 分位数、中位数和 3/4 分位数均为正。这说明地方政府综合竞争对不同时期不同城市的绿色经济增长以正向促进为主。为了进一步分析地方政府综合竞争对不同时空位置上绿色经济增长影响的异质性，本研究对其进行可视化分析。

表 7-3　综合竞争的 GTWR 模型估计结果

参数	最小值	1/4 分位数	中位数	3/4 分位数	最大值
C1_Comp	-0.0066	0.0928	0.2141	0.2977	0.5212
C2_eaggl	-0.0117	-0.0071	-0.0046	-0.0011	0.0060
C3_indup	-0.0358	-0.0029	0.0107	0.0226	0.0652
C4_hum	-0.0342	-0.0108	0.0010	0.0072	0.0148
C5_infor	-0.0193	0.0010	0.0079	0.0138	0.0247
C6_inter	-0.0129	-0.0028	0.0081	0.0139	0.0262
C7_popu	0.0015	0.0000	0.0009	0.0022	0.0062
C8_market	-0.2346	-0.0713	-0.0460	-0.0313	-0.0066
C9_finance	-0.0852	-0.0540	-0.0142	-0.0090	0.0366
C10_pgdp	-0.0567	-0.0320	-0.0246	-0.0154	0.0027
C11_lnupa	-0.0175	-0.0080	0.0003	0.0069	0.0158
Bandwidth	—	—	0.1149	—	—
Residual Squares	—	—	242.33	—	—
Sigma	—	—	0.2359	—	—
AICc	—	—	-57.6401	—	—
Spatio-temporal Distance Ratio	—	—	4.89146	—	—

2. 地方政府经济竞争对绿色经济增长的空间效应分析

通过回归，可以得到地方政府经济竞争对不同时期各城市绿色经济增长的影响程度。表 7-4 列出了模型结果的最小值、1/4 分位数、中位数、3/4 分位数、最大值的描述性统计，以及相应的检验结果。

结果表明，地方政府经济竞争对绿色经济增长影响表现出不同的作用效果，地方政府经济竞争系数的最小值为-0.0413，最大值为 0.0409，这表明地方政府经济竞争对不同时期不同地区的绿色经济增长既有正向作用又有负向作用。基于此，地方政府经济竞争对不同时空位置上绿色经济增长影响存在显著异质性。

表 7-4　　经济竞争的 GTWR 模型估计结果

参数	最小值	1/4 分位数	中位数	3/4 分位数	最大值
C1_Comp1	-0.0413	-0.0139	0.0034	0.0098	0.0409
C2_eaggl	-0.0149	-0.0071	-0.0043	-0.0014	0.0046
C3_indup	-0.0243	0.0020	0.0167	0.0267	0.0747
C4_hum	-0.0247	-0.0023	0.0030	0.0100	0.0171
C5_infor	-0.0195	0.0021	0.0085	0.0139	0.0298
C6_inter	-0.0167	-0.0024	0.0081	0.0180	0.0301
C7_popu	-0.0013	-0.0001	0.0008	0.0019	0.0065
C8_market	-0.2311	-0.0703	-0.0376	-0.0298	-0.0047
C9_finance	-0.0847	-0.0529	-0.0111	-0.0075	0.0377
C10_pgdp	-0.0472	-0.0146	-0.0009	0.0093	0.0275
C11_lnupa	-0.0119	-0.0048	0.0018	0.0064	0.0135
Bandwidth	—	—	0.1150	—	—
Residual Squares	—	—	243.03	—	—
Sigma	—	—	0.2363	—	—
AICc	—	—	-45.0163	—	—
Spatio-temporal Distance Ratio	—	—	4.8673	—	—

同时也要兼顾地方政府经济绩效与生态绩效的协调统一。对于地方政府服务竞争而言，地方政府服务竞争显著提升了地方绿色经济发展且这种积极

的影响呈现螺旋递进趋势。因此，进一步推进地方政府服务竞争将有利于地方绿色经济发展。为实现这一目标，需要建立合理的激励相容的绩效评价体系，让真正贯彻新发展理念、致力于现代化治理的地方政府和主政官员能脱颖而出。此外，地方政府服务的进一步发展需要中央及地方政府财政补贴，未来财政税收体制改革如何与地方服务发展相适应，需要在中央与地方分权和集权的线索中寻找“突破口”，在属地化管理的基本模式下，切实提高中央和地方的职能分工和权力匹配的规范化、法治化、制度化水平。最后，在推动地方政府服务竞争过程中加强社会组织、公众在地方政府服务竞争中的作用，鼓励公民个体、非政府组织等社会力量越来越多地参与地方政府服务的过程中。

3. 地方政府生态竞争对绿色经济增长的空间效应分析

表 7-5 给出了地方政府生态竞争对不同时期各地区绿色经济增长的影响程度结果，并列出了模型结果的最小值、1/4 分位数、中位数、3/4 分位数、最大值的描述性统计，以及相应的检验结果。

由表 7-5 可知，地方政府生态竞争对绿色经济增长影响表现出不同的作用效果，地方政府生态竞争系数的最小值为-0.0075，最大值为 0.1312，而 1/4 分位数、中位数和 3/4 分位数均为正。这说明地方政府生态竞争对不同时期不同城市的绿色经济增长以正向促进为主。

表 7-5　　生态竞争的 GTWR 模型估计结果

参数	最小值	1/4 分位数	中位数	3/4 分位数	最大值
C1_Comp2	-0.0075	0.0073	0.0142	0.0846	0.1312
C2_eaggl	-0.0109	-0.0061	-0.0040	-0.0010	0.0090
C3_indup	-0.0251	0.0005	0.0127	0.0253	0.0718
C4_hum	-0.0331	-0.0088	0.0018	0.0089	0.0156
C5_infor	-0.0186	0.0027	0.0084	0.0140	0.0277
C6_inter	-0.0150	-0.0031	0.0077	0.0156	0.0267
C7_popu	-0.0016	0.0000	0.0010	0.0027	0.0065
C8_market	-0.2356	-0.0735	-0.0422	-0.0302	-0.0021

续表

参数	最小值	1/4 分位数	中位数	3/4 分位数	最大值
C9_finance	-0.0841	-0.0514	-0.0133	-0.0092	0.0399
C10_pgdp	-0.0520	-0.0229	-0.0140	-0.0046	0.0213
C11_lnupa	-0.0143	-0.0030	0.0031	0.0074	0.0174
Bandwidth	—	—	0.1149	—	—
Residual Squares	—	—	242.443	—	—
Sigma	—	—	0.2360	—	—
AICc	—	—	-54.8638	—	—
Spatio-temporal Distance Ratio	—	—	4.8322	—	—

4. 地方政府服务竞争对绿色经济增长的空间效应分析

表 7-6 给出了地方政府服务竞争对不同时期各地区绿色经济增长的影响程度结果，并列出了模型结果的最小值、1/4 分位数、中位数、3/4 分位数、最大值的描述性统计，以及相应的检验结果。

由表 7-6 可知，地方政府服务竞争对绿色经济增长影响表现出不同的作用效果，地方政府服务竞争系数的最小值为-0.0623，最大值为 0.1807，而中位数系数和 3/4 分位数系数为正。这说明地方政府服务竞争对不同时期不同城市的绿色经济增长以正向促进为主。

表 7-6　　服务竞争的 GTWR 模型估计结果

参数	最小值	1/4 分位数	中位数	3/4 分位数	最大值
C1_Comp3	-0.0623	-0.0062	0.0415	0.0942	0.1807
C2_eaggl	-0.0093	-0.0054	-0.0008	0.0018	0.0103
C3_indup	-0.0186	0.0013	0.0177	0.0295	0.0759
C4_hum	-0.0235	-0.0040	-0.0005	0.0013	0.0191
C5_infor	-0.0205	0.0003	0.0078	0.0137	0.0234
C6_inter	-0.0177	-0.0020	0.0060	0.0143	0.0270

续表

参数	最小值	1/4 分位数	中位数	3/4 分位数	最大值
C7_popu	-0.0015	-0.0001	0.0009	0.0021	0.0072
C8_market	-0.2311	-0.0697	-0.0438	-0.0298	-0.0008
C9_finance	-0.0943	-0.0603	-0.0134	-0.0094	0.0157
C10_pgdp	-0.1112	-0.0392	-0.0206	-0.0092	0.0220
C11_lnupa	-0.0112	-0.0058	0.0016	0.0080	0.0166
Bandwidth	—	—	0.1150	—	—
Residual Squares	—	—	241.79	—	—
Sigma	—	—	0.2357	—	—
AICc	—	—	-66.417	—	—
Spatio-temporal Distance Ratio	—	—	4.8157	—	—

7.4 本章小结

本章通过莫兰指数法、标准差椭圆分析以及时空地理加权分析等方法，从空间角度分析了多维地方政府竞争对绿色经济增长的空间效应。研究发现：第一，从绿色经济增长空间分布特征看，中国绿色经济增长水平接近地区具有空间集聚现象和空间依赖性，各地级市的绿色增长效率存在着正向的空间集聚现象。从莫兰散点图可知，中国绿色经济增长以“高—高”和“低—低”集聚为主，特别是第三象限的城市数量众多，说明了中国绿色经济增长低水平的城市占相当大的比例，绿色经济增长表现出较强的负相关性特征，同时绿色经济增长水平之间的差距逐渐扩大。第二，中国绿色经济增长重心总体上呈现由西北向东南变化的趋势，各地区的绿色经济增长水平不平衡。

8　研究结论、政策建议与研究展望

前面章节围绕现有文献、理论机理和实证检验等方面展开研究，主要从影响机理、传导路径以及非线性等角度剖析了地方政府竞争和绿色经济增长之间的相互联系，本章对研究内容和研究结果进行总结，并提出政策建议以助力地区绿色经济增长。

8.1　研究结论

中国经济面临复杂的外部环境，如何保持经济持续稳定增长成为全面建设社会主义现代化国家的关键。在生态文明建设的时代背景下，如何实现政府竞争行为、生态环境保护和社会经济协调发展是中国发展实践过程中遇到的关键问题，也是众多学者亟须研究解决的重要课题。本研究通过梳理经济学相关理论，对中国 272 个地级市 2004—2019 年的相关数据进行收集，并采用全排列图示指标法测度多维地方政府竞争水平，运用 SBM-GML 模型测算了各地绿色经济增长水平，然后采用 SYS-GMM 模型实证检验了多维地方政府竞争对绿色经济增长的影响，并在此基础上，进一步挖掘了地方政府竞争影响绿色经济增长的集聚效应、创新效应和结构效应，本研究进一步探讨了地方政府竞争对经济绿色增长的非线性效应、动态协调效应和空间效应。本研究梳理了地方政府竞争对绿色经济增长的影响机理，对主要的研究结果作以下总结。

（1）地方政府竞争和绿色经济增长具有多样化和区域异质性。首先，地方政府竞争具有多样化特征。整体上，地方政府综合竞争、生态竞争和服务竞争呈上升趋势。综合竞争、经济竞争和生态竞争整体上呈现由东向西的梯度下降特征；而服务竞争整体上呈现由东向西先降后升特征。从多维地方政府竞争的空间演变来看，经济竞争的极大值点逐渐减少，其他维度的竞争极大值点逐渐增多。其次，绿色经济增长水平具有区域异质性特征。从变化趋势来看，各区域绿色经济增长水平总体上呈现先下降后上升的趋势。东部区域的绿色经济增长水平整体上处于领先地位，中西部绿色经济增长水平波动上升，相差较小。从绿色经济增长的空间演变来看，各区域绿色经济增长水平显著上升，且东南地区的绿色经济增长水平高于西北地区，呈现明显的区域异质性。

（2）多维地方政府竞争对绿色经济增长影响的基准回归表明，多维地方政府竞争对绿色经济增长具有显著影响。地方政府综合竞争、生态竞争和服务竞争显著促进了绿色经济增长，地方政府经济竞争显著抑制了绿色经济增长。地方政府的多维竞争对绿色经济增长的影响呈现显著的时间异质性和区域异质性。2012 年之后，综合竞争和服务竞争对绿色经济增长的正向影响程度降低，经济竞争对绿色经济增长的抑制作用降低，而生态竞争对绿色经济增长的正向影响程度提高；从东部、中部和西部区域来看，经济竞争对绿色经济增长的影响程度表现出中部最高、西部次之、东部最低的特征，综合竞争、生态竞争和服务竞争对绿色经济增长的影响程度表现出由东向西的凹型特征。

（3）多维地方政府竞争对绿色经济增长的影响机理检验表明，地方政府的综合竞争、经济竞争、生态竞争和服务竞争分别通过经济集聚、技术创新和产业升级三种途径显著影响了绿色经济增长。经济竞争通过促进经济集聚而增强了对绿色经济增长的抑制作用，综合竞争、生态竞争和服务竞争则通过限制经济集聚而抑制了对绿色经济增长的促进作用。技术创新的作用机理结果表明，多维度的地方政府竞争对技术创新均存在显著的促进作用。以产业升级作为作用机理的结果表明，尽管经济竞争对产业升级具有抑制作用，但是生态竞争、服务竞争和综合竞争都正向促进了产业升级，而且产业升级正向影响了绿色经济增长。

（4）多维地方政府竞争对绿色经济增长的门槛效应表明地方政府竞争与

绿色经济增长存在显著的非线性关系。通过动态门槛模型检验说明，地方政府的综合竞争、经济竞争、生态竞争和服务竞争对绿色经济增长均呈现显著的门槛效应。具体地，随着地方政府综合竞争不断加强，超过门槛值-1.052后，地方政府综合竞争对绿色经济增长的促进作用变大；随着地方政府经济竞争不断加强，超过门槛值-1.779后，地方政府经济竞争对绿色经济增长的抑制作用加强；随着生态竞争的提升，超过门槛值-2.01后，地方政府生态竞争对绿色经济增长的促进作用大小未发生显著变化；随着地方政府服务竞争的不断加强，超过门槛值-1.29后，该效应逐渐变强。此外，本研究还找到两者之间动态效应存在的证据。从PVAR模型的结果分析中可知，绿色经济增长对自己本身的短期正向冲击效应反应明显，但从长期来看其正向冲击仍然保持稳定；地方政府综合竞争对绿色经济增长的冲击效应呈现出“V”型态势；地方政府经济竞争对绿色经济增长的冲击效应呈现出波动状态；地方政府生态竞争对绿色经济增长的整体冲击产生正效应，其呈现出“W”型的波动状态；地方政府服务竞争对其本身的冲击效应始终为正。

（5）从绿色经济增长空间分布特征看，中国绿色经济增长水平接近地区具有空间集聚现象和空间依赖性，各地级市的绿色增长效率存在着正向的空间集聚现象，中国绿色经济增长以“高—高”和“低—低”集聚为主。此外，中国绿色经济增长重心总体上呈现着由西北向东南变化的趋势。根据GTWR模型的估计结果可知，地方政府综合竞争显著促进了绿色经济增长，且该效应自北向南逐渐递增；绝大多数地区的地方政府经济竞争对绿色经济增长具有抑制作用；地方政府生态竞争显著促进了绿色经济增长，且该效应自西北向东南逐渐递增；地方政府服务竞争对绿色经济增长具有正向的促进作用，且促进作用明显自东北向西南逐渐递增。

经过以上总结表明，多维地方政府竞争对绿色经济增长影响显著，综合竞争、生态竞争和服务竞争促进了绿色经济增长，经济竞争抑制了绿色经济增长；多维地方政府竞争对绿色经济增长影响呈现显著的时间异质性和区域异质性；经济集聚、技术创新和产业升级是多维地方政府竞争影响绿色经济增长的重要机理；此外，非线性特征、空间关联和动态特征也被证实。

8.2 政策建议

根据研究结果，为优化地方政府竞争体系，提升绿色经济增长水平，特提出如下建议。

8.2.1 优化地方政府竞争体系，推进绿色经济转型升级

1. 转变以 GDP 增长为导向的地方政府竞争考核体系

从多维地方政府竞争对绿色经济增长的影响结论来看，适度的、综合的地方政府竞争有利于促进绿色经济增长，因此应优化地方政府竞争体系。从地方政府的职能出发，完善各级地方政府考核目标指标体系，以考核为导向，提升地方政府竞争能力。完善包含经济、生态和服务目标在内的综合考核指标体系，把经济竞争、生态竞争和服务竞争纳入统一考核目标，在维持中央政府经济社会发展目标的基础上，加大生态目标和服务目标的考核比重，降低经济增速考核权重，维持经济增速合理化，打造生态良好和基本公共服务能力不断提升的新政绩考核体系。

地方政府竞争是动态变化的，在不同的历史时期，应调整地方政府竞争各维度的竞争力度。首先，应优化地方政府经济增长目标体系，因地制宜制定经济增长目标，进而培育稳速高质的经济竞争环境。在实施生态文明建设战略背景下，在生态环境保护约束下，在绿色经济发展的要求下，各地应弱化经济竞争。弱化经济竞争，并不是忽视经济增长，而是在地方经济社会稳步发展的基础上，持续推进经济生态化、绿色化。当前，各地市应尽快转变经济发展方式，以数字化革命为引领，持续推动数字设施的建设和数字技术的发展，充分利用数字化对传统行业的赋能效应，加速经济的绿色转型。其次，应持续提高政绩考核的绿色化、生态化，形成晋升激励，对地方政府形成良性引导。在生态文明建设的背景下，应加强环境规制为主的生态竞争，促进环境质量提升，同时降低环境污染；通过提升政府服务质量，优化服务竞争，打造区域宜居环境，吸引优质资源不断流入。在稳步推进经济发展的

同时更要注重社会发展的重要性，因此逐步提升地方政府的生态竞争，逐步落实区域生态文明建设。最后，大力提升公共服务水平，提升地方政府服务竞争能力。持续推进基础设施建设，在交通基础设施建设的基础上，加大新基建投资力度，提高地区的宜居环境；政策制定者也努力提升公共服务供给水平，加强教育、医疗等领域的供给，尽力使其均等化覆盖全体大众。大力实施公租房、廉租房政策，通过收入待遇提升、公共服务便利等吸引高素质人才。

2. 发挥政府政策引导机制，积极调整竞争策略

地方政府应扭转以经济增长为主要考核标准的政绩观，加强对具有长期收益的社会性项目审批，积极改善“服务竞争”水平滞后于经济发展水平的局面。但是，地方政府用于科教文卫、社会保障等方面的公共性经费缺口较大，因此部分地市存在上调企业税费的动机，进而对于企业造成过于沉重的负担，拖累企业的研发投入和转型升级，对本地经济的高质量发展造成负面影响。因此，政策制定者应在财政支出上下功夫，确保在稳经济的基础上加大社会服务性支出，从而进一步推动社会发展。政府财政支出对于本地区的经济、社会、生态等发展均具有引导性作用，地方政府应根据自身竞争策略采用相适应的支出结构，提升资源利用效率，助推绿色经济增长。

8.2.2 利用地方经济集聚优势，促进绿色经济增长

1. 保持合理的经济集聚程度

首先，政策制定者应该制定区域发展规划，明确不同地区的经济结构和发展方向，避免过于集中化的经济结构，促进经济结构合理分布，从而实现经济集聚程度的合理化。其次，政策制定者应该建立和完善区域协调机制，加强不同地区的经济合作和协调是有必要的，以此避免经济过度集聚和过度分散。最后，政策制定者应该加大对基础设施建设的投入，包括交通、能源、水利、通信等方面，促进经济发展和区域协调。例如，在交通建设方面，可以加强城市轨道交通、高速公路等的建设，改善交通运输环境，降低物流成本，提高经济集聚程度，充分释放集聚效应带来的正向作用。

2. 增强高新技术产业集聚

政策制定者应充分发挥集聚效应对各地区经济高质量发展的积极作用，而高新技术产业的集聚却有赖于本地区高新技术开发区（以下简称高新区）的创建与发展。因此，地方政府要因城施策合理布局高新技术产业。此外，地方政府要规划时应尽可能考虑“走出去”的国际化发展战略，将高新区规划与其他区域的产业规划相融合，充分发挥政府的作用，搭建全面的服务平台，提供完善的配套服务，鼓励研发创新，积极拓展国外产品市场和技术市场。

在资源引入方面，地方政府应充分发挥其政策优势，根据本地实际情况制定产业、税收等优惠政策，加大本地高新区对于资金、技术和人才的吸引力。在人才激励方面，地方政府应建立健全人才激励机制，一方面要满足人才的物质和晋升的需求，另一方面要重视人才的情感激励，通过解决人才的后顾之忧，增强其对本地的归属感，从而充分调动人才的工作积极性，更好更快地将成果转化为产品，助力地区绿色经济发展。在软环境方面，地方政府应为高新区努力创造良好的营商环境，一方面营造公平、稳定的经营大环境，地方政府应尽可能帮助企业解决实际困难，化解可能存在的风险隐患，强化企业的生存能力，另一方面要以精准化、专业化的政策措施解决知识产权争端等焦点问题，进而去除企业的“痛点”，实现企业安心运营。

3. 强化信息基础设施建设，降低信息传递成本

地方政府应该增加对信息基础设施建设的投入，包括建设高速宽带网络、升级电信基础设施、推广云计算、建设数据中心等。这将提高信息传递的速度和质量，降低信息传递成本。地方政府应该建立信息共享平台，鼓励企业、学术机构、社会组织等在平台上共享信息资源。地方政府可以通过政策引导、激励机制等方式，推动更多的信息资源共享，从而降低信息传递成本。地方政府还可以鼓励企业、学术机构等加强信息技术应用，推广数字化、智能化等技术，从而提高信息传递效率，降低信息传递成本。地方政府应该加强对信息管理制度的建设，制定相关政策和法规，保障信息安全和隐私保护，增强信息共享的可靠性和安全性，以此有效充分释放经济潜能。

8.2.3 积极鼓励技术创新，促进绿色经济增长

1. 加大政府科技投入，提升技术创新水平

科学技术是第一生产力，技术创新是驱动生产力变革和引领生产模式的关键。尽管技术创新可能带来能源回弹效应，短期内可能促进能源消耗和污染排放，但是总体来看技术创新积极促进了绿色经济增长，因此，地方政府应加大科技支出，促进技术创新，尤其是绿色技术创新。在生态文明建设不断加强的背景下，应该以节能减排、低碳环保为创新导向，加大绿色技术在技术研发中的比重，助力绿色经济发展。提高生产技术创新投入的比例，促进地区绿色生产技术进步。通过提升技术创新实力，构建绿色、低碳、循环发展的经济体系，需要注重在提高地区绿色研发投入的过程中，更加侧重于绿色技术进步的转型，实现资金、人才等要素之间的流动。同时，加大对新型清洁能源技术研发投入和应用场景，发挥政府的激励调节效应，激励企业创新清洁生产技术，促进整体绿色发展水平的提升。

2. 多措并举提升人力资本水平

经济绿色增长的主要推动力来源于技术进步，创新会带来技术的进步与生产方式的变革，从而助力经济的绿色发展。而人才是科技创新的第一要素。首先，地方政府应加大对教育的资金投入，以提高现有人力资本的水平和素质。例如，地方政府可以通过开展职业技能培训等措施来提升现有劳动者的整体素质。此外，地方政府还应通过打造优异的就业和宜居的生态环境来吸引各方人才。其次，地方政府应根据实际需求有针对性地引进优秀人才，建立更加多元化的人才引进机制。地方政府不应盲目引进人才，而应关注本地人才市场对人力资本的结构性需求。此外，地方政府还应改变人才引进中对住房和落户政策的过度依赖。最后，地方政府应一城一策地实施引才计划。外围城市可以利用中心城市的人才扩散效应，为各城市高层次人才提供学习和交流的平台。中心城市可以通过人才的错位竞争开展交流与合作，充分利用人力资本集聚的空间溢出效应。地方政府应鼓励城市间的合作与交流，打破地域限制，促进人力资本的流动和集聚。

3. 以政—产—学—研一体化为抓手提升区域创新水平

地方政府要充分利用政—产—学—研一体化这种方式为抓手，进而提升区域创新水平。政策制定者应加大科技创新资金投入，完善科技创新扶持政策，建立科技创新贷款和风险投资基金，支持创新型企业的发展，在此基础上的区域内建立智库和技术服务平台，引入高校和科研机构，提供技术转移和专业化服务，推动科技成果转化和产业化。同时，也应鼓励企业加强创新合作，建立创新联盟，共享资源和技术，提升创新能力和市场竞争力，以及加强知识产权保护，建立知识产权侵权惩罚制度，加大知识产权维权力度，保障创新主体的知识产权权益。人才是创新的源泉，政策制定者加强人才引进和培养，建立人才评价机制，鼓励高层次人才到区域内工作和创新创业，提升区域的创新创业人才水平。

8.2.4 地方政府应加速推进产业升级，促进绿色经济增长

1. 应明确地方政府职责，持续推进市场改革，推进产业升级

一方面，明确地方政府职责，打破不同区域市场壁垒和准入限制，以构建新发展格局为契机，创建统一的国内市场，加强地区间的经济联系，缩短地区间的经济差距，促进地区间生产要素的合理配置，既要让市场机制占主导地位，也要合理发挥政府宏观调控能力，两者相辅相成共同促进中国产业结构的升级；另一方面，坚持深化市场改革，充分发挥市场机制作用，让产品价格能够充分反映市场供求关系，将全面真实可靠的市场信息反馈给政府，使地方政府可以根据产业的发展制定合理政策，有效持续推动产业结构升级。

2. 分层规范政府竞争，防止政府“过度经营”

地方政府作为市场参与主体，可能因过度竞争形成“过度经营”行为，因此应防止过度竞争，促进地方政府间有序竞争。首先，通过中央政府约束规范地方政府行为，地方政府必须在中央统一领导下行使权力；其次，在中央向地方纵向分权的同时，构建横向政府间的制约机制，约束政府竞争行为；最后，通过市场推动政府之间有序竞争，坚持市场化改革方向，增加经济内生动力，扭转政府“面面俱到”的行为模式，真正做到“有所为有所不为”。

3. 充分利用产业政策优势，助力产业结构转型升级

政府的规划引导作用是中国经济体制的独特优势所在。政策制定者应该主动了解新时代的产业发展趋势，并结合该地区的资源禀赋、产业基础、创新水平以及交通设施等现状，协调并兼顾各方面的因素，完善产业规划的体制机制，发展独特的区域化产业体系。此外，政府还需要加强对城市经济发展的宏观调控，支持生产性服务业集群的发展，带动整个区域经济结构的优化升级。市场也应该自发地对资源进行配置，为创新型企业提供充足的财政支持与优惠政策，为产业集聚及延长产业链提供更多便利条件，积极推动区域经济发展模式的转变和产业结构的优化升级。此外，市场自发地对资源进行配置是盘活各项政策的前提。政策制定者应在这个前提下精准施策，助推产业转型和升级。此外，相关产业政策应当兼顾生态效益，以集中当地特色资源和科学规划为基础，吸引优质企业入驻，并不断提升绿色经济增长水平。

8.2.5 因地制宜，鼓励地方政府采取差异化和动态调整的竞争策略

1. 应强化地方政府竞争的精准度

中国幅员辽阔，各地有各地的特色，应根据本地实际，具体制定地区竞争方案。从区域特色出发，提升产业竞争力，加大产业升级，改善环境规制，提升服务竞争能力。上级政府应积极引导地方政府选择差异化的竞争策略，在考虑到各地市经济、生态现状的基础上，弹性地设立各地市的考核任务，以便各地市能够匹配与其任务相一致的策略。当然，对于地方政府竞争较高的地区应加强政府之间的协调与合作。各地市的差异化目标可能导致个体利益的相互冲突进而损害区域的整体利益，因此必须强化地方政府的合作机制，构建跨省区的地方政府协调机构，进一步提升国内、国际交流，促进市场化水平提升，对于影响跨区域的环境问题，如雾霾治理，应加强区域协同治理。而对于地方政府竞争能力较低的区域，应鼓励地方政府提高经济社会的治理水平，不断提高地方政府的竞争水平。从多维地方政府竞争来看，对于经济相对落后的中西部地区，仍然需要鼓励和支持地

方政府的经济竞争，为生态竞争和服务竞争提供经济基础；对于东部发达地区，可以弱化地方政府的经济竞争，通过加强政府之间的合作，推进城市群等经济多极中心发展。

2. 优化地方政府竞争制度体系

探索建立地方政府的动态考核机制。目前以年度为特征的考核制度易带来短期目标行为，不利于经济社会全面发展，完善地方政府考核制度，探索与“五年规划”相对应的绩效考核机制，延长考核周期，视五年规划目标完成情况对地方政府绩效进行考核。年度考核改为五年期考核，有利于科学制定绩效考核目标，因地制宜制定差异化的考核标准，建立“五年”考核周期的有效激励机制，进而避免地方政府的超短期经济目标行为。生态文明建设和公共服务水平提升需要长期投资，选择“五年”考核周期有助于加强生态文明建设。地方政府采取稳定的环境规制，对企业生产和研发投资进行稳定规划，有助于技术创新水平稳定提高和生态环境持续变好。以“五年”为周期的规划，有助于基础设施建设的有序实施，从而显著提高公共服务水平，进而推动区域经济的发展。

探索不同区域地方政府的差异考核机制。不同区域的多维地方政府竞争对绿色经济增长具有不同的边际影响，因此，应根据不同区域的具体差异，制定差异化绩效考核制度。首先，东部地区应降低政府经济绩效考核，维持好其良好的生态竞争和服务竞争能力，加强生态和服务领域绩效考核。东部地区经济发展水平较高，应鼓励东部地区地方政府从竞争走向合作，探索地区间合作发展模式，以城市群、经济带建设为契机，加大政府间合作。同时，东部地区地方政府应提高环境规制，加大环境污染治理投资力度。其次，中西部地区需要柔性地实施绿色经济绩效考核，不断优化产业结构，加大经济竞争力度。中西部地区经济发展相对滞后，应积极推进资源型产业绿色转型，应把传统产业绿色转型作为地方政府考核重点。加强生态文明建设，把绿化水平和环境规制作为重要的考核指标，加强生态文明领域考核。积极推进新基建，提升地方政府的基础设施建设水平，优化营商环境，把高新技术产业集聚作为地方政府的考核指标；把人才集聚作为重要的考核指标，大力吸引人才，提高人才集聚水平，推进区域创新水平提升。

3. 动态调整地方政府竞争策略

从不同维度来看，对于地方政府经济竞争而言，实证结果表明地方政府过度的经济竞争已经明显抑制了地方绿色经济的发展，且这种抑制效果呈现出螺旋递进态势。因此，针对经济竞争，应从经济建设的考核体系入手实现政绩考核多元化和绿色化，以避免唯 GDP 论造成财政支出的不平衡，从而促进绿色发展。例如，政府应当将绿色建设、生态开发和循环经济建设等方面纳入绩效考核范畴，以实现对地方政府经济竞争行为的有意识弱化。对于地方政府生态竞争而言，地方生态竞争过程中对绿色经济增长的促进作用在当期并不明显，其促进作用的发挥存在一定的时滞性。但这并不意味着地方政府绿色竞争行为应该有所松懈，保持地方政府积极的绿色竞争态度，进一步鼓励地方政府绿色竞争有利于后续地方绿色经济及产业的发展。此外，在“可持续发展”与“生态文明”理念指导下一方面要遵循绿色低碳的国家战略，另一方面需要积极引导地方产业结构优化升级、企业技术迭代更新。对于地方政府服务竞争而言，地方政府服务竞争显著提升了地方绿色经济发展且这种积极的影响呈现为螺旋递进态势。因此，进一步推进地方政府服务竞争将有利于地方绿色经济发展。因此，设置合理的激励相容的绩效评价制度，让真正贯彻新发展理念、致力于现代化治理的地方政府和主政官员能脱颖而出。此外，地方政府服务的进一步发展需要中央及地方政府财政补贴，未来财政税收体制改革如何与地方服务发展相适应，需要在中央与地方分权和集权的线索中寻找突破口，在属地化管理的基本模式上，切实提高中央和地方的职能分工和权力匹配的规范化、法治化、制度化水平。最后，在推动地方政府服务竞争过程中加强社会组织、公众在地方政府服务竞争中的作用，鼓励非政府组织（NGO）参与地方环境治理。

8.2.6 强化空间联动效应，推动绿色经济增长

针对中国绿色经济增长呈现出空间集聚以及低水平集聚地区数量较多的特点，应该重视各地区绿色经济增长的空间联动效应，发挥绿色经济增长的空间优势。

1. 加强各地区绿色经济增长合作

各地区在推动本地的绿色经济增长时，不仅需要关注当地的资源禀赋和创新能力，还需要重视周边地区的经济条件。一方面通过积极搭建绿色发展协作平台，鼓励本地企业同邻地企业的交流与合作，提高区域之间的绿色经济共同增长；另一方面通过研发人员和研发经费的区域间流动，带动绿色发展知识的溢出水平和提高绿色创新要素的配置效率。这样不仅有利于推动当地的绿色经济增长，而且能使中国绿色经济增长得到整体性的提升。

各地区绿色增长水平之间的差距逐渐扩大，主要原因在于地方政府以经济增长为主要竞争时，是以牺牲环境为代价的“逐底竞争”来进行的。因此，一方面要因地制宜缩小区域之间绿色经济增长的差距，如东部地区应继续发挥好“头羊”模范带领作用，中西部应在立足本地发现优势的基础上，不断提高技术创新水平、人才水平、产业发展水平，增强自身追赶能力，加强跨区域交流合作，实现高绿色经济增长地区通过技术共享、资金支持、人才交流等合作方式对低绿色经济增长地区的带动作用，不断缩小绿色增长效率区域差距，实现区域包容性绿色增长协调发展。一方面应该在官员升迁体系中纳入与生态环境相关的约束性指标并提高其权重，然而依据各地区产业特色、环境特色建立考核制度，从严推进环境治理执法体系，建立与绿色生产、消费相关的法律法规，督促地方政府将环境保护作为经济发展之中的重要考量方向。

发挥区域绿色经济增长比较优势，促进区域绿色经济增长迈上新台阶。中国绿色经济增长重心总体上呈现由西北向东南变化的趋势，经济发达和欠发达地区绿色经济增长水平分化较为明显。鉴于此，应该充分发挥比较动态优势，以进一步推动绿色经济增长。首先，东部地区城市应充分发挥绿色增长水平高、综合实力强劲的优势，继续发挥其创新优势、发展优势高新技术产业，发挥其辐射带动力，同时利用好东部地区人才集中的比较优势，加强地区之间绿色经济增长的联系，并充分利用区位优势，推动东部地区绿色经济增长水平提升。其次，中西部地区绿色经济增长水平较为均衡，但总体相对落后，因此要依靠创新驱动，加强地区间绿色创新合作，推动中西部地区绿色经济增长，推动能源利用方式和利用效率的转变，改变能源利用模式，推动中西部地区绿色经济增长水平提升。最后，搭建各地区绿色经济增长的合作政策。应构建绿色经济增长协同系统，构建绿色经济增长共享、共建网络，促进在绿色、低碳、循环等绿色发展领域的共享，形成地区之间的绿色发展共享，从而实现最大增长效用，更好促进绿色经济增长。

2. 搭建跨地区合作平台，促进各地区高效合作和有序竞争

在综合绩效引导下，地方政府开展竞争是理性选择，但是对于转变经济增长方式，促进绿色经济增长，不能靠一个地区单枪匹马，应搭建区域合作平台，促进高效合作和有序竞争。

首先，搭建跨区域环境和生态治理平台。搭建跨区域合作平台是提升地方政府治理能力的基本要求。跨区域合作平台的搭建是地方政府间加强合作的基础，这将为地方政府解决跨区域资源环境和生态问题提供长效机制。区域合作平台也将在跨区制度建设、环境治理、生态补偿等方面提出跨区域的环境治理机制。

其次，加强各地政府在绿色经济转型中的高效合作。对于公共属性的绿色经济增长，面对跨地区环境污染和生态破坏问题，如果各地区再保持“经济理性”，仅仅考虑本区域的利益最大化，而不是跨区域的共同利益最大化，将导致跨区域环境和生态治理的“搭便车”问题，进而不利于本地区的环境和生态治理。跨区域治理具有系统性，各地区是“唇齿相依”的整体。跨区域生态和环境治理必须破除各自为政的局面，环境治理合作必将促使各地区政府为解决环境和生态问题而建立跨区域合作平台。此类平台的搭建有利于解决跨区域环境问题和生态问题，对于协同解决环境问题具有重大意义。因此，要搭建跨区域合作的制度平台，提高环境规制协同度，降低环境政策的执行壁垒。各地区应协同制定环境规制，有效落实环境治理目标，如加快淘汰落后产能，进一步调整产业结构，对高耗能、高排放、重污染企业要加快提升改造步伐，不断推动转型升级。

最后，有序推进地方政府竞争。地方政府竞争是市场经济发展的重要体现，加强对地方政府竞争激烈程度的监控是上级政府的重要职责。既不能抑制地方政府竞争，也不能放任地方政府的无序竞争，应把地方政府竞争限制在合理区间，发挥市场竞争在资源配置中的高效作用，避免激烈竞争带来的资源浪费。正视地方政府竞争对邻近区域的影响，积极降低不利影响，促进正向影响。因此，在新发展阶段构建过程中，应充分发挥地方政府竞争优势，积极推进国内大循环建设。

8.3 研究展望

进入新时代以来，中国逐步重视生态文明建设，绿色经济增长模式成为必然选择，政府作为市场参与主体，加强地方政府竞争本身就是市场经济的必然结果。同时，地方政府竞争的变化也显著地影响着绿色经济增长。本研究在归纳已有文献的基础上，对相关理论模型进行进一步拓展以揭示研究领域的内在机制和规律，进而利用 272 个地级市数据深入分析了多维地方政府竞争与绿色经济增长的相关关系，并进一步为政府提供有利于绿色经济增长的政策建议。然而，囿于本人学识，尽管本研究在探究地方政府竞争与绿色经济增长方面取得了一定进展，但仍存在一些不足之处，需要在未来进行更深入的分析和挖掘。

第一，地方政府竞争的多维指标体系需要进一步优化。在第 4 章，本研究结合地级市相关数据，构建了多维地方政府竞争指标体系，利用全排列多边形图示指标法测度了地方政府竞争水平。随着数字经济等新经济形态的出现，数字经济发展水平的提升将有助于地方政府发挥在经济建设和社会治理等诸多方面的职能。地方政府在数字经济建设方面的竞争将提升地方政府在同级政府的竞争强度。因此，需要结合数字经济等新业态的变化，不断优化地方政府竞争指标体系，动态地研究地方政府竞争能力。

第二，地方政府竞争对于绿色经济增长的影响具有复杂性，因此未来还可以继续对当前的研究进行改进和优化。尽管本研究重点挖掘了地方政府竞争对于绿色经济增长潜在作用机制以及评估了两者的动态性和非线性，并从空间视角探析地方政府竞争在空间范围内所产生的具体影响，包括空间的集聚和空间的溢出效应。但是本研究对碳排放在绿色经济增长中的影响这一方面的探究较少，因此，后续应加强在“双碳”目标下分析地方政府竞争对绿色经济增长的影响，将对探寻经济高质量发展道路具有较为现实的意义。

第三，地方政府竞争对绿色经济增长的异质性研究可以继续深化。目前中国经济版图中，以城市群和以流域经济为特征的研究较多，是否可以考虑以城市群为背景去挖掘地方政府竞争与绿色经济增长之间内在关联。例如，随着长江经济带、黄河流域生态保护和高质量发展“江河战略”形成，挖掘东部地区和中西部地区地方政府行为对绿色经济增长影响是为生态高质量发展注入新动力的前提。此外，本研究以宏观的视角对地方政府竞争影响绿色经济增长问题进行了探究，后期可以从产业发展视角，分析地方政府竞争对某一产业绿色经济增长的影响。这些问题可以是后续研究继续关注的话题，也将为本课题的后续研究指明新方向。

参考文献

［1］刘强．地方政府竞争与地区经济增长［D］．开封：河南大学，2009.

［2］罗重谱，李晓华．中国超大规模市场优势发挥与“双循环”新发展格局的构建［J］．学习与探索，2021（11）：89-98，192.

［3］王曙光．新发展格局：均衡 畅通 创新 秩序［J］．经济，2021（11）：68-71.

［4］王美今，林建浩，余壮雄．中国地方政府财政竞争行为特性识别：“兄弟竞争”与“父子争议”是否并存？［J］．管理世界，2010（3）：22-31，187-188.

［5］汪冲．资本集聚、税收互动与纵向税收竞争［J］．经济学（季刊），2012，11（1）：19-38.

［6］杨宝剑，杨宝利．委托代理视角下政府间纵向竞争机制与行为研究［J］．中央财经大学学报，2013（2）：1-6，13.

［7］胡洪曙，郭传义．我国政府间纵向税收竞争对税收增长的影响研究：基于省际面板数据的实证分析［J］．经济管理，2014，36（12）：1-12.

［8］张华，丰超，刘贯春．中国式环境联邦主义：环境分权对碳排放的影响研究［J］．财经研究，2017，43（9）：33-49.

［9］李光龙，周云蕾．环境分权、地方政府竞争与绿色发展［J］．财政研究，2019（10）：73-86.

［10］冯兴元．论辖区政府间的制度竞争［J］．国家行政学院学报，2001（6）：27-32.

［11］“中国地方政府竞争”课题组．中国地方政府竞争与公共物品融资［J］．财贸经济，2002（10）：5-11.

［12］周业安．地方政府竞争与经济增长［J］．中国人民大学学报，2003

(1)：97-103.

［13］刘汉屏，刘锡田．地方政府竞争：分权、公共物品与制度创新［J］．改革，2003（6）：23-28.

［14］萧鸣政，宫经理．当前中国地方政府竞争行为分析［J］．中国行政管理，2011（2）：76-80.

［15］贯君，苏蕾．双重环境规制下政府经济竞争对绿色高质量发展的影响［J］．中国环境科学，2021，41（11）：5416-5426.

［16］侯林岐，张杰．多维政绩考核、地方政府竞争与城市生产效率损失［J］．现代经济探讨，2020（1）：19-28.

［17］沈坤荣，付文林．税收竞争、地区博弈及其增长绩效［J］．经济研究，2006（6）：16-26.

［18］吴俊培，王宝顺．我国省际间税收竞争的实证研究［J］．当代财经，2012（4）：30-40.

［19］龙小宁，朱艳丽，蔡伟贤，等．基于空间计量模型的中国县级政府间税收竞争的实证分析［J］．经济研究，2014，49（8）：41-53.

［20］郭杰，李涛．中国地方政府间税收竞争研究——基于中国省级面板数据的经验证据［J］．管理世界，2009（11）：54-64，73.

［21］于向宇，李跃，陈会英，等．“资源诅咒”视角下环境规制、能源禀赋对区域碳排放的影响［J］．中国人口·资源与环境，2019，29（5）：52-60.

［22］卢洪友，龚锋．政府竞争、“攀比效应”与预算支出受益外溢［J］．管理世界，2007（8）：12-22.

［23］李永友，沈坤荣．辖区间竞争、策略性财政政策与 FDI 增长绩效的区域特征［J］．经济研究，2008（5）：58-69.

［24］李涛，周业安．中国地方政府间支出竞争研究——基于中国省级面板数据的经验证据［J］．管理世界，2009（2）：12-22.

［25］柯善咨，尹靖华．民生目标下政府的支出竞争和福利效应［J］．统计研究，2016，33（7）：11-18.

［26］张伟丽，晏晶晶，聂桂博．中国城市人口流动格局演变及影响因素分析［J］．中国人口科学，2021（2）：76-87，127-128.

［27］高德胜，季岩．总体国家安全观视域下的东北地区人口迁移探析［J］．经济问题，2021（11）：107-114.

［28］王有兴，杨晓妹．公共服务与劳动力流动——基于个体及家庭异质性视角的分析［J］．广东财经大学学报，2018，33（4）：62-74.

［29］周黎安．中国地方官员的晋升锦标赛模式研究［J］．经济研究，2007（7）：36-50.

［30］张晏，夏纪军，张文瑾．自上而下的标尺竞争与中国省级政府公共支出溢出效应差异［J］．浙江社会科学，2010（12）：20-26，74，125.

［31］王媛．官员任期、标尺竞争与公共品投资［J］．财贸经济，2016（10）：45-58.

［32］刘帅，刘凤艳，汪奕鹏．经济增长目标、异质性环境规制与产能利用率［J］．商业研究，2020（2）：21-33.

［33］刘志彪．为高质量发展而竞争：地方政府竞争问题的新解析［J］．河海大学学报（哲学社会科学版），2018，20（2）：1-6，89.

［34］吴振球，王建军．地方政府竞争与经济增长方式转变：1998—2010——基于中国省级面板数据的经验研究［J］．经济学家，2013（1）：38-47.

［35］岳华，张海军．金融发展、资源诅咒与经济增长［J］．华东师范大学学报（哲学社会科学版），2019，51（6）：138-150，179.

［36］汪克亮，王洋洋，赵斌．地方政府竞争、FDI与污染排放效率［J］．北京理工大学学报（社会科学版），2021，23（5）：1-15.

［37］李治国，杨雅涵，赵园春．地方政府竞争促进了地区碳排放强度吗？［J］．经济与管理评论，2022，38（2）：136-146.

［38］刘儒，卫离东．地方政府竞争、产业集聚与区域绿色发展效率——基于空间关联与溢出视角的分析［J］．经济问题探索，2022（1）：79-91.

［39］王鹏，王健，林津，等．引资竞争、财政竞争与地方政府土地供给策略互动行为——基于271个地级市土地交易数据［J］．中国土地科学，2020，34（8）：33-43.

［40］罗富政，罗能生．政府竞争、市场集聚与区域经济协调发展［J］．中国软科学，2019（9）：93-107.

[41] 万伦来，刘翠，郑睿．地方政府财政竞争的生态效率空间溢出效应［J］．经济与管理评论，2020，36（1）：148-160.

[42] 孙正，陈旭东，苏晓燕．地方竞争、产能过剩与财政可持续性［J］. 产业经济研究，2019（1）：75-86.

[43] 肖叶，邱磊，刘小兵．地方政府竞争、财政支出偏向与区域技术创新［J］．经济管理，2019，41（7）：20-35.

[44] 傅勇，张晏．中国式分权与财政支出结构偏向：为增长而竞争的代价［J］．管理世界，2007（3）：4-12，22.

[45] 刘江会，王功宇．地方政府财政竞争对财政支出效率的影响——来自长三角地级市城市群的证据［J］．财政研究，2017（8）：56-68，111.

[46] 薄文广，徐玮，王军锋．地方政府竞争与环境规制异质性：逐底竞争还是逐顶竞争？［J］．中国软科学，2018（11）：76-93.

[47] 张梁梁，杨俊，罗鉴益．财政分权视角下地方政府科技支出的标尺竞争——基于265个地级市的实证研究［J］．当代财经，2016（4）：29-39.

[48] 贺宝成，熊永超．地方政府竞争对治理效率的影响——基于Tobit空间杜宾模型的计量分析［J］．南京审计大学学报，2022，19（1）：100-111.

[49] 段世霞，靳杨柳．绿色技术创新对碳生产率的空间溢出效应——基于地方政府竞争的调节作用［J］．工业技术经济，2022，41（2）：62-69.

[50] 徐鲲，李晓龙，冉光和．地方政府竞争对环境污染影响效应的实证研究［J］．北京理工大学学报（社会科学版），2016，18（1）：18-23，61.

[51] 赵霄伟．地方政府间环境规制竞争策略及其地区增长效应——来自地级市以上城市面板的经验数据［J］．财贸经济，2014（10）：105-113.

[52] 马文超，唐勇军．省域环境竞争、环境污染水平与企业环保投资［J］．会计研究，2018（8）：72-79.

[53] 张文彬，张理芃，张可云．中国环境规制强度省际竞争形态及其演变——基于两区制空间Durbin固定效应模型的分析［J］．管理世界，2010（12）：34-44.

[54] 沈忻昕．地方政府环境竞争策略转换机制分析［J］．新疆师范大学学报（哲学社会科学版），2022，43（1）：116-128.

［55］翟宛东．中国地方政府环境规制竞争行为研究［J］．区域经济评论，2023（1）：127-138.

［56］余升国，赵秋银，许可．博弈视角下中国地方政府环境规制竞争——来自省际层面的空间分析证据［J］．海南大学学报（人文社会科学版），2022，40（2）：148-160.

［57］许敬轩，王小龙，何振．多维绩效考核、中国式政府竞争与地方税收征管［J］．经济研究，2019，54（4）：33-48.

［58］邓晓兰，刘若鸿，许晏君．经济分权、地方政府竞争与城市全要素生产率［J］．财政研究，2019（4）：23-41.

［59］王雅莉，朱金鹤．地方政府间多维竞争对城市污染的影响研究［J］．现代经济探讨，2020（4）：48-58.

［60］冉启英，杨小东，任思雨．地方政府竞争与环境污染的动态关系研究［J］．科技管理研究，2020，40（9）：212-221.

［61］邓慧慧，薛熠，杨露鑫．公共服务竞争、要素流动与区域经济新格局［J］．财经研究，2021，47（8）：34-48.

［62］刘彦军．公共服务、政府竞争与产业集聚［J］．贵州财经大学学报，2016（2）：1-9.

［63］张军，高远，傅勇，等．中国为什么拥有了良好的基础设施？［J］．经济研究，2007（3）：4-19.

［64］黄阳平．地方政府财政支出竞争与工业集聚——基于省（市、区）的空间面板数据分析［J］．云南财经大学学报，2011，27（5）：66-72.

［65］师博，沈坤荣．政府干预、经济集聚与能源效率［J］．管理世界，2013（10）：6-18，187.

［66］吴延兵．中国式分权下的偏向性投资［J］．经济研究，2017，52（6）：137-152.

［67］程广斌，侯林岐．财政分权视角下的地方政府竞争模式与区域技术创新研究［J］．现代经济探讨，2021（6）：28-37.

［68］冉启英，任思雨．外商直接投资、新型城市化与中国碳排放［J］．贵州财经大学学报，2019（2）：83-90.

［69］刘晔，徐楦钫，马海涛．中国城市人力资本水平与人口集聚对创新产出的影响［J］．地理科学，2021，41（6）：923-932.

［70］辛冲冲，陈志勇．财政分权、政府竞争与地方政府财政汲取能力——基于动态空间面板模型的实证分析［J］．山西财经大学学报，2019，41（8）：1-16.

［71］薛婧，张梅青，王静宇．中国式财政分权与区域创新能力——基于R&D边际创新产出及要素市场扭曲的解释框架［J］．经济问题探索，2018（11）：152-162.

［72］张国庆，李卉．财税政策影响产业升级的理论机制分析——基于地方政府竞争视角［J］．审计与经济研究，2020，35（6）：105-114.

［73］邓金钱，李雪娇．地方政府竞争与经济结构转型——基于中国省级数据的实证研究［J］．经济问题探索，2018（8）：75-84.

［74］刘和旺，刘博涛，郑世林．环境规制与产业转型升级：基于“十一五”减排政策的DID检验［J］．中国软科学，2019（5）：40-52.

［75］郑飞鸿，李静．科技环境规制倒逼资源型城市产业转型升级——理论模型与双重效应分析［J］．软科学，2021，35（12）：22-28.

［76］余泳泽，孙鹏博，宣烨．地方政府环境目标约束是否影响了产业转型升级？［J］．经济研究，2020，55（8）：57-72.

［77］甘行琼，李玉姣，蒋炳蔚．财政分权、地方政府行为与产业结构转型升级［J］．改革，2020（10）：86-103.

［78］石奇，孔群喜．动态效率、生产性公共支出与结构效应［J］．经济研究，2012，47（1）：92-104.

［79］刘兰娟，董万好，徐鑫．财政科技投入对产业结构的影响——城镇化过程中劳动报酬占比的视角［J］．上海财经大学学报，2013，15（4）：73-80.

［80］杨志安，李梦涵．财政支出政策影响产业结构升级的作用机制和效应分析——基于中国省级面板数据的系统GMM实证检验［J］．辽宁大学学报（哲学社会科学版），2019，47（6）：45-54.

［81］张国庆，李卉．税收增长对产业升级的影响——基于空间计量和面板门槛模型的实证分析［J］．云南财经大学学报，2019，35（7）：36-48.

[82] 刘广亮，冉启英，赵蓉，等．异质性地方政府竞争、绿色技术创新与产业结构升级［J］．科技管理研究，2023，43（1）：215-222.

[83] 黄跃，李琳．中国城市群绿色发展水平综合测度与时空演化［J］．地理研究，2017，36（7）：1309-1322.

[84] 焦琳琳，郭玲玲，武春友．中国沿海城市绿色增长效率测度研究［J］．科技管理研究，2018，38（9）：241-246.

[85] 王喜平，刘哲．中国省际工业绿色增长效率的空间效应及影响因素［J］．湖北经济学院学报，2017，15（5）：34-41.

[86] 原毅军，谢荣辉．环境规制与工业绿色生产率增长——对“强波特假说”的再检验［J］．中国软科学，2016（7）：144-154.

[87] 李杨，邓紫怡．人力资本对绿色全要素生产率的影响［J］．统计与决策，2023，39（1）：158-162.

[88] 廖筠，黄灵霞．引入绿色增长潜力的绿色发展指数构建与区域差异研究［J］．南京财经大学学报，2018（2）：25-33.

[89] 周小亮，吴武林，廖达颖．我国区域包容性绿色增长测度与差异研究［J］．科技进步与对策，2018，35（6）：42-49.

[90] 赵奥，郭景福，左莉．高质量发展变革下中国省域绿色增长能力系统评价与时空差异演化研究［J］．经济问题探索，2020（8）：144-156.

[91] 高素英，管勇攀，张烨．京津冀共享式绿色增长实证研究［J］．生态经济，2020，36（11）：38-45.

[92] 孙瑾，刘文革，周钰迪．中国对外开放、产业结构与绿色经济增长——基于省际面板数据的实证检验［J］．管理世界，2014（6）：172-173.

[93] 姜琪，王越．政府质量、科技创新与绿色 GDP——中国省际空间溢出效应及区域差异对比［J］．贵州财经大学学报，2020（6）：87-99.

[94] 李书敏．长江经济带流通业集聚与绿色 GDP 提升——基于省级面板数据的实证［J］．商业经济研究，2020（5）：159-162.

[95] 于成学，葛仁东．资源开发利用对地区绿色发展的影响研究——以辽宁省为例［J］．中国人口·资源与环境，2015，25（6）：121-126.

[96] 汪克亮，刘悦，史利娟，等．长江经济带工业绿色水资源效率的时

空分异与影响因素——基于 EBM-Tobit 模型的两阶段分析［J］．资源科学，2017，39（8）：1522-1534.

［97］周彩云，葛星．高新区设立与区域绿色经济增长——基于 PSM-DID 模型［J］．科技进步与对策，2020，37（3）：43-51.

［98］王巧，佘硕．城市异质性视角下中国低碳试点政策的绿色增长效应评估［J］．软科学，2020，34（9）：1-8.

［99］曹鹏，白永平．中国省域绿色发展效率的时空格局及其影响因素［J］．甘肃社会科学，2018（4）：242-248.

扫码查看更多参考文献